权威·前沿·原创

皮书系列为
"十二五""十三五"国家重点图书出版规划项目

BLUE BOOK

智 库 成 果 出 版 与 传 播 平 台

博物馆蓝皮书

BLUE BOOK OF
MUSEUM

北京地区博物馆发展报告
（2019~2020）

ANNUAL REPORT ON THE DEVELOPMENT OF BEIJING
MUSEUMS(2019-2020)

北京博物馆学会

主　编／刘超英

社会科学文献出版社
SOCIAL SCIENCES ACADEMIC PRESS (CHINA)

图书在版编目（CIP）数据

北京地区博物馆发展报告 . 2019 - 2020/刘超英主编
. -- 北京：社会科学文献出版社，2021.4
（博物馆蓝皮书）
ISBN 978 - 7 - 5201 - 8163 - 1

Ⅰ. ①北… Ⅱ. ①刘… Ⅲ. ①博物馆事业 - 研究报告
- 北京 - 2019 - 2020 Ⅳ. ①G269.271

中国版本图书馆 CIP 数据核字（2021）第 055031 号

博物馆蓝皮书
北京地区博物馆发展报告（2019~2020）

北京博物馆学会
主　　编 / 刘超英

出 版 人 / 王利民
责任编辑 / 张丽丽　徐崇阳
文稿编辑 / 徐　清

出　　版 / 社会科学文献出版社 · 城市和绿色发展分社 （010）59367143
　　　　　　地址：北京市北三环中路甲 29 号院华龙大厦　邮编：100029
　　　　　　网址：www. ssap. com. cn
发　　行 / 市场营销中心 （010）59367081　59367083
印　　装 / 天津千鹤文化传播有限公司

规　　格 / 开 本：787mm × 1092mm　1/16
　　　　　　印 张：22.75　字 数：343 千字
版　　次 / 2021 年 4 月第 1 版　2021 年 4 月第 1 次印刷
书　　号 / ISBN 978 - 7 - 5201 - 8163 - 1
定　　价 / 189.00 元

本书编委会

主　　编　刘超英

顾　　问　苏东海　崔学谙

副 主 编　祁庆国

执行主编　姜舜源

编　　撰　（按姓氏笔画排序）

王　瑞　左远波　李　阳　李学军　杨丹丹

张　敏　张全礼　张蓉华　陈　岑　果美侠

郑　智　顾　莹　彭晓云　覃　琛　焦晋林

英文翻译　李冠燕

鸣　　谢　华协国际珍品货运服务有限公司
　　　　　北京博华天工展览有限公司

主要编撰者简介

刘超英　北京博物馆学会理事长。1982 年 2 月毕业于北京大学历史系考古专业，历史学学士，研究生学历。1998 年取得文博副研究馆员职称。曾任北京市文物局分管博物馆工作的副局长，现为国家文物局博物馆专家库成员，全国博物馆十大精品展览评委。从事博物馆专业管理近 40 年，熟悉北京市及国内博物馆发展状况，是全国首部博物馆管理法规《北京市博物馆条例》的起草执笔人。曾发表过多篇博物馆行业管理方面的论文，主持编写了《博物馆业务工作规范》等一系列博物馆业务相关书籍。

祁庆国　1983 年 7 月毕业于北京大学历史系考古专业，研究馆员，北京市文物局资料中心主任、北京市文物局信息中心主任，北京博物馆学会常务副理事长兼秘书长，北京市文物局系统学术带头人。主要从事博物馆学、博物馆信息化应用、文物摄影等领域研究，曾主持首都博物馆新馆数字化系统工程建设，主要著有《藏品二维影像采集规范》《不可移动文物影像采集规范》《博物馆传媒的开发与应用体验》《数字化建设与提升博物馆社会服务能力的关系》《博物馆展览策划及多媒体展示的应用》等相关论著。

姜舜源　1983 年 7 月毕业于山东大学中文系，文学学士，中国历史文化学者，现任中国国家博物馆研究员，兼任北京市档案学会副理事长、北京博物馆学会学术委员会主任、颐和园学会学术顾问，曾任故宫博物院副研究员、香港《紫荆》杂志高级编辑和编辑部主任。主要研究方向为中国历史文化、文物博物馆、明清历史、古代建筑史等。主要著有《这里是故宫》

《故宫史话》《金庸图录》《故宫建筑揭秘》等十余种专著,并撰写了《故宫博物院简史》等博物馆学论文数十篇、其他学术论文三百多篇,参与《北京博物馆年鉴》一至四卷编写、编辑,任副主编。人民日报出版社《习近平用典(二)》"特邀校订",《习近平用典》《习近平用典(二)》港澳台繁体字版责任编辑,对习近平文物博物馆理论与实践有一定研究。

序 言

党的十八大以来，以习近平同志为核心的党中央把文化建设提升到一个新的历史高度，习近平总书记对中华文化遗产保护和利用工作所给予的高度重视前所未有。他不仅亲自视察、调研了遍布大江南北的数十座博物馆，更对博物馆、文物保护、考古等相关文博工作，做出了许多具体而明确的指示。其中"让收藏在博物馆里的文物、陈列在广阔大地上的遗产、书写在古籍里的文字都活起来"和"一个博物馆就是一所大学校"等重要指示给我们做好博物馆工作提供了根本遵循和行动指南，中国博物馆事业进入了历史上最好的发展机遇期。

北京作为全国的政治文化中心，占地利之优，党的十八大以来，习近平总书记曾多次视察北京，并发表了一系列关于北京建设发展的重要讲话。每次到北京视察，习近平总书记都殷殷嘱托，要保护好北京这座无与伦比的世界古都，要保护好北京的历史文化遗产。以习近平总书记关于北京建设发展的重要讲话精神及关于文博工作的重要论述和重要指示批示为指引，北京地区博物馆同仁秉持首善标准，努力推动习近平新时代中国特色社会主义思想在首都文博领域的生动实践，在博物馆建设及博物馆业务各领域不断探索，取得了丰硕的成果。

2014年2月25日，习近平总书记在首都博物馆参观北京历史文化展览时强调，要在展览的同时高度重视修史修志。北京博物馆学会自成立以来，坚持以学术为立会之本，多年连续编撰出版《北京博物馆年鉴》，为北京地区博物馆，乃至博物馆行业未来发展提供了重要参考资料和依据。此次《北京地区博物馆发展报告（2019～2020）》的编写出版，是北京博物馆学会持续拓展学术研究深度的又一次尝试。

《北京地区博物馆发展报告（2019~2020）》是国内出版的第一部博物馆行业发展报告，参与编写工作的都是多年来在博物馆一线工作的专业人员，他们结合本职工作将对博物馆未来发展思考的心得付之笔端，体现了他们对博物馆行业发展的关注和强烈的事业心。

以《北京地区博物馆发展报告（2019~2020）》的出版为开端，今后北京地区博物馆的同仁们还将在实践的基础上，加强对博物馆学科理论的研究，希望通过我们的努力，为中国博物馆行业发展提供参考资料和数据支撑。

刘超英

2021 年 3 月 25 日

摘　要

《北京地区博物馆发展报告（2019～2020）》由北京市文物局授权并提供官方数据支持，北京博物馆学会组织在京文博各方面代表性专家，运用自己多年来在博物馆学及博物馆管理、各自专业领域的研究成果，结合北京地区具体文博工作实际研创完成。本报告以习近平新时代中国特色社会主义思想为指引，坚持社会主义核心价值体系，围绕"推动中华优秀传统文化创造性转化、创新性发展，继承革命文化，发展社会主义先进文化"这个中心思想，分析党的十八大以来，特别是近年来北京地区博物馆发展的总趋势、新热点、未来发展方向。

总报告系统总结了北京地区不断加大博物馆建设力度和增加文物藏品征集与保护经费、实现跨越式发展等成就与亮点，以及文旅融合等带来的新机遇与挑战，提出科学制定博物馆发展"十四五"规划和2035年远景目标、完善"博物馆之城"建设思路等建议。

在分报告中，《关于认真学习和落实习近平总书记对北京文博事业发展指示的报告》系统阐述了党的十八大以来，以习近平同志为核心的党中央高度重视中华优秀文化遗产的保护、传承和利用，文博事业已经上升为国家战略总体布局的重要组成部分。《北京地区博物馆文物藏品保管发展报告》详细介绍了数据技术发展给博物馆藏品保管带来的新机遇，逐步形成以科技为载体的创新体系。《北京地区博物馆馆舍改造与维护调研报告》建议建立藏品大库房与小库房分工协同机制。《北京地区博物馆盘活文物资源调研报告》聚焦京津冀博物馆联盟在盘活利用、共建互融等方面的作用。《北京地区博物馆提升展览水平分析报告》关注观众体验和扶持中小型博物馆提升展览水平。

在公共服务篇中，《北京地区博物馆社教体系创新发展报告》阐述了博物馆在社会教育、教育出版、教育展览等领域的活跃表现，创新发展成果丰硕。《北京地区非国有博物馆发展研究报告》论述了持续高涨的民间收藏热情，指出非国有博物馆近年来虽有发展，但经营多半入不敷出，财力不足是制约其发展的瓶颈。《北京地区博物馆传播方式创新报告》认为，利用新技术拓展线上传播方式，有利于"让文物活起来"，今后应拓展全领域传播形式。《北京地区博物馆促进新时代外交研究报告》表明，北京地区博物馆已经开始担当起国家"文化客厅"角色，向世界展示中华优秀传统文化的特殊魅力。

在专题篇中，《北京地区博物馆智慧博物馆发展报告》探讨智慧博物馆的概念与基本模型，提出建立智慧博物馆技术指标体系，构建文博管理利用新模式、新形态。《北京地区博物馆文创发展报告》指出，部分大型综合博物馆与特色博物馆已形成一批具有影响力的品牌，同时要促进这一产业良性发展。《北京地区名人故居纪念馆发展报告》揭示，各馆以"名人名物""原状性""延伸性""联合性"及特色化品牌，展现了新活力。

在资料篇中，《北京地区博物馆发展回顾》梳理了百余年来北京地区博物馆发展历程，有助于对中国近现代博物馆发展史的全面科学认识。截至2020年底，北京地区备案博物馆已至197座。

本报告以专业性、原创性、政策性、权威性为追求，努力为北京地区乃至全国博物馆发展贡献力量。

关键词：北京地区　博物馆发展史　"博物馆之城"

目 录

皮书数据库阅读 使用指南

总 报 告

General Report

B.1
北京地区博物馆发展历程、问题与对策

摘　要：　北京拥有丰富的中华文明历史遗存，进入新时代，博物馆实现了跨越式发展，截至 2020 年底，备案博物馆已至 197 座。党的十八大以来，文旅融合、新媒体介入、智慧博物馆等形成的"博物馆热"给博物馆发展带来了新机遇、新挑战。北京市文物局于 2020 年初提出建设"博物馆之城"的战略规划，通过创新传播内容和手段，推出更多、更好的陈列展览等公共文化产品，满足人们日益提高的文化需求。

关键词：　北京　古都　"博物馆之城"　文旅融合

---

*　刘超英，北京大学历史系考古专业毕业，研究生学历，文物博物馆专家，曾任北京市文物局分管博物馆工作的副局长，现任北京博物馆学会理事长。

一 北京地区博物馆发展概况

北京是一座比较完整地拥有中华文明发展史遗存的城市，是一座拥有中国自古至今政治、经济、军事、文化各方面代表性文物的城市。周口店50万年前的北京人遗址，在人类演进史上具有重要地位。北京进入文明社会之后地位持续上升：燕、蓟古都—秦汉"九塞"之一—唐幽州城—辽南京—金中都—元大都—明清北京。北京是全国唯一的长城、京杭大运河交会的城市，东南经济中心和西北军事中心在政治、文化中心北京交会。北京是中华民族伟大复兴"中国梦"的中心舞台。汇聚在北京地区的中华辉煌灿烂文明遗产和三千年古都历史遗存与近现代革命文物、反映新中国成立以来社会主义革命和建设及改革开放四十多年来代表性成就的文物、见证全国各族人民在以习近平同志为核心的党中央领导下步入中国特色社会主义新时代的文物，共同为北京地区博物馆发展奠定了卓越的物质基础，激励着中华民族砥砺前行。中国最早的几座博物馆、最大的几座著名博物馆都在北京，博物馆类型全、代表性强。经过百余年的奋斗，北京地区已经形成多学科、多层次、布局平衡的博物馆体系，是名副其实的"博物馆之都"。

从宏观上看，北京已经形成纵横交织、经纬缜密的博物馆布局。周口店北京人遗址博物馆、北京市西周燕都遗址博物馆、上宅文化陈列馆、山戎文化陈列馆、北京市大葆台西汉墓博物馆、北京辽金城垣博物馆、卢沟桥历史博物馆、中国人民抗日战争纪念馆、北京古代建筑博物馆、北京市正阳门管理处、中国国家博物馆、故宫博物院、孔庙和国子监博物馆、圆明园展览馆、北京新文化运动纪念馆、中国体育博物馆、香山革命纪念馆以及即将开馆的中国共产党历史展览馆等，这些中华民族历史和近现代史、中国共产党党史的遗址、文物及其展示，丰富、全面而具有代表性，以历史纵深的"纵向"取胜。从大运河之畔的通州博物馆、京杭大运河总码头什刹海上的郭守敬纪念馆到八达岭的中国长城博物馆，从中国农业博物馆、中国妇女儿童博物馆、民族文化宫博物馆、中国地质博物馆、中国人民革命军事博物馆、北京自然博物馆、中国科学技术馆到中国航空博物馆、中国电影博物馆、中国现代文学馆、中国美术馆等，这些博物馆反映了全国各行各业百科知识和"两个一百年"奋斗成就；首都博物馆全面讲述北京故事、中国故事，即将开馆的中央礼品文物管理中心等是立体、多维度"百科全书"，以宽阔广度和深厚厚度的"横向"见长。为弘扬社会主义核心价值观，满足人民群众日益增长和多元化、多层次的文化需求，促进和提高文化自信，推动中华优秀传统文化创造性转化、创新性发展，继承革命文化，发展社会主义先进文化，国家、军队、市属几大馆发挥了国内行业"领头雁"的作用，引领全国文博事业高质量发展，部分还达到世界先进水平。

党的十八大以来，北京全面贯彻落实习近平新时代中国特色社会主义思想和习近平总书记重要讲话精神，按照"四个中心"城市战略定位，确定全国文化中心建设"一核一城三带两区"的总体框架，发挥首都全国文化中心示范作用。2020 年 4 月推出《北京市推进全国文化中心建设中长期规划（2019 年—2035 年）》，其中第 39 条"打造汇聚老城文化精髓的博物馆群"，提出"发挥北京故宫博物院、国家博物馆等'国字号'带动作用，提升首都博物馆、孔庙和国子监等市级博物馆影响力，打造京报馆、京华印书局、湖广会馆、临汾会馆等一批富有老城文化内涵的主题博物馆、纪念馆、展览馆等，布局更多'小而美'的特色博物馆"。北京市文物局据此提出建设"博物馆之城"的战略规划，推动北京地区博物馆向更高层次和更接地气双向发展。截至 2020 年底，北京地区备案博物馆已至 197 座，因为合并等原因，现行独立机构的博物馆为 187 座。[①]

北京地区博物馆中，从辖属关系看，中央各部委、中央军委直辖的有故宫博物院、中国国家博物馆、中国农业博物馆、中国妇女儿童博物馆、中国电信博物馆、民族文化宫博物馆、中国铁道博物馆、中国航空博物

---

① 截至 2020 年底，北京地区博物馆备案流水号（即曾经备案过的博物馆数量）为 197 座，目前实际存在的博物馆（独立机构）数量为 187 座，特此说明。

馆、中国化工博物馆、中国消防博物馆等61座；北京市属的有首都博物馆、中国人民抗日战争纪念馆、北京市大葆台西汉墓博物馆、北京古代建筑博物馆等44座；北京市各区县管辖的有中国长城博物馆、各区县博物馆等44座；非国有的有观复博物馆等38座。从学科上看，则丰富多彩，例如综合类3座，即故宫博物院、中国国家博物馆、首都博物馆；社会科学类112座，其中历史类有中国人民革命军事博物馆、中国人民抗日战争纪念馆等48座，文化艺术类有中国工艺美术馆、北京艺术博物馆等31座，人物纪念类有宋庆龄故居、郭沫若纪念馆、北京鲁迅博物馆等14座，民族、宗教类有民族文化宫博物馆、中国佛教图书文物馆、云居寺石经博物馆等11座，文物管理处及保管所有北京西山大觉寺管理处、北京市正阳门管理处等8处；自然科技类36座，其中自然科学类有中国地质博物馆、北京天文馆、北京自然博物馆等13座，科学技术类有中国科学技术馆、中国印刷博物馆等23座。

党的十八大以来，以习近平新时代中国特色社会主义思想为指引，围绕国家公共文化服务体系建设战略目标，博物馆发展由粗放型转向提质增效。面向世界、面向未来，既注重中国民族特色，也注重北京地域特色；既注重人文历史类，也注重自然科技类。根据《国务院关于进一步加强文物工作的指导意见》，2018年7月中共中央办公厅、国务院办公厅印发《关于实施革命文物保护利用工程（2018—2022年）的意见》，2018年10月中共中央办公厅、国务院办公厅印发《关于加强文物保护利用改革的若干意见》，在革命文物保护弘扬方面取得扎实进展。突出代表是2019年9月在香山双清别墅纪念馆基础上建成香山革命纪念馆，全面呈现中共中央在北京香山时期波澜壮阔的革命历史。中国共产党历史展览馆即将在2021年中国共产党诞生100周年之际隆重开馆。2018年，中宣部、中央党史和文献研究院、中国文联共同主办，中央编译局、中国美术家协会、中国国家博物馆承办"真理的力量——纪念马克思诞辰200周年主题展览"，实现了"革命文物保护利用状况显著改善，革命文物保护利用传承体系基本健全，革命文化传承发展平台基本形成，中国共产党革命精神谱系和中华民族精神追求更好展现"，以及"革命文物保护利用成果更多惠及人民群众"的目标。①

党的十九大报告中指出了文博工作的指导方针:"推动中华优秀传统文化创造性转化、创新性发展,继承革命文化,发展社会主义先进文化。"②这是文博工作指导方针的一次飞跃,明确了文物保护与利用这一长期困扰文博工作的难题,给新时代文博工作开辟了更广阔的天地。北京地区博物馆在场馆建设改造、藏品保管、展览活跃、公众服务等方面都获得了巨大发展。近年来,各馆积极创新发展方式,生态博物馆、智慧博物馆等新形态、新趋势不断呈现;博物馆发展过程中产生的新问题,也从实践到理论得以解决。"文物工作在坚定文化自信、推动中华文化走出去、促进经济社会发展中的重要作用进一步发挥,文物保护利用成果更多更好惠及人民群众。"③ 文物展览在给人民群众带来精神享受的同时,潜移默化为人民提供精神指引。

北京地区博物馆得到以习近平同志为核心的党中央的特别关怀指导。党的十八大闭幕后不久,2012 年 11 月 29 日,习近平同志率中央政治局常委参观中国国家博物馆《复兴之路》展览,首次系统阐述了中华民族伟大复兴的"中国梦",也标志着我国进入中国特色社会主义新时代,全体人民正在创造新时代的辉煌历史。几年来,习近平总书记先后参观了首都博物馆、香山革命纪念馆等文博机构,在中国国家博物馆、故宫博物院等处招待重要国宾,开展重大国际交往活动,并多次对北京地区乃至全国文物博物馆工作发表指示,做出批示。习近平总书记以对中华文明的深刻理解、中华传统文化的精湛造诣,指明新时代文博工作的前进方向,极大鼓舞了文博工作者的工作积极性。

---

① 中共中央办公厅、国务院办公厅:《关于实施革命文物保护利用工程(2018—2022 年)的意见》,中华人民共和国中央人民政府网,2018 年 7 月 29 日,http://www.gov.cn/zhengce/2018 - 07/29/content_ 5310268. htm。

② 习近平:《决胜全面建成小康社会 夺取新时代中国特色社会主义伟大胜利——在中国共产党第十九次全国代表大会上的报告》,新华网,2017 年 10 月 18 日,http://www.xinhuanet.com/2017 - 10/27/c_ 1121867529. htm。

③ 中共中央办公厅、国务院办公厅:《关于加强文物保护利用改革的若干意见》,中华人民共和国中央人民政府网,2018 年 10 月 8 日,http://www.gov.cn/zhengce/2018 - 10/08/content_ 5328558. htm。

二 北京地区博物馆发展中的成效与亮点

北京地区绵延3000多年的历史脉络清晰有序,从远古人类的遗存到当代的人物、事件,共同构成了北京地区博物馆的特色资源。因此,北京地区的博物馆大多与文物建筑、遗址遗迹、名人、事件紧密结合,依托遗址或古建筑而建立,相当数量的文物建筑经过搬迁腾退整治后,作为博物馆对外开放,是文化遗产保护与成功利用的案例,充分体现了北京城市的特色。作为首善之区,北京市政府高度重视公共文化建设,早在2001年就率先施行了全国第一部博物馆管理的地方法规《北京市博物馆条例》,使北京地区博物馆发展与管理有法可依、有章可循,保证了北京地区博物馆沿着规范化、专业化的方向发展。同时,北京地区不断增加博物馆建设和文物藏品征集与保护经费,依托首都的地缘优势,借奥运的契机,博物馆实现了跨越式发展。在国家投资建设大型骨干博物馆的同时,充分利用地上古建筑多、流散文物多,各行业、企业总部在京的优势,各型各类专业专题博物馆相继建立。北京地区博物馆类别古今结合,社会科学与自然科学并重,一级博物馆数量居全国之首,国有大中型博物馆及国家级行业博物馆集中,红色文化及京味文化主题博物馆特色鲜明,非国有博物馆收藏门类广泛,形成了具有首都特色的博物馆体系。

党的十八大以来,以习近平同志为核心的党中央对文化的重视达到了前所未有的高度,习近平总书记对博物馆工作的多次指示与批示成为全国博物馆建设的指引。随着各级政府对公共文化的投入大幅度增加,社会各界对中国传统文化的关注远超此前。北京地区博物馆建设速度明显加快,2019年末,北京地区备案博物馆为183座;截至2020年底,北京地区备案博物馆已达197座。北京地区博物馆在数量与质量上均居于全国前列,部分博物馆硬件条件已接近或达到发达国家博物馆的平均水平。除每年新建博物馆外,已有博物馆各类服务设施逐年增加并不断完善,展览环境及藏品保管条件普遍得到改善,与此同时,博物馆的软实力也在不断提升。博物馆从业人员的专业意识、责任意识、服务意识和服务技能普遍提高，管理者与从业人员工作理念与观念的更新给博物馆带来了新的气象。基本陈列的展览内容引入最新的多学科学术研究成果，高新科技手段应用于展览形式设计，提高了展览的学术性和观赏性；跨国、跨省市联合策展办展的新思路，使博物馆不断推出新展览，常看常新，博物馆成为社会热点，成为新一代观众的"打卡圣地"。博物馆与社会各界的联系和互动日益频繁，博物馆社会教育的工作理念从教育民众向服务大众转变，越来越多的博物馆开始注重培育本馆的社教活动品牌，北京地区的博物馆社教工作视角不断扩大，从内容到形式都在不断探索创新。社会力量的介入使博物馆教育角度和方式发生了变化，立足于各馆的不同特点，北京地区各博物馆普遍建立了自己的志愿者队伍，因其管理与运行规范，北京地区博物馆志愿者以群体形式成为在北京市志愿者总队注册的一个分支，无论是在馆内服务还是参与社会服务，都获得了极高的评价，形成了良好的社会影响力，受到了社会各界的高度关注。

北京地区博物馆比以往更注重围绕本馆藏品特点和办馆宗旨打造自身在公众面前的形象，一馆一品牌，各具特色。部分博物馆的展览系列品牌及宣传教育活动不仅影响到国内其他省区市，还走出国门，在多个国家和地区产生了巨大反响。

综合性博物馆发挥藏品及人才优势，在联合办展、独立策展方面屡有创新，多项展览已经形成品牌，在国内多个省区市或海外巡回展出，彰显了首都文化中心的优势，同时对域内中小型博物馆及民办博物馆在专业培训、业务交流等方面积极提供支持与帮助。作为文化遗产的主要收藏保管和研究展示机构，综合类博物馆在国民教育和对外文化交流、推动中华文化走向世界方面，发挥了其他部门和机构不可替代的作用。科技类博物馆注重将科学与美育结合，在开展科普教育方面创新了多种模式，还充分利用其场地、人才、藏品的优势，配合党和政府的中心工作策划展览，形成了良好的人文与科技并重的文化氛围。中小型博物馆和民办博物馆扬长避短、抱团取暖，以小型独到的展览和活动树立起自己的品牌，培养了自己的观众群。行业类专题博物馆作为后起之秀，相比于此前由行政决策建立的博物馆，或由古建筑

腾退后改建的博物馆，从筹建到运行都更规范，专业化程度更高，科技手段的运用更为恰当，这类博物馆将行业管理运行的特点与博物馆运行的规律结合，焕发出新的生机与活力，多家行业类专题博物馆屡获全国文博界各类表彰与奖励。

博物馆主管部门依法管理，严把入门关，确保了博物馆质量及其公益属性，保证了北京地区每一座备案博物馆都能够达到向社会提供公共文化产品的基本条件，同时经过精心策划，对全市博物馆资源进行梳理整合，2019年以来设计了多个博物馆宣传品牌，如"闻悟北京""馆长说"等，借助各类传播手段整体宣传，塑造了北京地区博物馆的整体形象，形成了群体效益。北京博物馆学会作为行业组织，充分发挥了政府助手和服务属地博物馆、促进馆际交流的作用，年均组织各类博物馆专业培训及交流活动20余次，通过对不同岗位的人员开展培训，组织学术交流和研讨活动，对博物馆进行专业指导，提高了北京地区博物馆的公共文化服务能力。与此同时，学会还借助社会力量打造文化品牌项目。作为全国最早发行博物馆通票的城市，北京博物馆通票已连续发行30年，成为持续时间最长、包含博物馆数量最多的文化惠民的品牌产品。

三　北京地区博物馆发展中存在的不足和瓶颈

经过举办奥运会的特殊机遇，特别是党的十八大以来以习近平同志为核心的党中央对文化遗产工作的高度重视，北京地区大多数博物馆普遍在专项业务工作中有所突破和创新，实现了阶段性跨越式发展。有些博物馆的展览项目和品牌活动在国内产生了较大的影响，但作为公共文化服务体系的重要组成部分，北京地区博物馆的群体水平与北京作为全国文化中心的地位还有较大差距。自然科技类、美术类博物馆数量严重不足；博物馆专业人员数量与博物馆发展所需严重不匹配，相对于北京丰富的博物馆资源及未来博物馆建设的趋势，人才储备严重不足、科研工作弱化影响了博物馆社会效益的发挥；面对近年来兴起的博物馆热、研学热等新问题，博物馆普遍准备不足，还未完全摸索出行之有效的应对办法；与博物馆的藏品数量相比，藏品利用率处于较低水平，与国家对博物馆的投入及社会公众对文化的需求相比，博物馆向社会提供的公共文化产品仍显不足。部分博物馆对高新技术的认识存在偏差，博物馆展览片面追求高科技手段的应用，泛娱乐化的展览方式造成博物馆核心内容传播的缺损。面对博物馆由小众关注到全民关注的新形势，博物馆人的观念理念更新转变的速度明显较慢；在文旅融合发展的大趋势下，博物馆对服务内容及服务方式的研究探讨明显欠缺。与国内其他省区市相比，北京对非国有博物馆的支持力度明显不足，亟待加强。

北京作为首善之区，博物馆的发展理应始终是全国的示范与标杆，但就目前而言，多种因素制约着北京地区博物馆的持续高位发展。

其一，对博物馆在北京城市发展与首都功能定位中的认识还有待提高。北京缺乏对全市博物馆发展的整体规划，文化资源在域内分布不均匀，博物馆资源难以形成完整的公共文化服务体系，造成珍贵文化资源的浪费。

其二，对博物馆的支持扶助力度与博物馆的发展速度和趋势不匹配。与国内其他省区市相比，北京政策性引导资金投入明显不足，特别是对非国有博物馆的认知，潜意识里仍将其与公立博物馆相区别，不利于调动全社会力量参与文化建设。

其三，法规建设滞后。从行业管理角度而言，北京地区博物馆立法与依法管理博物馆曾经领先全国，在相当长一段时间里起到了率先垂范作用。但随着时代进步，博物馆事业快速发展，许多新情况、新问题不断出现。行政管理及博物馆发展运行中遇到的一些问题没有法律支撑，处于盲区状态。北京奥运会前后，北京市各有关部门先后提出了一些规范性要求，在一定程度上对博物馆工作有所约束和规范。但由于现有法律体系不健全、已公布的法规法律效能低等原因，行业主管部门在实际管理工作中，遇到诸如博物馆理事会制度与现行行政事业单位管理体制的交叉问题、民办博物馆的法律地位问题、博物馆注销后馆藏文物处置问题、大批民办博物馆未经注册即以博物馆名义开放问题等，因目前无法可依，只能模糊处理，为博物馆事业发展埋

下了隐患，也给博物馆整体形象带来了负面影响。

其四，受现行体制制约，博物馆管理日趋行政化。博物馆作为专业的文化资源托管机构，各项工作均有其内在的运行规律和工作程序，对藏品的收藏、保管、研究、展示，直至教育活动的设计，都有其专门的业务工作流程及规律，需要相关的专业人员来完成，博物馆从业人员不仅要有专业精神，还要有专业技能，按照专业的工作流程开展工作，才能有效实现博物馆作为公共文化服务机构的社会教育职能。但目前，北京地区有相当部分博物馆的管理者对博物馆的专业特性不甚了解，套用行政工作的思路和模式开展业务工作，博物馆难以按照自身特有的规律运行，造成博物馆专业人才流失严重的情况。与快速发展提升的博物馆硬件设施相比，博物馆人才队伍建设滞后，专业人员匮乏，已成为北京地区博物馆发展和质量提升的软肋。北京地区博物馆各业务工作领域均缺少具有社会或行业影响力的领军人物，从业人员的职业素养和能力与岗位需求不符，群体专业化程度与博物馆应承担的社会职能存在较大差距，影响了博物馆公共文化服务职能的发挥。

其五，博物馆科研工作被弱化或被边缘化，博物馆发展缺乏支撑力。科研工作是博物馆各项工作的基础。但目前北京地区博物馆普遍存在科研工作被弱化的趋势，博物馆舍不得对科研工作在人财物上投入，部分博物馆几乎没有开展科研工作，即使开展科研工作的博物馆，也多数停留在对藏品的研究方面。而对与本馆宗旨性质相关学科的研究、对博物馆运行规律的研究、对博物馆与公众关系的研究、对博物馆传播方式的研究等，很少有博物馆予以充分的重视。由于没有科研成果支撑，展览不能反映出学界最新的研究成果；由于缺乏对博物馆展览特性的研究，展览没有特色；由于缺乏对博物馆教育理论的研究、对博物馆传播力的研究、对博物馆与观众关系的研究，博物馆花巨资举办的展览却未收到良好的社会效果。科研工作的弱化，严重制约了博物馆社会功能的发挥。

其六，片面追求高新技术在博物馆中的应用，求新求异，忘记了博物馆存在的价值与使命。北京地区博物馆设备设施的现代化程度与更新速度基本与技术发展同步，始终走在全国的前列。虚拟空间展示、多语种讲解丰富了观众的参观体验；先进的影像技术及自动化的温湿度控制应用于藏品保管；高科技消防及各类防盗系统的应用，提高了博物馆的安全保障系数。但与此同时，部分博物馆片面追求高科技手段的大量应用，将技术手段这一展览的辅助手段作为吸引观众眼球的卖点，追求新奇，忽视了博物馆以实物为基础进行文化传播的特殊属性，将博物馆等同于展示馆、展演馆，不仅造成资金浪费，更严重的是本末倒置，颠倒了博物馆要传达给观众信息的主次关系，影响了博物馆社会效能的发挥。对技术手段的过分依赖，还致使部分博物馆从业人员的责任意识逐渐淡化，这种潜在因素，成为博物馆藏品及展品安全的隐患，也成为制约博物馆发展的因素之一。

四　北京地区博物馆发展中面临的新机遇、新挑战

保护历史文物是传承中华优秀传统文化的必然要求，中华文化发展繁荣是中华民族伟大复兴的重要条件。习近平总书记始终高度关注加强历史文物保护、传承优秀传统文化，对博物馆情有独钟，参观博物馆几乎是他每到一地的保留项目。党的十八大以来，习近平总书记多次就文物保护和博物馆工作做出重要指示批示，对提升文物保护水平、开展博物馆工作提出了更高要求。

随着党中央的高度重视、中国在世界影响力的不断提升、北京城市功能定位的重新调整、被占用的历史建筑陆续腾退和中轴线申遗、大运河文化带建设，北京地区博物馆建设资源得到极大丰富，迎来了新的发展空间和机遇。

文旅融合作为国家文化强国战略的重要举措，是博物馆面临的新机遇。有数千年历史的优秀传统文化与广袤大地上的自然山水，都是中国独具特色的宝贵资源，文旅融合从体制层面为两种优质资源的效益最大化奠定了强有力的基础。

新媒体的介入使博物馆从高冷的教育场所成为全民关注的热点，随着《国家宝藏》《国宝档案》《我在故宫修文物》等一系列文化专题节目的播出，博物馆成为城市的热点，得到各级政府及市民的高度关注，更多的信息

及资源向博物馆倾斜，成为博物馆发展的又一个新机遇。

在新机遇面前，博物馆同样面临新的挑战。

其一，社会各界的高度关注，对博物馆各项工作提出了更高的要求。观众日益提高的文化水平、审美需求都对博物馆以往的工作标准形成新的压力，观众不再满足于走马看花逛博物馆或者是接受教育，他们需要在博物馆里获得美的享受和新的知识及体验，这就要求博物馆在展览内容的科学性、完整性、准确性以及展览设计制作的艺术表现形式上有更高的标准。

其二，博物馆热及旅游热快速助推博物馆观众数量的倍数提升，以旅游为主要目的的观众与以参观为目的的观众同时涌入博物馆，对博物馆现有场地、人员、工作模式造成巨大压力。热点博物馆工作人员加班成为常态，安保工作的压力使博物馆全员肩负安全责任，业务部门的工作人员难以集中精力专心进行学术研究，策展及筹展均难以按照博物馆常规工作时长开展，匆忙推出的展览成为快餐文化，难以充分挖掘藏品及展览蕴含的文化内涵。

其三，在管理机构重组后，文化和旅游部的行业管理部门与博物馆及文化遗产管理者、旅游景区管理者，因两个传统行业服务对象的目的性不同、工作模式不同、观众的停留时间不同等行业特质长期形成的传统思维，在观念、理念、认识以及未来发展路径的思考等方面尚未形成明晰且统一的认识。博物馆展览如何跳出传统思维，适应非传统观众即不是以学习为目的的观众的需求，是博物馆从业者面临的最大挑战。此外，不同资质的组织或机构以博物馆游学、研学的名义带来观众，在博物馆开展名为学、研，实以营利为目的的活动等，给博物馆提出了亟待破解的难题。

五　未来北京地区博物馆发展规划及对策与建议

北京地区博物馆经过百余年发展，取得了令人瞩目的成就。博物馆的发展思路及运行管理模式曾对全国博物馆行业产生过极大影响。未来北京地区博物馆的发展仍要站在全国文化中心的高度，充分发挥地缘优势，整合资源，按照国际化标准建设和管理博物馆，让中华民族优秀传统文化的精粹在博物馆的舞台上完美诠释，并得以向世界传播。

其一，要坚持规划先行、科学发展。立足当前、着眼长远。长期以来，由于行政体制所限，北京地区博物馆的发展没有统一规划，一直处于自发建设状态，造成北京地区博物馆在区域配置上的不合理，城市中心区面积狭小，而博物馆相对集中。从门类上看，北京地区博物馆80%以上是以古代文物为主的历史类博物馆。未来北京地区博物馆建设要以强化首都意识、坚持首善标准、突出北京特色、完善布局、补充门类为指导思想，开展博物馆潜在资源调查，深入挖掘并有效整合北京的博物馆及各类文化资源，系统梳理与展现城市文化脉络，充分发掘和展示北京3000多年建城史和800多年建都史的深厚文化底蕴，将博物馆建设纳入城市总体建设规划、区域建设规划，把博物馆建设与北京老城保护、城市治理等结合起来，进行科学布局，进一步完善北京地区博物馆建设体系。围绕北京的城市战略定位，形成博物馆资源在北京市域内的合理配置。同时要多部门协同，上下联动，出台博物馆建设相关扶持政策，设立全市性的博物馆发展专项资金，编制全市博物馆建设规划，建立相关项目库，为实施规划和完成目标任务提供有力的财政资金保障。坚持政府主导，倡导社会力量参与，以政策引领吸纳社会资本、调动社会力量，鼓励社会力量共建博物馆，形成全民关注博物馆、全民参与博物馆建设的全国文化中心城市氛围。

其二，结合行业主管部门北京市文物局2020年提出的"博物馆之城"建设思路，未来北京地区博物馆建设要立足现状，强化优势、弥补弱项。北京地区博物馆要以促使质量明显提升、数量稳步增长为基本原则，以各项业务工作领先于全国其他省区市、实现博物馆整体发展为目标。发挥博物馆在塑造北京城市品质、表现首都文化方面的重要作用，融古都文化、京味文化、红色文化、创新文化于一体，彰显北京作为世界历史文化名城的魅力与影响力。全面提升国有博物馆公共文化服务水平，用好非国有博物馆和社会各方资源，将博物馆更好地融入北京经济社会发展大局，强化首都特色，扶植发展老字号、街区胡同等北京地方文化特色鲜明的博物馆项目，构建具有

新时代特色的博物馆公共文化服务体系，将北京打造成独具特色的"博物馆之城"。

其三，完善培训、选拔、激励、人才流动等用人机制，出台激励与奖励政策，创新博物馆管理的机制体制，吸引博物馆相关各业务领域的领军人物、业务骨干以及复合型经营管理人才进入博物馆。调动博物馆工作者的积极性、主动性，鼓励博物馆工作者发挥创造性。通过建立现代博物馆制度，激发博物馆内在发展活力，同时探讨建立有效的事业发展保障机制与工作评价评估体系，以解决博物馆免费开放后普遍存在的活力不足问题。

其四，结合博物馆日常工作，通过博物馆业务工作设计专项课题研究等方式，大力推进博物馆各类学术研究。特别要重视博物馆基础理论研究，推进博物馆应用理论体系化建设，重视新理论新成果的引入，加强科研工作管理和成果转化。同时，探索在馆际之间，高校、科研院所与博物馆之间，博物馆相关高新技术企业与博物馆之间建立广泛的合作机制。

展览是博物馆最主要的文化产品，也是博物馆服务观众、传播文化的主要途径。在文旅融合的大背景下，博物馆要从转变策展思路开始，充分发挥文旅融合的优势，在运维规律、宣传组织模式等方面与旅游行业互相借鉴；要通过加强科研工作，提升策展能力和展览陈列水平；要发掘自身特色和优势，充分利用各类传统及新媒体平台，进行多角度、多途径宣传，进一步完善博物馆文化传播内容的形式和手段，完善博物馆的社会服务功能；要不断推出引领观众学习和思考的高质量文化产品，提升博物馆的社会形象与文化传播力，树立有影响力的博物馆品牌。

其五，加强博物馆专业化建设。主管部门及行业组织应根据北京地区博物馆建设需要，制定博物馆管理及从业人员培训规划方案，在调研基础上，开展博物馆各业务领域的领军人物、业务骨干以及复合型经营管理人才梯队建设。要积极探索文博系统多层次专业人才教育和培训的有效途径，打造高素质人才队伍，为未来博物馆建设储备力量，为提升已建成博物馆的专业化水平打好基础。

党的十九大报告中指出:"经过长期努力,中国特色社会主义进入了新时代,这是我国发展新的历史方位。"这个新时代,是承前启后、继往开来,在新的历史条件下继续夺取中国特色社会主义伟大胜利的时代。中国特色社会主义进入新时代,在中华人民共和国发展史、中华民族发展史上具有重大意义。

回顾北京地区博物馆的发展历程,我们曾有过辉煌的过去。展望未来,立足于新时代,北京地区的博物馆将比以往更关注今天的社会发展,将以更积极的姿态投身于城市文化建设中。习近平总书记在视察首都博物馆时指出,历史文化是城市的灵魂,要像爱惜自己的生命一样保护好城市历史文化遗产。北京是世界著名古都,丰富的历史文化遗产是一张金名片,传承保护好这份宝贵的历史文化遗产是首都的职责,要本着对历史负责、对人民负责的精神,传承历史文脉,处理好城市改造开发和历史文化遗产保护利用的关系,切实做到在保护中发展、在发展中保护。他强调,搞历史博物展览,为的是见证历史、以史鉴今、启迪后人。要在展览的同时高度重视修史修志,让文物说话、把历史智慧告诉人们,激发我们的民族自豪感和自信心,坚定全体人民振兴中华、实现中国梦的信心和决心。努力探索、不断创新是北京博物馆人过去的努力,也是北京博物馆人今后的追求。展望未来北京博物馆建设大业,北京地区每一座博物馆都将是北京作为全国政治中心、文化中心、国际交往中心、科技创新中心城市功能定位的承载者。

未来北京地区的博物馆将更加注重与社会的互为依存关系。自然科技类博物馆、新兴技术博物馆、社区博物馆、艺术类博物馆的发展将呈上升态势。从发展趋势上看,人文历史类博物馆建设速度将放缓,转而注重质量和内在品质的提升。随着社会进步,博物馆门类将不断丰富和细化,专题类博物馆、行业博物馆、民办博物馆发展将成为北京地区今后一个时期发展的重点。生态博物馆、社区博物馆等新型博物馆形态也将成为北京地区新的博物馆类型而获得发展的空间。北京地区博物馆的人力物力资源优势将进一步显现。博物馆提供给社会的最重要的特色文化产品是展览,今后,或出场地、或出展品、或出创意,联合举办展览应成为北京地区博物馆办展的常态,共

享展览和项目、共享专家和员工、共享设备设施，一个互补共赢的格局将会逐步形成。

今后，北京地区博物馆基础工作将进一步得到加强，业务工作将逐步实现规范化、标准化，同时将比以往更注重借鉴和运用相关领域研究成果策划展览及活动，更注重通过提供多种优质服务、运用多种方式，提升社会形象和社会影响力，以实现博物馆为社会服务价值的最大化。如，策划推出展览和讲座品牌、纪念品品牌，通过这些品牌文化产品，形成传播链条和渠道，扩大博物馆的影响力；提供特性化服务，培养博物馆观众群体，将博物馆服务向馆外延伸，博物馆在社区中的地位和作用将进一步强化。馆内服务功能将趋向多元化、复合化。北京地区每一座博物馆都将成为公众造访首都会客厅的一个特色单元，中华民族传统文化的精粹将在北京地区的博物馆中得到充分展示。

分 报 告

Topical Reports

B.2

关于认真学习和落实习近平总书记
对北京文博事业发展指示的报告

崔学谙*

摘　要：　习近平总书记参观中国国家博物馆《复兴之路》展览后，首次
系统阐述了实现中华民族伟大复兴的"中国梦"。他还参观首
都博物馆，视察北京市规划展览馆，并走访南锣鼓巷，参观中
国抗日战争纪念馆、香山革命纪念馆，瞻仰双清别墅等革命旧
址，重申不忘初心、牢记使命。在习近平总书记的重视下，文博
事业已经上升为国家战略总体布局的重要组成部分，成为实现中
华民族伟大复兴的文化支柱和思想支撑。

* 崔学谙，博物馆学专家，北京博物馆学会前副理事长兼秘书长，首都博物馆原负责人，研究
馆员。

关键词： "中国梦"　文化支柱　思想支撑

中华民族是伟大而古老的民族。中国是历史悠久、文化灿烂、举世闻名的文明古国。著名考古学家苏秉琦先生将中华文明概括为"超百万年的文化根系，上万年的文明起步，五千年古国和二千年中华一统实体"。① 遍及中华大地的文明遗产，是我们最深厚的文化软实力，也是中国特色社会主义植根的文化沃土。

新中国成立以来，中华优秀文明成果一向受到党和人民政府的重视和保护。党的十八大以来，以习近平同志为核心的党中央极为重视祖国文化遗产的保护、传承和利用，相继做出了一系列重要指示。

2012年11月29日，党的十八大闭幕后不久，习近平总书记率中央政治局常委参观中国国家博物馆《复兴之路》展览，首次系统阐述了实现中华民族伟大复兴的"中国梦"。他表示："《复兴之路》这个展览，回顾了中华民族的昨天，展示了中华民族的今天，宣示了中华民族的明天，给人以深刻教育和启示。中华民族的昨天，可以说是'雄关漫道真如铁'。近代以后，中华民族遭受的苦难之重、付出的牺牲之大，在世界历史上都是罕见的。但是，中国人民从不屈服，不断奋起抗争，终于掌握了自己的命运，开始了建设自己国家的伟大进程，充分展示了以爱国主义为核心的伟大民族精神。中华民族的今天，正可谓'人间正道是沧桑'。改革开放以来，我们总结历史经验，不断艰辛探索，终于找到了实现中华民族伟大复兴的正确道路，取得了举世瞩目的成果。这条道路就是中国特色社会主义。中华民族的明天，可以说是'长风破浪会有时'。经过鸦片战争以来170多年的持续奋斗，中华民族伟大复兴展现出光明的前景。现在，我们比历史上任何时期都更接近中华民族伟大复兴的目标，比历史上任何时期都更有信心、有能力实

---

① 郭大顺：《世界的中国考古学的提出——苏秉琦先生学术活动和学术思想追忆之二》，《文物春秋》1998年第3期。

现这个目标。"习近平指出:"每个人都有理想和追求,都有自己的梦想。现在,大家都在讨论中国梦,我以为,实现中华民族伟大复兴,就是中华民族近代以来最伟大的梦想。这个梦想,凝聚了几代中国人的夙愿,体现了中华民族和中国人民的整体利益,是每一个中华儿女的共同期盼。历史告诉我们,每个人的前途命运都与国家和民族的前途命运紧密相连。国家好,民族好,大家才会好。实现中华民族伟大复兴是一项光荣而艰巨的事业,需要一代又一代中国人共同为之努力。空谈误国,实干兴邦。我们这一代共产党人一定要承前启后、继往开来,把我们的党建设好,团结全体中华儿女把我们国家建设好,把我们民族发展好,继续朝着中华民族伟大复兴的目标奋勇前进。"习近平最后强调:"我坚信,到中国共产党成立 100 年时全面建成小康社会的目标一定能实现,到新中国成立 100 年时建成富强民主文明和谐的社会主义现代化国家的目标一定能实现,中华民族伟大复兴的梦想一定能实现。"①

2014 年 2 月 25 日,习总书记参观了首都博物馆北京历史文化展览,指出:"搞历史博物展览,为的是见证历史、以史鉴今、启迪后人。要在展览的同时高度重视修史修志,让文物说话、把历史智慧告诉人们,激发我们的民族自豪感和自信心,坚定全体人民振兴中华、实现中国梦的信心和决心。"②

2015 年 2 月 15 日,习近平在考察西安市博物院时强调,要把凝结着中华民族传统文化的文物保护好、管理好,同时加强研究和利用,让历史说话,让文物说话,在传承祖先的成就和光荣、增强民族自尊和自信的同时,谨记历史的挫折和教训,以少走弯路、更好前进。③

2015 年 7 月 7 日,习近平总书记前往中国人民抗日战争纪念馆,参观"伟大胜利 历史贡献——纪念中国人民抗日战争暨世界反法西斯战争胜利

---

① 《习近平:承前启后继往开来 朝着中华民族伟大复兴目标奋勇前进》,人民网·人民日报,2012 年 11 月 30 日,http://cpc.people.com.cn/n/2012/1130/c64094 - 19746089.html。
② 刘颖颖、韦衍行:《考古见初心!习近平一以贯之关心考古工作》,人民网 - 文化频道,2020 年 9 月 30 日,http://culture.people.com.cn/n1/2020/0930/c1013 - 31881466.html。
③ 《时隔五年再赴西安 读懂习近平的三个"关心"》,人民网·中国共产党新闻网,2020 年 4 月 24 日,http://cpc.people.com.cn/n1/2020/0423/c164113 - 31685197.html。

70 周年主题展览"。他强调："全党全国各族人民要牢记由鲜血和生命铸就的中国人民抗日战争的伟大历史，牢记中国人民为维护民族独立和自由、捍卫祖国主权和尊严建立的伟大功勋，牢记中国人民为世界反法西斯战争胜利作出的伟大贡献，珍视和平、警示未来，坚定不移走和平发展道路，坚定不移维护世界和平，万众一心把中国特色社会主义推向前进。"①

2016 年 11 月 10 日，习近平向国际博物馆高级别论坛致贺信指出，博物馆是保护和传承人类文明的重要殿堂，是连接过去、现在、未来的桥梁，在促进世界文明交流互鉴方面具有特殊作用。中国博物馆事业已有 100 多年历史。近年来，中国各类博物馆在场馆设施建设、藏品保护研究、陈列展示和免费开放、满足民众需求、推动中外文化交流等方面不断取得进展。中国各类博物馆不仅是中国历史的保存者和记录者，也是当代中国人民为实现中华民族伟大复兴的中国梦而奋斗的见证者和参与者。②

2017 年 4 月，习近平总书记在广西参观了合浦汉代文化博物馆，他指出，博物馆建设不要"千馆一面"，不要追求形式上的大而全，展出的内容要突出特色。③

2019 年 9 月 12 日，习近平总书记前往中共中央北京香山革命纪念地，瞻仰双清别墅、来青轩等革命旧址，参观香山革命纪念馆，观看"为新中国奠基——中共中央在香山"主题展览，重申不忘初心、牢记使命，为实现"两个一百年"奋斗目标、实现中华民族伟大复兴中国梦而不懈奋斗。④

在此期间，国务院出台了一系列关于文博工作的重要法规文件和指导意见。

---

① 《习近平：牢记中国人民抗日战争伟大历史　万众一心推进中国特色社会主义》，新华网，2015 年 7 月 7 日，http：//www.xinhuanet.com//politics/2015 - 07/07/c_ 1115847771.htm。
② 《习近平向国际博物馆高级别论坛致贺信》，新华网，2016 年 11 月 10 日，http：//www.xinhuanet.com/politics/2016 - 11/10/c_ 1119886747.htm。
③ 《习近平为何频频"打卡"博物馆》，新华网，2019 年 7 月 19 日，http：//www.xinhuanet.com/2019 - 07/19/c_ 1124773714.htm。
④ 《习近平视察北京香山革命纪念地》，新华网，2019 年 9 月 12 日，http：//www.xinhuanet.com/politics/leaders/2019 - 09/12/c_ 1124992479.htm。

习近平总书记的系列指示和党中央、国务院文件，对博物馆的历史使命、现实作用和工作方针都做出了重要而具体的指示，将文博工作提升到了前所未有的高度。文博事业的发展已经不是一个行业的发展问题，而是已经上升为国家战略总体布局的重要组成部分，成为实现中华民族伟大复兴的文化支柱和思想支撑。这对北京"四个中心"的建设具有特殊指导意义。

北京是伟大祖国的首都，是具有 3000 余年建城史、800 余年建都史的历史文化名城，是当代中国的政治、文化、国际交往和科技创新中心。得天独厚的历史文化遗产，门类众多、设备齐全、服务良好的高水平博物馆，是中华民族 5000 多年文明的重要载体，是中华民族生生不息发展壮大的实物见证，是传承和弘扬中华优秀传统文化的历史根脉。习近平总书记对北京历史文化遗产保护、传承、弘扬的指示，是指导北京文化总体建设和文博事业发展的思想和行动指南。为了学习、落实习近平总书记的系列指示，促进文博事业的可持续发展，北京市文物局和北京博物馆学会以"让文物活起来"为主题，近年来举办了系列学习和研讨活动。

一　发挥平台优势，组织推动会员单位落实习近平总书记系列指示

北京博物馆学会是北京地区博物馆界群众性的学术团体，自 1985 年成立以来，学会团结全体会员单位，围绕党的中心工作，服务全局，发展博物馆事业。习近平总书记关于文博工作系列指示发布后，学会全体会员单位和个人在认真学习、深入领会的基础上，向全市博物馆发出了"传播中华文明　讲好中国故事"的倡议，号召全市博物馆工作者认真学习习近平总书记的系列指示，充分发挥自身优势，搞好博物馆保护、研究、传承、弘扬中华民族优秀传统文化的本职工作。

北京地区文博工作者进一步认识到以下四点。

第一，中华民族 5000 多年文明史创造的优秀传统文化，是当代实现文化自信最坚实的基础。文化自信是更基础、更广泛、更深厚的自信，是更基

本、更深沉、更持久的力量。中华文明 5000 多年传承不断、经久不衰，在长期的演进过程中形成了中国人看待世界、看待社会、看待人生的独特价值体系、文化内涵和精神品质，这是我们区别于其他国家和民族的根本特征，也铸就了中华民族博采众长的文化自信。

第二，中华优秀传统文化的文化信息最集中蕴含在文物里，包括可移动和不可移动文物，成为中华民族的精神支柱；中华文化源远流长，虽历经兴衰但总是更加发扬光大，原因也正在于中华民族对自己文化的自信。博物馆是收藏、保护、利用、弘扬文化遗产的专业机构，这就构成和赋予了博物馆文化的本质特征——物。这一特征，使其与剧场、图书馆、档案馆、展览馆、电影院等文化场所划清了界限。认清和坚持这一特征，就能使博物馆事业健康发展，避免因概念泛化而走偏。

第三，中国博物馆和文博工作者，不仅是中国历史的保存者和记录者，也是当代中国人民为实现中华民族伟大复兴的"中国梦"而奋斗的见证者和参与者。使命神圣，责任重大，北京博物馆学会作为北京地区博物馆的活动平台、交流枢纽和沟通桥梁，要努力贯彻落实习近平总书记的系列指示，为发展北京地区博物馆担负起应尽的责任。

第四，在"让文物活起来"的主题下，北京地区博物馆有盘活存量和激活现量两个应予努力的工作重点。一是盘活存量。截至 2019 年底，我国备案博物馆有 5535 家，藏品总量为 3050 万件（套）。北京地区的中国国家博物馆藏品总量为 140 万件（套），故宫博物院为 186 万余件（套）。北京地区前不久普查登录的可移动文物为 501 万件（套），据目前统计的展览数量，现存藏品的利用率是极低的。另据统计，全国一级博物馆高清影像资料藏品有 387 万件，绝大多数不为人知，使用率更低。当然，这种情况的出现有多种原因，如展厅面积、展厅条件等，但博物馆界自身的认识和努力不够，也是一个重要原因。近几年，博物馆藏品的利用率逐渐提高，馆与馆联合、区域联合、跨行业联合办展，优势互补，成为博物馆界的新气象，是"让文物活起来"的新举措，但还有很大的提升空间。二是激活现量。所谓现量，指的是现在利用（主要是展出）的藏品。"激活"这些藏品（已是展品），就是要在解读方法上下苦功夫。"优化"展品解读，已是目前博物馆服务大众亟须解决的问题。不仅传统的展品五要素的简单说明满足不了现实的需求，就是通俗易懂、深入浅出、图文并茂的解读，也难以与采用了一些现代科技手段的演示性解读相媲美。有鉴于此，我们要遵照"让文物活起来"的原则，在科学研究的前提和基础上，把文物蕴含的历史信息、科学信息和艺术信息阐述出来，适度利用现代科技手段解读展品，使观众获得更多的知识和美感。

二 以"让文物活起来"为主题，组织了多项活动，在国内博物馆界产生了较大影响

（一）策划举办"让文物活起来——京津冀、长三角、珠三角博物馆高峰论坛"

北京博物馆学会在调研、分析中国博物馆发展趋势和现状的基础上，认识到京津冀、长三角、珠三角不但是中国改革开放后经济发展最快的地区，也是文博事业发展最快、水平最高的地区，在全国具有引领和示范作用。为此，学会与《博物院》杂志一起倡议，联合京津冀三地省级博物馆于2017年11月发起举办了"让文物活起来——京津冀、长三角、珠三角博物馆高峰论坛"，三地80家博物馆及相关单位200余位代表出席会议，就博物馆跨界合作、博物馆文创工作及博物馆智慧化建设等议题进行了探讨和交流。这次论坛因其创意好、规格高、参与范围广，被视为文博界的一次盛会。借会议举办之机，京津冀三地博物馆签署了发展战略合作协议，并经与各馆领导商议，将会议定为每年召开的品牌项目。会议提交论文以《新问题·新实践·新成果》为书名结集出版。此后该论坛成为博物馆界的品牌活动，先后在各地轮流举办。

（二）举办"让文物活起来——北京地区中小型博物馆经验交流会"

北京地区的中小型博物馆占全部博物馆总数的80%以上，都各具独特

优势。在学习贯彻落实习近平总书记的系列指示活动中,中小型博物馆充分发挥各自的优势和特点,举办了多项展览与专题宣教活动,经过探索,形成了不同的经验和工作模式。"让文物活起来——北京地区中小型博物馆经验交流会"有58家博物馆120余人出席,10家博物馆代表在大会做了发言。北京古代钱币展览馆举办的"戎刀燕币——尖首刀币起源的故事""我心中的博物馆——儿童绘画、摄影、手工作品展",北京文博交流馆举办的"看古建·听古乐·做扎染"活动,中国长城博物馆举办的"京张铁路摄影展",北京汽车博物馆近年来日渐兴盛的文创产品开发等,这些中小型博物馆的经验使人耳目一新。

(三)名人故居纪念馆联合行动

宋庆龄故居、郭沫若纪念馆等八家名人故居纪念馆,自2000年以来的20年中,联合组成一个团体,每年联合推出一个主题展览,除在北京展出外,还到全国各地巡展,有些展览还跨出国门,到国外宣传中国文化名人的思想、情操、风采和成就,被誉为博物馆界的"乌兰牧骑",产生了较大的社会影响。2018年起,北京"八家"变成了"8+",吸收了广州红线女艺术中心、天津李叔同故居纪念馆、青岛康有为故居纪念馆等多家外地名人故居纪念馆参加,进一步扩大了馆际交流和博物馆的影响力。

(四)举办高校博物馆论坛

为推动北京地区高校博物馆的发展,促进高校博物馆建设理论与实践的创新,北京博物馆学会连续多年与北京市教委、北京市文物局、中国传媒大学联合举办学术研讨会,探讨"互联网+"时代高校博物馆的定位、策展、运行、服务、保障、管理等问题。由于会议主题切合目前高校博物馆发展的实际,吸引了上海、四川、湖北、广东、山东、浙江、陕西、黑龙江等省市的高校同行。第一届和第二届会议提交的论文以《智慧文博:高校博物馆理论与实践》为书名结集出版。

（五）举办"让文物活起来——京津冀一体化背景下的展览交流与合作研讨会"

2016 年，北京博物馆学会联合河北省博物馆学会、天津市文物博物馆学会在石家庄召开了以展览交流与合作为主题的专题研讨，围绕京津冀三地文化协同发展的思路，探讨如何共享各地藏品资源，拓宽展览渠道，促进三地乃至全国范围内的展览交流。这是文博战线配合京津冀一体化国家战略的具体行动。

（六）举办保管专业学术研讨会

保管专业学术研讨会自 2001 年首次举办以来，至今已举办 19 届，每年一次，每次一个主题，已成为学会一个响亮的品牌，影响及于其他省区市。第 16 届、第 17 届学术研讨会均以"让文物活起来"为主题，一是研讨保管工作如何"落实责任，加强保护，拓展利用，严格执法"；二是研讨保管工作如何"加强文物保护、深化文物研究"。来自北京、上海、湖南、江苏、山东、山西、安徽、西藏、内蒙古、广西等 10 余个省区市的 70 余家博物馆近 200 名同行参会。

（七）社会教育专业委员会举办专题研讨会

社会教育专业委员会主办的"博物馆教育·北京论坛"是北京博物馆学会坚持多年的社教品牌，至今已举办了八届，影响及于全国。第八届论坛以"让文物活起来——博物馆教育与研学"为主题，邀请了教育部门、学校和博物馆方面的领导、学者，阐述对青少年研学教育和博物馆研学的思考以及目前面临的问题，并请北京及其他省区市博物馆同行展示相关事例，共同研讨博物馆教育与"研学旅行"可持续发展的有效途径和未来发展方向。来自全国近 70 家博物馆共 150 余位同行参加了会议，首都博物馆、湖南省博物馆、中国美术馆、敦煌研究院、广东省博物馆、北京大葆台西汉墓博物馆、浙江省良渚博物院、北京西周燕都遗址博物馆、陕西秦

始皇陵博物馆、中国铁道博物馆、苏州博物馆、河北博物院、中国园林博物馆、中国人民抗日战争纪念馆、湖北省博物馆、故宫博物院等博物馆的参会人员都以各自的典型案例与大家进行了分享，拓宽了大家的视野，充实了研讨会的内涵。

（八）非国有博物馆发挥各自优势，克服困难，不辱使命

北京地区最早在全国建立了一批非国有博物馆，如观复博物馆、古陶文明博物馆、中国紫檀博物馆、北京百年世界老电话博物馆、北京御生堂中医药博物馆、老爷车博物馆等，在全国颇有影响。

目前许多非国有博物馆在北京去非首都功能的规划下，面临诸多困难，加上原有的运营管理上的一些短板，更使困难加剧。在"让文物活起来"的大背景下，为继续发挥非国有博物馆的各自特长，调动其积极性，保护文物，传承、弘扬中华优秀传统文化，北京博物馆学会将非国有博物馆组织起来，于2017年9月组建了非国有博物馆专业委员会，统一协调非国有博物馆的业务活动，在专业化、规范化上予以提升的同时，通过组织形式向上反映非国有博物馆的困难和呼求。非国有博物馆专业委员会成立后，发挥了组织、指导、沟通联络的职能，举办了多种活动。一是发挥各自藏品特色，励志堂推出展览。古陶文明博物馆举办了"凝固的时光——古陶文明博物馆精品砖展"；北京励志堂科举匾额博物馆举办的"中国古代科举匾额拓片展"在北京孔庙和国子监博物馆等多地展出；观复博物馆除在馆内办展外，还积极向外拓展举办展览。二是注重在驻地"接地气"举办活动。北京百年世界老电话博物馆走入东城府学胡同，举办中国传统智能玩具讲堂；古陶文明博物馆与西城区实验小学联合举办"金石兴趣教育试点班"，启发小学生对中华古文明的兴趣和认知。北京百年世界老电话博物馆与中国科学技术馆、中国传媒大学传媒博物馆等单位联合举办"科技改变生活——我们经历的移动通信时代"展览，走出馆舍，走向同行联合服务大众的广阔天地。

三　配合中心工作，承担调研项目，
为政府决策提供咨询服务

（一）完成了"多展不多得"课题调研

"多展不多得"课题是针对目前博物馆体制、机制存在的问题而设立的，目的是摸清现状，为领导提供决策依据。承接任务后，北京博物馆学会组织了十余位专家对北京地区的十余家典型博物馆进行了访谈调研，最终形成文字报告提交北京市文物局。

（二）承担了北京地区博物馆一级博物馆运行评估和二、三级博物馆定级评估工作

博物馆定级评估是对博物馆规范化管理的新范式。截至 2020 年底，北京地区共评定一级博物馆 14 家，二级博物馆 8 家，三级博物馆 9 家。

（三）承接了博物馆规范制定任务，推进博物馆规范化建设

近 30 年来，北京地区新建了大批博物馆。为使它们健康发展，北京博物馆学会承接北京市文物局并与之配合，制定了《博物馆工作规范（试行）》；保管专业委员会组织专家编写了《博物馆藏品保管工作指引》，编印了《博物馆常用英语》等规范文本。这些规范制度不仅在北京地区各博物馆施行，对全国其他博物馆也产生了引领和示范作用

四　深入学习、贯彻落实习近平总书记系列指示体会要点

中国博物馆的发展在世界文化史上是个奇迹。截至 2019 年底，中国备案博物馆数量为 5535 座，每年举办展览数量达 22000 余个，观众人次超 7 亿人次。无论是馆舍建筑、设施设备等硬件，还是展览、社会教育等软件产

品，都有了质的飞跃，有的已经赶上或接近世界一流博物馆的水平。经济的高速发展、政府的空前重视之外，大众旅游的兴起、公民对终身教育的渴求、生态环境保护的觉醒和实施、保护人类文化遗产的呼吁成为当代博物馆发展的四大驱动力。特别是党的十八大以来，以习近平同志为核心的党中央把文博事业的发展提升为国家重大战略来指导和部署，为文博事业的发展指明了方向。现在，全国的博物馆都在认真学习、贯彻落实习近平总书记的系列指示，用以指导博物馆健康发展。

（一）博物馆文化的本质特征

现在文博界有一些说法，比如有人认为博物馆正在从"以物为本"向"以人为本"转化；有人认为"教育是博物馆最本质的属性"；有人认为信息时代在虚拟空间即可获取博物馆藏品的各种信息，无须文物藏品；等等。中国文博界前辈、著名博物馆学家苏东海先生在谈及学习习近平总书记重要讲话体会时指出，这些说法不恰当之根本就在于丢弃了博物馆为人类收藏、保存、保护文化遗产和自然遗产的职能。文物收藏的目的之一在于使用，更重要的是为收藏而收藏的目的。双重目的论形成的收藏和教育两个中心，才是对博物馆职能的正确理解和定位。回溯博物馆发展史，博物馆的收藏、科研、教育三项职能是依次发生的，博物馆是一个三项职能的复合体。第二职能是第一职能的延伸，第三职能是第一、第二职能的延伸和拓展，而第一职能是第二、第三职能存在的前提和基础。苏东海先生形象地将这三项职能比喻为同心圆的逻辑关系，中心圆是物的收藏，内圆是科研，外圆是教育。收藏是博物馆最原初的古老职能，随着社会的发展，这种职能不应被削弱，而应不断加强，因为这是博物馆的根基。博物馆文化能成为"文化"，就应有其恒定的或者说稳定的核心内涵，是万变中不变的东西，是博物馆之所以能称为博物馆的本质的东西，那就是"物"。认清这一点，对深入领会和贯彻落实习近平总书记关于文博工作的系列指示大有益处。

（二）正确认识和评价数字化等新科技手段，助力博物馆发展

博物馆数字化或数字博物馆、智慧博物馆等议题近几年成为热门话题。据有关专门书刊定义，智慧博物馆指的是以数字博物馆作为最基础部分，将物联网以及云计算等技术充分地利用起来，构建起全面透彻的感知以及宽带互联，融合智能技术特征的一种博物馆新形态。它存在的主要目的是能够更好地对博物馆进行管理，并且更有效且全面地对博物馆的馆藏文物进行保护，同时深入地与博物馆观众进行交流。以上定义可以归纳出两点：其一，智慧博物馆是一种运行管理博物馆的新手段；其二，智慧博物馆的目的是保护文物藏品并利于与观众进行交流。应该说，这一技术对我国博物馆事业发展大有益处。首先，它可以优化管理，变传统管理为智能化管理，不仅大大节省人力投入，而且能提高管理精度，减少误差。其次，它可以将已展出藏品或库房中未展出藏品的信息，通过技术手段便于观众获取。这种智能化手段传播信息快、覆盖面广，而且更新速度也快，是对博物馆文化信息传播的一场革命，其作用必须肯定。但必须明确的是，智慧博物馆或数字博物馆都只是一种技术手段，是方法而不是目的。博物馆文化本质是"物"的文化，离开了"物"，博物馆就失去了它的本质，也就不存在了，"智慧""数字"都是以"物"为前提而存在的，失去了"物"，也就失去了根。所以真实的博物馆是智慧博物馆的根本，没有博物馆藏品的存在以及对藏品信息的研究阐释，数字化解读传播就是无源之水、无本之木。我们要摆正手段和目的的关系，不低估和排斥信息技术的重要作用，也绝不能丢弃博物馆的文化本质而成为盲目崇拜技术的技术主义。

（三）"巩固提高"是当前中国博物馆发展的主要任务

中国博物馆近40年来的蓬勃发展中出现的主要矛盾是数量和质量的矛盾，这与第二次世界大战后世界博物馆发展中出现的问题相似。我国目前的5535座博物馆，如果以规范的博物馆标准衡量，有不少馆在基本功能上尚有欠缺，严格来说还不是一个完整意义上的博物馆，也难以更好地发挥、弘

扬、传播中华民族优秀传统文化和涵养社会主义核心价值观的作用。其中最主要的问题是收藏功能薄弱和专业水平较低，而这两项恰恰是一个博物馆是否有价值、有水平的关键。所谓"专业化"，从根本上说就是看这两项够不够标准。如果再细化的话，则至少有以下四个小项：一是对"文物"的收藏、研究内涵的阐释；二是对博物馆最主要的产品即展览的内容和形式的研究，包括主题提炼、基本要素、设计元素、诠释原则；三是教育活动，包括目标对象和基本要求；四是工作实践的总结和理论升华。而这些对有些博物馆，特别是一些新建馆来说，很难达到标准要求。近年来，博物馆展览的"同质化""空心化""平庸化"，其根本原因就在于此。要解决这一问题，就要把"巩固提高"置于首位，大力充实提高薄弱环节，特别是专业队伍的建设。

B.3
北京地区博物馆文物藏品保管
发展报告

张全礼 *

摘　要： 博物馆藏品的保管工作是有效发挥博物馆社会价值的前提条件，也是文物保存与文化传承的客观需要。北京地区博物馆近年来积极充实藏品体系，完善保管制度，加强藏品信息的公开与利用，改善保管基础设施，提升保管人员业务素质，加强机构建设、科技成果转化，提升保护理念，充分利用数据技术发展给藏品保管带来的机遇，形成以制度完善为保障，以科技为载体的创新体系，对促进博物馆发展起到了重大作用。

关键词： 藏品体系　预防性保护　文物资源信息化

博物馆馆藏文物数量众多，且具有不可再生性，管理保护是最基本的工作。藏品的保管工作是博物馆学的重要内容，保证藏品安全，在此基础上开展藏品的研究利用是博物馆事业发展的基础。加强博物馆馆藏文物的管理与保护，不仅是有效发挥博物馆社会价值的前提条件，也是文物保存与文化传承的客观需要。1986 年文化部颁布的《博物馆藏品管理办法》明确规定：藏品保管是博物馆一项经常性的重要业务工作。2002 年修订的《中华人民

---

* 张全礼，首都博物馆文博馆员，硕士研究生，主要研究方向为文物与博物馆学。

共和国文物保护法》提出"保护为主、抢救第一、合理利用、加强管理"16 字方针。2004 年国家文物局发布了《文物保护行业标准管理办法（试行)》。2005 年以中华人民共和国文化部令的形式，公布了《博物馆管理办法》。2010 年国家文物局编纂了《中华人民共和国文物保护标准汇编》。2015 年国务院公布《博物馆条例》。2016 年国务院印发《国务院关于进一步加强文物工作的指导意见》。2017 年发布的《国家文物事业发展"十三五"规划》中提出要切实加强馆藏文物"预防性保护"。2017 年颁布了修订的《中华人民共和国文物保护法实施条例》。2018 年中共中央办公厅、国务院办公厅印发了《关于加强文物保护利用改革的若干意见》和《关于实施革命文物保护利用工程（2018—2022 年）的意见》，都对新的历史条件下国家文物、博物馆藏品征集管理、科学保护做出了指引。北京地区博物馆文物藏品数量多、等级高、分布广，近年来在应对新情况、新问题上取得很大成绩，在文物藏品保护、现代科技运用、预防性保护等方面有重要收获。

一 文物藏品的科学保管

藏品保管就是对博物馆赖以生存的文物（人文历史类博物馆）、标本（自然科学类博物馆）等进行保护和管理，使其历史价值、文化价值、科学价值免受自然或人为损害。为了更好地保存历史文化记忆，为博物馆陈列展览提供展品，为科学研究提供实物资料，国家相关行政主管部门制定并颁布了一系列的法律法规，使文物保管工作有法可依，如《博物馆管理办法》《博物馆藏品管理办法》《北京市博物馆条例》《博物馆条例》等。北京地区的博物馆近年来不断充实博物馆藏品体系、完善博物馆藏品管理的制度建设、优化管理方式、改善基础设备设施、提升业务人员的素质，推动了博物馆保管业务工作的发展，对指导和规范博物馆的藏品保管工作具有重要的启迪和引领作用。

（一）充实文物藏品体系，为明天保存今天

文物藏品是博物馆赖以生存的物质基础，博物馆应树立符合博物馆学原

理和规律的收藏理念，完善征集程序，不断增加藏品数量，提高藏品质量。2012 年国家文物局发布《博物馆事业中长期发展规划纲要（2011—2020年)》，在发展任务中指出，要加强近现代文物、20 世纪遗产、当代遗产实物资料的收藏。北京地区博物馆在近现代文物与当代遗产实物资料藏品征集工作中，充分发挥专家在藏品征集工作中的作用，不断健全藏品征集鉴定工作制度，制定了具有前瞻性的、体系化的长远收藏规划，注重加强当代文化的保存，为明天保存今天。

2019 年，中国国家博物馆发布《中国国家博物馆藏品征集鉴定委员会管理办法（试行）》；推出《中国国家博物馆近现当代国史文物征集实施细则（试行)》，实施国史文物抢救工程，大力加强近现当代国史文物征集力度，扩大馆藏范围，完善馆藏体系。该馆 2019 年共征集文物 3883 件（套），包含"墨子号"量子科学实验卫星载荷及手稿、我国自主研发的首台扫描隧道显微镜 CSTM－9000 设备、"嫦娥四号"签名队旗及臂章、王继才文物、马可日记等近现当代国史文物（含图片）1329 件（套），吴为山雕塑作品、孙晓云书法作品等艺术品 244 件（套），国家文物局划拨的意大利归还我国的流失海外文物、泰兴号沉船瓷器等古代文物 991 件（套），海外华侨华人文物、民国外交文献、"中缅印战区"及"飞虎队"文物和原版照片等外国文物 1319 件（套）。[①]

习近平总书记指出："中国各类博物馆不仅是中国历史的保存者和记录者，也是当代中国人民为实现中华民族伟大复兴的中国梦而奋斗的见证者和参与者。"[②] 新冠肺炎疫情是新中国成立以来发生的防控难度最大的一次重大突发公共卫生事件，为保存这一特殊时期的历史，铭记这段全民抗"疫"的历史事件，见证抗"疫"的艰辛历程，传递抗"疫"的正能量，国家文物局于 2020 年 3 月 18 日正式发布《关于新冠肺炎疫情防控代表性见证物征

---

① 中国国家博物馆：《2019 年度中国国家博物馆数据报告》（2020 年 1 月），中国国家博物馆官网，2020 年 1 月 21 日，http://www.chnmuseum.cn/zx/gbxw/202001/t20200123_191603.shtml。

② 《习近平向国际博物馆高级别论坛致贺信》，《人民日报》2016 年 11 月 11 日，第 1 版。

集和保存工作的通知》。同日，首都博物馆通过官方微信公众号、网站和微博平台向社会发布征集公告，广泛征集新冠肺炎疫情防控各类物证资料，并制定《新冠肺炎疫情防控物证资料征集范围与标准》，明确征集原则、范围、标准要求以及工作程序。例如，具有突出代表性、典型性和广泛性，把握关键节点和重大事件，真实体现疫情防控一线的事实进程；注重口述记录、影像资料、电子数据、网络媒体报道等的征集和保存，记录感人事迹，丰富历史记忆。共征集到北京市疾控中心、北京市急救中心、北京大学第一医院、北京市医院管理中心以及北京市援鄂的资料，包括援鄂医疗队签名院旗、请战书、日记等物证资料和数字影音资料等共计 3000 多件（套），其中实物物证 500 多件（套）。中国国家博物馆目前已经征集到新冠肺炎疫情防控的实物 800 余件（套）以及照片、视频等电子资料，包括一线人员的入党申请书，各省区市重要医疗队、医疗科研团队的签名援鄂队旗、签名防护服，部分医院编写的治疗、预防新冠肺炎的手册、书籍，军队、地方医疗队纪念登机牌等。目前征集的资料数量仍在持续增加。

（二）完善文物藏品保管制度，推进依法管理

博物馆文物藏品保管具有高度科学性、系统性、复杂性等特性，建立一套完整、严格的规章制度是科学管理文物的重要保证。《博物馆事业中长期发展规划纲要（2011—2020 年）》指出要推进依法管理，规范博物馆文物藏品保护以及安全等部门规章。国家相关部门近年来加大力度制定有关藏品的管理与安全的各项制度，如《文物系统博物馆风险等级和安全防护级别的规定》《文物系统博物馆安全防范工程设计规范》等。北京地区博物馆近年来不断建立健全管理机制，建立了面向应用、重点突出、便于操作的部门规章，完善了文物藏品保管的制度。

北京地区博物馆近年来为保证文物藏品的安全，完善和规范防火防盗安全保卫制度、库房安全管理制度、文物巡查制度等；坚持文物工作安全第一，重点加强火灾防控全年不松懈。2018 年，北京市文物局开展执法检查6810 余次，安全巡查 6750 余次。根据北京市文物局的要求，局属各单位在

节假日前夕对文物库房进行安全检查，确保节假日期间库房文物安全。首都博物馆、孔庙和国子监博物馆、北京石刻艺术博物馆等单位进行节前库房安全检查及防汛检查，对文物库房的卫生情况和门窗、墙体等部位进行了重点检查，对墙体返潮及渗水隐患进行了逐一排查。2018 年 9 月，为深刻吸取巴西国家博物馆火灾事故教训，北京市文物局联合消防局、宗教局、公园管理中心等机关，对北京市辖区内的 31 家三级以上博物馆和 126 家全国重点文物保护单位进行了全面检查，共出动车辆 150 余台次、出动检查人员 300 余人次。① 2019 年，北京市文物局以高度的政治意识和大局意识，全力保障"国庆 70 周年"胜利召开，成立了 5 个检查组，领导带队，在对全市文物保护单位检查的基础上，重点对天安门广场周边、长安街延长线以及烟花爆竹燃放点的文物保护单位进行了全面检查。国庆前夕，又对大高玄殿、北京国会旧址、正阳门等全国重点文物保护单位开展了重点安全检查。同时，深刻吸取 4 月 15 日巴黎圣母院火灾的教训，北京市文物局积极部署开展文物安全工作，压实文物安全属地监管责任和管理使用单位的直接保护责任。一是成立 4 个检查组，由局领导分别带队，对天安门、八达岭长城、颐和园、报国寺、四九一电台、承恩寺、德胜门箭楼等 49 处重点文物保护单位进行了安全检查。共出动执法人员 147 人次，检查车辆 40 余台次。二是印发《关于吸取巴黎圣母院焚毁教训切实做好火灾防控工作的紧急通知》《关于进一步做好全市文博单位火灾防控工作的通知》，要求各单位加强对本区域、本单位的检查和自查，采取切实有效措施确保文物安全，全面加强博物馆和文物建筑消防安全工作。新冠肺炎疫情暴发后，各馆的文物安全防范措施有增无减，未发生重大藏品安全事故。

北京地区博物馆在加强藏品登记、建档和安全管理方面，规范文物藏品的保管工作，主要包括文物的征集、接收、鉴选、登记、编目、入库等一套完整的管理流程。在开展文物保护与管理工作的过程中，结合区域的实际情况构建相应的管理机制，实施因地制宜的管理方法。每一项程序都

---

① 北京市文物局史志办公室编《北京文物年鉴（2019）》，内部资料，前言，第 4 页。

有严格的要求与工作规范，实现制度化管理，根据国家相关法律法规制定适合本馆的工作制度，建立符合工作实际的规章制度。首都博物馆保管部对原有制度进行修订、完善，形成了新的《首都博物馆藏品部安全管理制度》和《首都博物馆藏品部总账管理制度》。本着为馆内科研、展览等工作服务的宗旨，保管部完善了相关的流程文件，优化了展柜开启单、藏品观摩提看单的项目设置。同时进一步加强了文物的账、物分开管理模式，总账组和保管组联合对馆藏文物、账物进行全面清点核对，确保文物账目清晰、账物相符。总账组与保管组互相监督、互相促进，账物管理水平不断完善。

（三）加强文物藏品信息的公开与利用，"让文物活起来"

博物馆文物藏品是国家宝贵的科学、文化财富，博物馆有公开藏品资料信息、服务社会的责任和职能。《博物馆事业中长期发展规划纲要（2011—2020年）》的发展任务指出，要推进藏品信息资源共享、利用，分期发布馆藏珍贵文物目录。北京地区的博物馆近年来积极探索"让文物活起来"，为更好地服务行业、服务社会，在支持国内外文博机构的展览、为专家学者提供文物的观摩与查询、公开珍贵文物藏品信息等方面做出许多努力与实践，取得一定的成果。

2018年，首都博物馆为支持国内外文博同行的展览工作，向9家文博机构举办的9项展览借出35件（套）馆藏文物，并承担了文物信息撰写、文物拍摄以及监督布撤展等工作。首都博物馆还向馆内外的专家学者提供文物观摩、拍摄、查询等服务，全年共查询纸质账册44次，涉及藏品3397件。此外，首都博物馆继续推动文物普查成果展示项目，全年累计在官网公布了3万件（套）馆藏文物，与社会共享文物普查成果。[①]

中国国家博物馆遵循"开门办馆"的理念，日益加大公众服务力度，在深入研究的基础上陆续公开藏品总目信息，为公众提供更多、更方便的渠

---

① 首都博物馆编《首都博物馆年鉴·2018》，文物出版社，2019，第39页。

道了解藏品的基本情况，更大程度上满足公众参与文物研究、进行文物鉴赏的多元化需求。2019 年，第二期《中国国家博物馆藏品总目》正式上线，新增 48 万件（套）藏品信息供公众浏览。至此，中国国家博物馆公开藏品信息总量超过 78 万件（套）。与第一期上线藏品总目相比，此次公开的藏品信息数量更多，藏品类别更加丰富，既有石器、玉器、陶器、铜器、铁器、金属、骨角、砖瓦、石刻、漆木、丝织品、印章、书画、徽章、杂项、碑帖、文献、民族文物、邮票、艺术品、纪念品等，也有多种近现代历史类、艺术类藏品，善本古籍、珍本书刊报、民国书刊报及特藏书刊等。[①] 藏品资源信息的公开，既有利于公众的研究利用需要，也有利于接受社会各界的监督，具有"以昭公信"的意义。

故宫博物院官方网站公布藏品总目录是该院第 5 次藏品清理工作（2004～2010 年）的重要成果之一。此次公布的藏品范围，既包括一、二、三级珍贵文物，也包括一般文物和陶瓷标本。共分为绘画、法书、碑帖、铜器、金银器、漆器、珐琅器、玉石器、雕塑、陶瓷、织绣、雕刻工艺、其他工艺、文具、生活用具、钟表仪器、珍宝、宗教文物、武备仪仗、帝后玺册、铭刻、外国文物、其他文物、古籍文献、古建藏品等 25 大类 1862690 件（套），其中可以提供图片的文物 52558 件（套）。[②] 故宫博物院官网数据库是目前北京地区博物馆信息量最大、最全面的数据库，大部分图像资料像素高、方便可利用，文字资料比较全面，而且汇集了藏品或文物建筑尽可能多的研究成果，好看、好用、好追溯。

（四）改善文物藏品保管基础设施，提高保存质量

博物馆藏品保存环境及保护条件将直接影响藏品保存质量。《博物馆藏品管理办法》第十条明确规定："藏品应有固定专用的库房，专人管理。库

---

① 《中国国家博物馆藏品总目第二期正式上线》，中国国家博物馆官网，2019 年 6 月 26 日，http://www.chnmuseum.cn/zx/gbxw/201906/t20190626_128167.shtml。

② 《故宫博物院藏品总目》，故宫博物院官网，2016 年 1 月，https://www.dpm.org.cn/Public/static/CCP/。

房建筑和保管设备要求安全、坚固、适用、经济。"北京地区的博物馆近年来对博物馆的基础设施进行了详尽分析和安全隐患评估，在合理利用经费的基础上，按照安全隐患的等级对基础设施进行逐步改造，提升博物馆藏品的保护环境，完善文物保管的硬件条件。

新建馆舍的首都博物馆除本馆的库房外，还在西红门、十三陵、良乡琉璃河、榆垡另设文物库房五处，并对这些库房的管理与设备进行了重点整改、提升，藏品安全得到了进一步改善。2019年，首都博物馆良乡库房搬迁后，为了保障文物对温湿度等方面的需求，对新租赁的库房进行环境调控等方面的改造，设置恒温恒湿空调系统、温湿度采集、污染物浓度采集、防漏采集等设备。恒温恒湿库房面积为2200平方米，分隔成5个小库房，设有恒温恒湿空调系统、配电系统、通风系统、采集系统、防漏采集系统、环动系统等，具备温湿度采集、污染物浓度采集、防漏采集、实时观测库房环境安全等方面的功能，可以实现在手机及办公室电脑上实时监控库房内的温湿度情况。

（五）提升文物保管人员业务素质，优化队伍结构

文博人才的培养是文博事业发展的重要工作之一。为推动文博人才的培养和队伍建设，国家文物局于2014年发布《全国文博人才发展中长期规划纲要（2014—2020年)》，2017年发布《国家文物局培训项目管理办法（试行)》，2018年发布《国家文物局文博人才培训基地评估细则（试行)》等文件。根据相关的法律法规，北京地区的博物馆在提升文物保管人员业务素质的基础上进行科学部署，多措并举，积极促进文物保管人员之间的交流、培训与学习，完善保管人才的培养培训体系，优化队伍结构。

首先，加强馆际间保管业务人员的交流，相互借鉴、相互学习，分享先进的经验。2018年3月6日，孔庙和国子监博物馆文物保管部工作人员及馆内其他业务部门人员到中国海关博物馆进行交流学习，为即将进行的改陈工作积累相应的工作经验。2018年4月25日，北京石刻艺术博物馆领导率保管部全体业务人员赴首都博物馆考察，与首都博物馆保管部门交流保管制度、

审批手续、库房管理等业务工作，并参观了首都博物馆的石质文物库房。此项工作促进了馆际间的交流合作，也将进一步提升相关的业务水平。

其次，加强业务人员的专业培训，提升业务人员的专业素质和能力。2020 年 6 月 28 日至 30 日，北京市文物局组织"第十九期北京地区文博行业专业技术人员和管理人员培训"。2020 年 8 月 24 日至 28 日，北京市文物局组织了"北京地区文博物业第二期线上鉴定培训"，培训主要包括瓷器、字画、佛造像、古建等内容，提升了保管人员文物鉴定的能力和水平。

首都博物馆注重加强制度的建设，使各种工作流程更趋合理，同时注重保管人员的业务及管理能力培训，平均每季度授课两次。在培训工作中，不仅要引导文物保管人员熟悉文物管理的各项技能，还要加强法律政策、职业道德等领域的培训，努力提升文物保管人员的思想素质水平，培养保管人员爱岗敬业、忠于职守的职业道德，全面提升文物保管人员的综合素质。这样，使文物保管人员不仅具备较强的专业技能，还具有良好的职业道德和敬业精神。此外，首都博物馆按照年度制订培训计划、培训目标和培训方案，并对培训成果进行考核，采取奖励机制提高工作人员学习的积极性和主动性。

二 文物藏品的科学保护

文物藏品的科学保护是指应用科学技术手段，维护藏品质量，对抗一切形式的质变，阻止延缓质变过程，控制降低质变速度，对藏品的劣化进行综合防治。根据相关的法律法规，北京地区博物馆在文物藏品的科学保护工作中，结合实际情况，统筹谋划，开拓创新，注重文物藏品保护机构的建设、科技成果的转化、保护理念的转变，实现对文物藏品科学有效的保护，提升我国文物保护的利用水平，推动文物保护事业的发展。

（一）文物藏品保护机构的建设更加科学

2011 年发布的《国家文物保护科学和技术发展"十二五"规划（2011—

2015 年)》中指出，以体制机制创新为动力，推动文物保护科技工作的可持续发展。从那时起，北京地区博物馆从战略的高度加强文物藏品保护的机构建设，完善文物保护科技的管理体制、工作机制，激发科技创新活力，提高工作效率，积极探索适应文物保护科技发展需要的新机制；并深化机构间、部门间的合作，推进行业重点科研基地的建设与发展。

2018 年，中国国家博物馆进行工作格局重塑、流程再造和组织重构，在原文物科技保护部与艺术品鉴定中心科技检测室的基础上组建文保院。新组建的文保院拥有 30 余名理论基础扎实、实践经验丰富的文物修复师，下设环境监测研究所、藏品检测与分析研究所、器物修复研究所、金属器物修复研究所、书画文献修复研究所、油画修复研究所，同时还拥有 30 多台设备，专门为各类文物做"体检"。其中，包括恒压 X 光探伤机、场发射环境扫描电子显微镜、台式扫描电子显微镜、X 射线荧光光谱分析仪、便携式 X 射线能谱仪、面探 X 射线衍射仪、显微红外光谱仪、便携式傅立叶红外光谱仪、双通道多光谱仪、离子色谱仪、气相色谱质谱联用仪等。文保院积极贯彻"保护为主、抢救第一、合理利用、加强管理"的文物保护方针，主要负责馆藏文物保护、修复和复制工作。按照文保院文物保护修复的标准流程，当文物被送入文保院，第一步就是对文物进行信息采集工作。"体检"之后，文物保护修复方案相应制定，并需要专家评审通过。在保护修复过程中，文物健康状况也将得到持续监测，这也是高科技时代文物修复和保护工作的重要保障。文保院定期开展文物库房环境监测活动，同时承担国家文物局金属文物保护重点科研基地工作，与国内外文物保护机构加强交流合作，为同行业技术进步提供支撑。

2017 年，首都博物馆在原技术部的基础上成立了保护科技与传统技艺研究部（简称"保护部"），下设有书画、陶瓷、青铜、纺织品文物修复室和文物保护分析实验室，现有专业技术人员 30 余名。首都博物馆保护部拥有"可移动文物修复一级资质"，并获评"北京文博文物科技保护研究与应用"北京市重点实验室。

故宫文物医院于 2016 年 12 月 29 日挂牌成立，位于故宫博物院内西河沿，建筑面积 1.3 万平方米，地上和地下各一层。故宫文物医院致力于传统保护修复技术与现代科技相结合。一面继承、挖掘传统手工技艺，使之传承光大；一面大力吸收现代科技手段。文物修复中心配备了世界上最先进的文物"诊疗"设备，设有文物修护工作室、文物科技实验室、综合分析实验室、X 射线 CT 室、色谱 – 质谱分析实验室、样品准备室、古建筑保护实验室、无机质文物保护实验室、文物环境检测控制实验室、生物实验室、有机质文物保护实验室等。实践中展开多学科联合攻关，包含人文社会科学、自然科学和工程技术三大领域，多学科交叉渗透，应用现代分析检测设备和技术，借鉴当今其他学科的理论构架来建起文物科技保护的科学体系。

（二）加强文物藏品保护的科技创新与成果转化

2004 年国家文物局发布的《文物保护科学和技术创新奖励办法（试行）》指出，国家文物局设立文物保护科学和技术创新奖，鼓励创新。文物保护科学和技术研究的繁荣与发展，需要尊重知识，尊重人才。国家文物行政主管部门也制定了一些法规性文件，在制度上保证文物保护科学和技术的研究。如 2003 年国家文物局发布了《文物保护科学和技术研究课题管理办法》，2005 年国家文物局发布了《文物保护科学和技术评审与咨询专家管理办法（试行）》等。北京地区的博物馆近年来也积极审报文物保护科学和技术研究的科研课题，并注重科研成果的转化，取得了具有自主知识产权的关键技术研究成果，文物保护科技水平显著提高。

首都博物馆以本馆的现有文物与展陈为研究对象，2018 年开展了"首都博物馆展览改陈文物保护与修复""古书画用纸天然植物脱酸剂的研发与应用""绿色生物溶壁酶在古文物霉斑去除关键技术研究""基于新一代淀粉酶及施胶剂在书画保护中的关键技术研究与应用""一种书法绘画用颜料耐洗色牢度的测试方法""古书画用纸天然脱酸剂的研发与应用""首都博物馆馆藏铁质文物保护修复"等方面的科研工作。2018 年 3 月 30 日，北京市科学技术委员会的课题"基于新一代淀粉酶及施胶剂在书画保护中的关键技术研究与应用"顺利通过答辩验收，此项课题获得国家专利授权一项，

申请发明专利一项，发表论文 3 篇。2018 年 7 月 27 日，"一种书法绘画用颜料耐洗色牢度的测试方法"获得国家知识产权局授权发明专利。2018 年 12 月 30 日，中央共建项目"古书画用纸天然脱酸剂的研发与应用"，完成古书画用的生物碱和无机碱复合脱酸剂的研发工作，筛选出有效生物碱的植物来源，研发出适用于古书画纸的天然植物复合脱酸剂，可达到延缓纸张酸化的目的，并申请了"一种纸张脱酸剂组合物及酸化纸张的脱酸方法"的发明专利。

（三）文物保护向抢救性保护与预防性保护并重的理念转变

文物藏品保护的实质是采用积极的手段预防材料劣化，以确保文物稳定、安全的状态。2016 年 12 月 10 日，在全国文物科技工作会议上，国家文物局局长刘玉珠表示，文物预防性保护科技取得实质性进展，文物保护正在从抢救性保护向抢救性与预防性保护并重转变。北京地区的博物馆近年来在文物保护科学和技术的研究工作中，既注重对自然损坏的馆藏文物的抢救与修复，更注重文物本体与周边环境的整体性保护。通过有效的质量管理、监测、评估、调控干预，抑制各种环境因素对藏品的危害作用，尽可能阻止或延缓珍贵文物的物理和化学性质变化乃至最终劣化，达到长久保存文物藏品的目的。

2018 年，首都博物馆对馆藏铁器文物进行了保护与修复，使这些铁器文物能够较长久地保存，满足研究需要和保护利用。首先，要研究这些藏品材料的元素成分、化学结构和物理性能。研究文物损坏原因和古代材料，可以探索藏品质变的内因规律，通过改善文物保护环境对抗劣化变质，将文物和材料的腐坏程度降到最低。其次，在可能产生进一步朽变的部位进行处理，阻止腐坏，以确保其稳定状态，当保护处理显得不足时，便采取修复措施，恢复文物原状。首都博物馆还积极探索并创新性地开展了出土文物的实验室考古清理和应急保护方面的工作实践。对北京地区考古出土的一件明代彩绘漆棺进行了应急保护处理，针对出土漆棺存在的漆皮起翘、霉菌虫害、椁板糟朽植物根系生长等病害，设计建立湿度可控、稳定洁净的储藏微环境，并开展了漆皮回软回贴、椁板加固、防霉剂筛选等试验。

首都博物馆还在展厅和文物库房开展了针对温湿度、光照、有害气体监测等文物预防性保护因素的持续监测，确保各类材质文物都能处在最安全的存放环境中。此外，还对临时展览使用的装饰材料进行取样检测，严控环保关卡，保障展品的安全与观众的健康和观展舒适度。

2018 年，中国国家博物馆文保院在原文物科技保护部分析与环境检测室的基础上组建的环境监测研究所，主要任务就是通过对博物馆库房、展厅等室内空间环境指标（如温湿度、光照、空气质量等）的监测，建立藏品保护综合风险预控体系，保障藏品环境安全，全面改善馆藏珍贵易损文物的保存环境，通过提高科技水平降低文物损毁率，提升文物保护能力，扭转"头痛医头、脚痛医脚"的被动局面，推动由"被动的抢救性保护"向"主动的预防性保护"转变。

三　数字技术为文物藏品保管工作带来的机遇

数字信息技术的发展，以藏品信息数字化采集为基础的藏品管理信息化，为传统的博物馆藏品管理工作提供了新的机遇。藏品资源数字化是数字博物馆建设的基础，藏品资源的数字化应用，以立体、多元、全方位的信息化手段，满足大众的文化需求。北京地区的博物馆在文物藏品数字化工作中，严格遵守文物资源信息化建设的标准规范，注重文物藏品数字资源的采集与管理，加强文物藏品数字资源的保护与利用，优化了传统博物馆的藏品管理模式，提高了工作效率。

（一）严格遵守文物资源信息化建设的标准规范，文物藏品数据完整统一

藏品管理信息化是对博物馆中现有藏品信息的数字化采集。藏品信息的数字化能够极大地提高博物馆内部业务的效率。藏品信息化建设中起着关键指导作用的是以下三个标准和规范：2001 年国家文物局发布的《博物馆藏

品信息指标体系规范（试行）》，这是我国执行最早的一部藏品信息化工作标准；2009 年中国文物信息咨询中心组织编制的《馆藏珍贵文物数据采集指标项及著录规则》；2013 年国家文物局组织制定的《馆藏文物登录规范》（标准编号 WW/T 0017－2013）。北京地区的博物馆中，故宫博物院等率先建立了计算机藏品信息管理系统，开始利用信息技术进行数字化藏品登记著录。

首都博物馆藏品管理系统数据库依据《博物馆藏品信息指标体系规范（试行）》建立，根据该标准，藏品信息指标包括 3 个指标群、33 个指标集、139 个指标项，涵盖了与藏品本体、管理和声像信息相关的各个方面。首都博物馆又根据馆内实际情况，将指标项扩展至 178 项，系统涵盖了藏品征集、账目管理、出入库、修复、展览、数据统计等各项业务管理流程，率先探索把信息化融入博物馆业务与管理体系之中，规范工作流程，提升工作效率。

国家文物局组织制定的《馆藏文物登录规范》（标准编号 WW/T 0017－2013），规定了馆藏文物登录的主要信息、馆藏文物登录流程和所需相关文档（包括纸质文档和电子文档）的基本内容和填写要求。根据该规范，馆藏文物登录的主要信息包括基本信息、管理信息和影像信息三部分，基本信息包括总登记号、名称、年代、质地、类别、数量、尺寸、质量、级别、来源、完残情况、保存状态、入馆日期共 13 项，管理信息包括保管信息、鉴定信息、来源信息等 3 项，影像信息包括收藏单位编号、总登记号、图片类型、图片顺序号 4 项影像基本信息和拍摄单位、拍摄地点、拍摄人、拍摄日期 4 项采集工作信息。首都博物馆依此标准，按照第一次全国可移动文物普查（以下简称"一普"）的要求，完成了馆内 11 万余件藏品的著录工作。①自 2017 年 7 月起，首都博物馆以此数据为基础，同时又结合馆内电子账数据，分批次将数据导入首都博物馆藏品管理系统中，截至 2018 年底，共分12 批次完成了全部数据导入工作，目前可供馆内查询藏品，每件藏品数据包括 14～16 个字段的文字信息和至少 1 张图片。

---

① 王晓梅：《馆藏品信息化建设刍议》，《首都博物馆论丛》第 33 辑，北京燕山出版社，2019，第 463 页。

（二）注重文物藏品数字资源的采集与管理，有利于资源共享

藏品信息数据除藏品基础数据的采集之外，也包括文字、图片、视频、音频、三维模型等多元化的数据形式。2001 年，国家文物局发布了《博物馆藏品信息指标体系规范（试行）》《博物馆藏品二维影像技术规范（试行）》等进行文物藏品数字信息采集的指导标准。北京地区的博物馆近年来不断加大藏品数字化力度，加快文物藏品数字资源建设，方便文物藏品资源查找与利用，降低工作强度，有效实现了文物藏品的精细化管理。

中国国家博物馆于 2019 年开展藏品数据采集工作，一年时间共采集文物高清照片 2420 张，配合文物征集工作拍摄登记照片 3700 张，采集并制作馆藏文物三维模型 890 个。开展已有数据整理工作，整理文物高清影像约 47 万张。[①]

对珍贵文物利用 3D 数据扫描技术进行三维的多元数据分析和保存，一旦文物出现意外，需要修复或复原，这些文物的数字资源将大大提高文物保管员的工作效率，同时也大幅度地减少不必要的文物提取和搬运，降低文物的损坏风险。

针对文物藏品的信息化管理主要是用文物的信息和数据建立一个信息库，将其存储于计算机中，以网络为平台，以相关管理软件和信息库为基础，实现文物藏品的标准化管理，优化博物馆藏品结构。2018 年，北京市文物局以"一普"数据成果为基础，建立了"北京市博物馆大数据平台"，目的是打造一站式博物馆政务管理、业务管理与公众服务的统一平台。"藏品数据库"模块包括首都博物馆的藏品和其他博物馆公开的藏品，这一系统为其他博物馆内部业务管理及对外公众服务网站提供了解决方案。此项目第一期已经完成，2019 年 5 月 18 日正式上线，项目第二期正在建设中。这个项目的实施及普及，推动了文物保管基础信息的完善，极大地推进了各馆

---

① 中国国家博物馆：《2019 年度中国国家博物馆数据报告》（2020 年 1 月），中国国家博物馆官网，2020 年 1 月 21 日，http://www.chnmuseum.cn/zx/gbxw/202001/t20200123_191603.shtml。

以后的信息化建设，规范了文物藏品数字资源管理的流程，促进了藏品数字资源的共享。

（三）加强文物藏品数字资源的保护与利用，创新工作模式

文物藏品的数字资源，可以使文物在以物质形态展示传播的同时，也以信息形态传播。随着数字信息技术的发展，博物馆也需要适应时代需求，利用先进的技术手段，结合传统的手法，将静态的博物馆资源动态化，推出新的展陈方式。新的服务和体验模式，通过网络传播的方式打破博物馆传统的馆舍与参观时间限制，拓展博物馆公众服务的广度、深度和时限。

2020年，新冠肺炎疫情突如其来，各个博物馆纷纷推出"云看展"，进一步利用新技术拓展博物馆的展示边界，利用互联网、智能化平台、各类App的普及和AI、VR等新技术，博物馆从线下走到了线上。博物馆应与时俱进，充分将先进的高新技术运用到馆内的文物知识普及、相应陈列活动的宣传和推广、开展文创工作等环节中，以高效率地传达博物馆的文物、活动信息。2020年上半年，首都博物馆官方微博浏览量达到1160余万次，累计粉丝数54万个。首都博物馆官方微信"首博电台"累计推送了10期"闻｜物之声"专题系列栏目，阅读量7.2万余次。中国国家博物馆也推出5G云游国博——"永远的东方红——纪念'东方红一号'卫星成功发射五十周年"云展览、国博珍藏云欣赏、国博好课等线上活动。利用互联网、智能化等平台可以不受地域和时间的限制，更为安全和便捷地把更多的资源与公众共享，全世界的观众可以足不出户充分了解博物馆的文物藏品，有利于观众欣赏、学习和研究，也有利于更好地普及和推广相关的文物知识及活动，提高博物馆的公共服务性。

四　结语

我国数千年的历史留存了丰富的文化遗产，其中文物是最具有历史、科学和艺术价值的代表性、典型性的实物资料之一，是不可再生的珍贵历史文

化资源,是中华民族优秀传统的重要组成部分,是人类文明发展历史的记忆和见证。博物馆文物保管工作的有效性决定文物的寿命和可持续发展,同时也是尊重文化遗产的表现,是实现"让文物活起来"的重要保障。在国家文物保管法律法规的指导下,北京地区博物馆的保管工作以体制创新为先导,以制度完善为保障,以跨学科、跨领域、跨部门的合作为纽带,以科技研究为载体,使博物馆保管工作从宏观到微观、从广度到深度均有实质性的发展,行业创新体系初步形成,对博物馆事业的可持续发展具有重要的作用。

附表　2019 年度北京地区博物馆藏品数量一览

单位:件(套)

序号	博物馆名称	性质	质量等级	藏品数量	珍贵文物
1	故宫博物院	文物	一级	1863404	1683336
2	中国国家博物馆	文物	一级	1400000	302056
3	北京鲁迅博物馆(北京新文化运动纪念馆)	文物	一级	37772	35778
4	中国美术馆	行业	未定级	—	—
5	中国体育博物馆	行业	未定级	10960	—
6	民族文化宫博物馆	行业	未定级	42649	—
7	中国地质博物馆	行业	一级	220000	—
8	中国农业博物馆	行业	一级	139037	4384
9	中国古动物馆	行业	未定级	1000	—
10	中华航天博物馆	行业	未定级	163	154
11	中国人民抗日战争纪念馆	文物	一级	30000	—
12	中国科学技术馆	行业	一级	732	—
13	宋庆龄故居	文物	未定级	20360	96
14	中国人民革命军事博物馆(含中国民兵武器装备陈列馆)	行业	一级	184000	1793
15	中国航空博物馆	行业	一级	15800	860
16	北京自然博物馆	行业	一级	321829	0
17	北京天文馆(北京古观象台)	行业	一级	1116	28
18	首都博物馆	文物	一级	124808	63170
19	大钟寺古钟博物馆	文物	二级	528	239

序号	博物馆名称	性质	质量等级	藏品数量	珍贵文物
20	北京艺术博物馆	文物	未定级	38135	2811
21	北京古代建筑博物馆	文物	二级	806	41
22	北京石刻艺术博物馆	文物	三级	2625	537
23	徐悲鸿纪念馆	文物	未定级	2416	1889
24	炎黄艺术馆	非国有	未定级	4515	0
25	明十三陵博物馆	文物	二级	5122	1628
26	郭沫若纪念馆	文物	未定级	9569	62
27	梅兰芳纪念馆	文物	未定级	35000	—
28	中国佛教图书文物馆	文物		—	—
29	中国长城博物馆	文物	三级	2502	261
30	雍和宫藏传佛教艺术博物馆	文物	未定级	16562	3915
31	北京市古代钱币展览馆	文物	未定级	7960	70
32	北京市西周燕都遗址博物馆	文物	三级	254	49
33	北京辽金城垣博物馆	文物	三级	220	
34	北京市大葆台西汉墓博物馆	文物	三级	1396	
35	北京大学赛克勒考古与艺术博物馆	文物	未定级	13000	—
36	北京市白塔寺管理处	文物	未定级	136	45
37	李大钊烈士陵园	行业	未定级	1	1
38	詹天佑纪念馆	行业	三级	1784	60
39	焦庄户地道战遗址纪念馆	文物	未定级	260	0
40	中央民族大学民族博物馆	行业	未定级	50000	—
41	北京航空航天博物馆	行业	未定级	—	
42	中央美术学院美术馆	行业	未定级	18700	71
43	北京房山云居寺石经博物馆	文物	未定级	32502	59
44	密云区博物馆	文物	未定级	2000	0
45	昌平区博物馆	行业	未定级	1464	0
46	通州区博物馆	文物	未定级	2367	—
47	山戎文化陈列馆	文物	未定级	0	0
48	北京长辛店二·七纪念馆	行业	未定级	900	31
49	上宅文化陈列馆	文物	未定级	—	
50	郭守敬纪念馆	文物	未定级	0	0
51	中国第四纪冰川遗迹陈列馆	文物	未定级	1172	—
52	周口店北京人遗址博物馆	文物	一级	7449	182
53	中国印刷博物馆	行业	未定级	53671	8508

续表

序号	博物馆名称	性质	质量等级	藏品数量	珍贵文物
54	北京红楼文化艺术博物馆	行业	未定级	5713	—
55	北京文博交流馆	文物	三级	1445	1010
56	北京市正阳门管理处	文物	未定级	0	0
57	北京市东南城角角楼文物保管所	文物	未定级	0	0
58	北京市团城演武厅管理处	文物	未定级	59	1
59	文天祥祠	文物	未定级	9	9
60	永定河文化博物馆	文物	未定级	4389	0
61	北京市钟鼓楼文物保管所	文物	未定级	6	6
62	法海寺	文物	未定级	40	5
63	中国国家画院美术馆	行业	未定级	—	—
64	圆明园展览馆	文物	未定级	241	13
65	北京西山大觉寺管理处	文物	未定级	746	0
66	茅盾故居	文物	未定级	5900	—
67	观复博物馆	非国有	未定级	1602	—
68	古陶文明博物馆	非国有	未定级	425	—
69	何扬·吴茜现代绘画馆	非国有	未定级	300	1
70	中国钱币博物馆	行业	未定级	300000	—
71	文化和旅游部恭王府博物馆	文物	一级	53541	—
72	中国现代文学馆	行业	未定级	700000	397
73	中国蜜蜂博物馆	行业	未定级	800	1
74	慈悲庵	文物	未定级	2	0
75	卢沟桥历史博物馆	行业	未定级	13	—
76	平西抗日战争纪念馆	行业	未定级	350	—
77	平北抗日战争纪念馆	行业	未定级	627	0
78	冀热察挺进军司令部旧址陈列馆	文物	未定级	278	—
79	北京中医药大学中医药博物馆	行业	未定级	6636	0
80	曹雪芹纪念馆	行业	未定级	7163	0
81	香山双清别墅	行业	未定级	401	0
82	中国电信博物馆	行业	二级	6428	—
83	老甲艺术馆	非国有	未定级	100	0
84	北京戏曲博物馆	行业	未定级	173	—
85	老舍纪念馆	文物	未定级	1557	191
86	北京民俗博物馆	文物	三级	7802	20
87	保利艺术博物馆	文物	未定级	161	—

续表

序号	博物馆名称	性质	质量等级	藏品数量	珍贵文物
88	中国紫檀博物馆	非国有	未定级	300	0
89	北京南海子麋鹿苑博物馆	行业	未定级	5096	1
90	北京中华民族博物院	非国有	未定级	—	—
91	北京工艺美术博物馆	行业	未定级	3044	702
92	中华世纪坛艺术馆	文物	未定级	—	—
93	北京服装学院民族服饰博物馆	文物	未定级	9949	0
94	北京警察博物馆	行业	未定级	6677	49
95	北京自来水博物馆	行业	未定级	1986	0
96	北京王府井古人类文化遗址博物馆	文物	未定级	419	—
97	北京金台艺术馆	非国有	未定级	277	—
98	北京松堂斋民间雕刻博物馆	非国有	未定级	318	210
99	中国印钞造币博物馆	行业	未定级	20000	—
100	中国铁道博物馆(中国铁道博物馆正阳门馆)	行业	二级	8791	114
101	中国马文化博物馆	行业	未定级	1323	—
102	北京皇城艺术馆	行业	未定级	477	0
103	北京御生堂中医药博物馆	非国有	未定级	9900	0
104	北京崔永平皮影艺术博物馆	非国有	未定级	—	—
105	北京人民艺术剧院戏剧博物馆	文物	未定级	76000	0
106	海淀区博物馆	文物	未定级	2101	507
107	居庸关长城博物馆	行业	未定级	237	0
108	北京宣南文化博物馆	文物	未定级	—	0
109	北京百工博物馆	非国有	未定级	0	0
110	孔庙和国子监博物馆	文物	二级	1857	1067
111	老爷车博物馆	非国有	未定级	320	—
112	北京百年世界老电话博物馆	非国有	未定级	10000	—
113	北京晋商博物馆	非国有	未定级	4180	0
114	北京李大钊故居	文物	未定级	—	—
115	中国电影博物馆	行业	未定级	32302	40
116	北京励志堂科举匾额博物馆	非国有	未定级	2000	0
117	历代帝王庙	文物	未定级	33	0
118	中国邮政邮票博物馆	行业	未定级	300000	—
119	北京通信电信博物馆	行业	未定级	1901	0
120	中国法院博物馆	行业	未定级	6537	4860
121	北京韩美林艺术馆	文物	未定级	2600	

续表

序号	博物馆名称	性质	质量等级	藏品数量	珍贵文物
122	北京西瓜博物馆	行业	未定级	1294	—
123	延庆博物馆	文物	未定级	6400	373
124	中国科学院动物研究所标本展示馆	行业	未定级	—	—
125	中国人民大学博物馆	行业	未定级	94000	—
126	北京空竹博物馆	文物	未定级	475	23
127	北京市怀柔区怀柔博物馆	文物	未定级	1320	165
128	北京汽车博物馆	行业	二级	10272	50
129	中国化工博物馆	行业	未定级	6400	—
130	北京航空航天模型博物馆	非国有	未定级	40	
131	北京怀柔喇叭沟门满族民俗博物馆	文物	未定级	900	0
132	中国妇女儿童博物馆	行业	未定级	18043	—
133	北京市房山世界地质公园博物馆	行业	未定级	2165	0
134	中国消防博物馆	行业	未定级	4700	—
135	民航博物馆	行业	未定级	5687	—
136	盛锡福博物馆	行业	未定级	—	—
137	西藏文化博物馆	行业	未定级	2500	6
138	中国传媒大学传媒博物馆	行业	三级	9800	0
139	北京奥运博物馆	文物	未定级	2577	0
140	铁道兵纪念馆	行业	未定级	8000	—
141	和苑博物馆	非国有	未定级	2000	—
142	中国海关博物馆	行业	未定级	30917	1487
143	中国园林博物馆	行业	二级	4129	471
144	北京英杰硬石艺术博物馆	行业	未定级	156	—
145	北京御仙都皇家菜博物馆	非国有	未定级	295	0
146	平谷区博物馆	文物	未定级	7957	78
147	延庆区地质博物馆	行业	未定级	350	0
148	北京税务博物馆	行业	未定级	50000	—
149	清华大学艺术博物馆	文物	未定级	12261	—
150	中国人民大学家书博物馆	文物	未定级	50000	—
151	中国华侨历史博物馆	行业	未定级	27521	0

序号	博物馆名称	性质	质量等级	藏品数量	珍贵文物
152	北京国韵百年邮票钱币博物馆	非国有	未定级	1804	0
153	北京文旺阁木作博物馆	文物	未定级	50000	10000
154	北京市姜杰钢琴手风琴博物馆	非国有	未定级	306	—
155	西黄寺博物馆	文物	未定级	2436	—
156	中国考古博物馆（中国历史文化展示中心）	行业	未定级	1896	1095
157	首都粮食博物馆	行业	未定级	468	0

注：①本表据《2019 年度全国博物馆名录》改制。

②截至 2019 年底，北京地区登记注册的博物馆共有 170 家。中国民兵武器装备陈列馆合并至中国人民革命军事博物院，中国铁道博物馆正阳门馆与中国铁道博物馆一起统计馆藏，其余未在表中统计馆藏的博物馆分别是：毛主席纪念堂、北京古观象台、中国工艺美术馆、中国医史博物馆（内部开放）、十三陵水库展览馆（未正常开放）、北京上庄纳兰性德史迹陈列馆、坦克博物馆、北京睦明唐古瓷标本博物馆、胡同张老北京民间艺术馆、北京东韵民族艺术博物馆、北京习三鼻烟壶紫砂壶博物馆。

资料来源：《国家文物局关于公布 2019 年度全国博物馆名录的通知》（文物博发〔2020〕9号），中华人民共和国中央人民政府网，2020 年 5 月 13 日，http://www.gov.cn/zhengce/zhengceku/2020－05/22/content_5513734.htm。

参考文献

周双林：《谈谈考古发掘中文物的现场保护》，《文物世界》1999 年第 4 期。

赵西晨、邵安定：《试论"及时性"在考古现场保护中的重要意义——以张家川战国墓地现场保护实践为例》，《文物保护与考古科学》2009 年第 4 期。

李文琪：《对藏品及藏品保管工作的再思考》，《中国博物馆》2013 年第 1 期。

于宗仁、苏伯民、陈港泉等：《文物出土现场保护移动实验室在考古发掘现场应用支撑研究中分析体系的构建》，《敦煌研究》2013 年第 1 期。

杨勤：《博物馆文物管理工作存在问题及其解决对策探讨》，《大众文艺》2015 年第14 期。

张冲：《浅析考古发掘中文物的现场保护》，《科技经济市场》2015 年第 10 期。

赵国兴、刘建忠：《浅析影响馆藏文物保存的环境因素及预防性保护》，《文物世界》2015 年第 2 期。

路智勇：《试论考古现场文物信息提取的选择性问题》，《华夏考古》2015 年第

4 期。

冯有真：《博物馆文物藏品管理现状与完善策略》，《中国民族博览》2016 年第
12 期。

李芬花：《试论考古发掘中文物的现场保护》，《文物鉴定与鉴赏》2016 年第 8 期。

冯正国：《博物馆藏品保管工作管见》，《中国民族博览》2017 年第 2 期。

陈博雅：《关于科学保管博物馆文物藏品的思考》，《艺术科技》2017 年第 7 期。

史宁昌、曲亮：《故宫文物医院分析检测设备的配置理念与实践》，《中国文物科学
研究》2017 年第 1 期。

项项：《走出库房　面向大众——信息化共享视角下的地方博物馆文物保管工作的
几点思考》，《文物鉴定与鉴赏》2018 年第 5 期。

柴晨鸣：《博物馆藏品保管工作之我见》，《文物世界》2019 年第 4 期。

郭立：《论博物馆的数字化建设与文物管理》，《文物鉴定与鉴赏》2019 年第 17 期。

靳忠梅：《浅谈如何加强基层博物馆的文物管理工作》，《黑河学刊》2019 年第
6 期。

钟明剑：《浅析文物保护意识在保管和陈列中的强化与提升》，《文物鉴定与鉴赏》
2019 年第 11 期。

杜娟娟：《新时期博物馆藏品管理与保护工作对策研究》，《文化创新比较研究》
2019 年第 27 期。

魏春梅：《以文物保护意识为导向的文物陈列与保管剖析》，《文物鉴定与鉴赏》
2019 年第 15 期。

密淑飞：《文物收藏和保护中的预防性保护探究》，《中国民族博览》2019 年第
5 期。

李坤肆：《博物馆文物的数字化保护与管理探究》，《文物鉴定与鉴赏》2020 年第
3 期。

单丽丽：《基层文物保护管理工作现状与对策探讨》，《财智》2020 年第 8 期。

吴淑全：《浅谈不可移动文物综合管理系统设计与实现》，《文物鉴定与鉴赏》2020
年第 2 期。

周劲思：《文物保管工作的实践与创新设想——以文化部恭王府管理中心文物保管
工作为例》，《辽宁省博物馆馆刊（2013）》，辽海出版社，2014。

徐静、武婷婷：《从方寸天地走向大千世界——论藏品保管工作社会服务功能的转
型与提升》，《传承与创新——地方性博物馆变革与发展学术研讨会论文集》，南京出版
社，2018。

唐铭：《关于博物馆文物预防性保护措施个性化的探讨》，《中国文物保护技术协会
第九次学术年会论文集》，科学出版社，2018。

王滨：《浅谈文物预防性保护在博物馆的实际应用》，《中国文物保护技术协会第九
次学术年会论文集》，科学出版社，2018。

王晓梅：《馆藏品信息化建设刍议》，《首都博物馆论丛》第 33 辑，北京燕山出版社，2019。

何菲菲：《浅论博物馆的藏品管理和利用》，《北京民俗论丛》第 6 辑，中国社会科学出版社，2019。

宋纪蓉：《故宫博物院里的文物医院》，《中国艺术报》2014 年 2 月 12 日。

徐方圆、吴来明：《馆藏文物预防性保护发展浅析》，《中国文物报》2019 年 11 月 8 日。

北京博物馆学会编《博物馆藏品保管工作指引》，中国书籍出版社，2012。

首都博物馆编《首都博物馆年鉴·2018》，文物出版社，2019。

B.4
北京地区博物馆馆舍改造与维护调研报告

焦晋林*

摘　要： 近年来，北京地区博物馆紧紧围绕国家和地方相关文件精神，秉持"以人为本"理念，运用现代高科技手段，在馆舍改造与维护方面取得一定成效。但同时存在经费来源单一、文物有效保护与合理利用难以平衡的问题。对此，本报告提出两方面的建议：一是建立藏品大库房与小库房分工协同机制；二是立足古建筑特点，参考现有标准，制定《古建筑类博物馆建筑设计规范》。

关键词： 博物馆馆舍　建筑规范　北京

馆舍是博物馆设立和正常运行的基础要素之一，馆舍的地点、范围、大小、形状、功能等特性，直接关系到博物馆履行其收藏、研究、陈列、教育、休闲娱乐等社会职能的效率。与此相应，在实践性很强的博物馆学领域，考察一座博物馆的馆舍特征及动态演变，或者考察某一时期内某一区域博物馆馆舍的整体动态演变情况，也理应成为全面考察该博物馆，或者该时期该区域内博物馆整体发展状况的组成部分。

党的十八大以来，习近平总书记在北京地区先后视察了中国国家博

---

* 焦晋林，大钟寺古钟博物馆研究馆员，法学硕士，主要研究方向为文博法学。

馆、首都博物馆、中国人民抗日战争纪念馆、香山革命纪念馆等多处文博单位。中共中央、国务院和北京市政府也先后出台了一系列相关文件，从而有力地促进了北京市建设全国文化中心的进程。作为全国文化中心建设的重要组成部分，北京地区博物馆也在近年来得到长足发展。其中，博物馆通过对馆舍的改造及维护，得以更好地发挥博物馆的各项职能，满足公众对博物馆的公共文化服务需求，是反映博物馆事业发展状况的直观表现之一。本报告立足于党的十八大以来北京市建设全国文化中心历史进程的大背景，对近年来北京地区博物馆馆舍的改造与维护情况进行较为系统的调研和分析。

截至 2020 年 12 月，北京地区经过依法登记、备案的博物馆共有 197 座。[①] 这些博物馆馆舍大小不一、隶属关系复杂、业务类型多样，对其进行全面的馆舍情况调研所需的人力、时间、物力等资源都会非常大。有鉴于此，本次调研主要采用了问卷调查、样本研究、实地走访等方式，同时注重对已经公开发表的各博物馆馆舍数据的采集、甄别，进而采用分析与综合的研究方法。具体而言，本次调研数据的来源主要有以下五个方面：一是通过向北京地区所有博物馆发放电子调查问卷，收集到部分数据；二是通过实地走访，对不同类型、不同隶属关系的样本博物馆进行重点调查；三是对"首都之窗""北京文博"等网络公开资料进行甄别、搜集；四是利用已经出版和正在编辑出版的历年《北京博物馆年鉴》中的有关数据；五是利用《北京文物年鉴》中的部分数据。为了更加有效地反映北京地区博物馆馆舍改造与维护的情况，调研资料的时效以 2018 年至 2020 年为主，部分博物馆所用资料可上溯至 2012 年下半年党的十八大召开以后。

一 博物馆馆舍与博物馆建筑

"博物馆馆舍"作为一个法定词，源自《博物馆条例》第十条第二款，

---

① 北京市文物局：《北京市文物局 2020 年工作总结》，首都之窗网，2021 年 1 月 10 日，http：//wwj. beijing. gov. cn/bjww/362679/362680/482911/10918498/index. html。

即"博物馆馆舍建设应当坚持新建馆舍和改造现有建筑相结合，鼓励利用名人故居、工业遗产等作为博物馆馆舍"。从立法精神来理解，其至少需要从两个层面来认识：一是博物馆馆舍是指博物馆所坐落的法律意义上的住所地，也是博物馆作为独立法人的必备要件之一；二是指博物馆开展各项业务活动所依托的固定的空间和场所。

与"博物馆馆舍"紧密相关的词还有"博物馆建筑"，无论是在博物馆实务还是理论研究中，似乎后者比前者使用的频率更高。根据对 2015 年修订的《博物馆建筑设计规范》相关条文的理解，博物馆建筑指供博物馆占有和使用的人类构筑物。从国际层面看，2010 年国际博物馆协会将博物馆建筑定义为："为设计、规划或兴建一个用以容纳一间博物馆的特殊功能的空间之艺术（或技术），这些功能特别指展览、预防性或积极性维护、研究、管理与接待。"① 不难看出，博物馆馆舍与博物馆建筑二者之间既有密切联系，也存在着些许不同。一方面，建筑是馆舍的重要组成部分。没有建筑，博物馆便没有自己的住所，缺少了设立为独立法人的基本要件；同时，建筑还可以为博物馆提供库房、展厅、报告厅等场所和空间，满足博物馆收藏、陈列、教育等职能的需要。从世界范围内博物馆演变史的视角来看，博物馆几乎都是依托博物馆建筑而存在和发展起来的。另一方面，馆舍还包括了建筑之外的其他空间和场所。比如博物馆占地范围内的空地、室外展厅、绿化区域等。近年来，随着生态博物馆、园林博物馆等多元化博物馆的发展，建筑以外的博物馆馆舍形态也愈加丰富多彩。因此，就范围而言，博物馆馆舍要大于博物馆建筑。不过，鉴于博物馆建筑在传统博物馆中的重要性，以及馆舍改造所涉及的范围特点，本报告在对北京地区博物馆馆舍的考察中，仍然是以博物馆建筑为抓手的。

结合现行博物馆法律规范和实务，对博物馆馆舍改造的理解主要涉及两个方面的问题。一是对馆舍性质的改造。《博物馆条例》第十条第二款规定："博

---

① 韩永：《简述中国博物馆功能的演化与建筑设计的关系——以首都博物馆新馆为例》，北京博物馆协会主编《北京博物馆年鉴（2009—2012）》，北京燕山出版社，2015，第 19 页。

物馆馆舍建设应当坚持新建馆舍和改造现有建筑相结合，鼓励利用名人故居、工业遗产等作为博物馆馆舍。新建、改建馆舍应当提高藏品展陈和保管面积占总面积的比重。"这里所指的馆舍改造，是对馆舍性质的改造，即将民用建筑改造为公共建筑，将民法意义上的物改造为行政法意义上的物。根据立法原意，这种改造多是指博物馆设立时的馆舍改造。二是对馆舍功能的改造。其中既包括将现有不具有博物馆使用功能的建筑改造为具备博物馆使用功能的建筑，比如把普通工厂厂房或民居建筑改造为博物馆展厅，从而使其具有展览功能；也包括对已经具有一定博物馆功能的馆舍进行扩建增建、改旧立新、增缺减冗等方式的改造，目的是提升和完善馆舍的既有功能，促进博物馆自身发展。对馆舍的功能性改造既可以发生于博物馆设立时期，也可以出现在博物馆存续期间。与馆舍改造相比，博物馆馆舍维护则是特指在博物馆存续期间，对博物馆馆舍及相关设施的维护，以保障博物馆馆舍的正常使用。本次调研主要是针对北京地区博物馆馆舍的功能性改造而言，不涉及馆舍法律性质的改造。

二　北京地区博物馆馆舍及其改造与维护综述

（一）北京地区博物馆馆舍的演变轨迹

北京地区博物馆的历史可以上溯到 20 世纪初期，馆舍作为博物馆的基本硬件条件，其演变轨迹自然也与博物馆的历史演变相对应。民国时期，博物馆馆舍多是直接利用当时的既有建筑而建。比如，国立历史博物馆于 1912 年先是在北京国子监旧址筹建，1918 年迁往故宫午门。午门城楼及两翼亭楼作为陈列室，门下东西朝房作为办公室，两廊朝房和端门城楼作为储藏室。[①] 1914 年，内务部在故宫文华殿和武英殿成立古物陈列所，除了将两殿辟为展室外，还在武英殿以西的咸安宫旧基上建造了宝蕴楼文物库房。[②]

---

① 王宏钧：《中国博物馆学基础》，上海古籍出版社，2001，第 79 页。
② 王宏钧：《中国博物馆学基础》，第 81 页。

1925 年，故宫博物院成立，除各宫殿作为展厅原状陈列外，还利用既有建筑新布置了专门陈列室 37 个。此外，1916 年农商部地质调查所在丰盛胡同 3 号设置的地质矿产陈列馆，也是利用当时既有建筑设立的。新中国成立后，北京地区博物馆馆舍除了直接利用当时的既有建筑之外，更主要的是在统一规划和设计下，建造专业的博物馆馆舍。比如，1958 年，中共中央北戴河会议决定在北京建立中国历史博物馆、中国革命博物馆和中国人民革命军事博物馆。北京三大馆的建造举全国之力，于 1959 年 7 月、8 月分别竣工，成为首都的地标性建筑。此外还有中国农业展览馆、北京自然博物馆等一批博物馆馆舍也是这一时期专门新建的。改革开放以来，尤其是党的十八大以后，北京地区博物馆快速发展，博物馆馆舍的设置也更加呈现出多元化趋势。一方面，一批新建的专业博物馆馆舍如雨后春笋般出现，比如新建的首都博物馆、区县博物馆、奥运博物馆等；另一方面，利用既有建筑和其他资源改造而来的博物馆馆舍也不在少数，这其中又可分为利用不可移动文物改建的博物馆和利用非文物改建的博物馆。前者如北京民俗博物馆、大钟寺古钟博物馆、北京艺术博物馆等，后者如观复博物馆、炎黄艺术馆等。

（二）北京地区博物馆馆舍的两大类型

通过对北京地区博物馆馆舍历史演变轨迹的了解，我们可以根据博物馆馆舍的原始用途将其大致分为两类，即专门型博物馆馆舍和改建型博物馆馆舍。

所谓专门型博物馆馆舍，指博物馆建筑和馆区从一开始就是按照博物馆馆舍的功能和用途设计建造的公共建筑。这类博物馆馆舍具有以下三个特征。第一，馆舍是在科学规划和设计的前提下建造的，就建造时期而言，与周围环境匹配度高，建筑布局合理，功能完善。比如中国国家博物馆（原中国历史博物馆和中国革命博物馆）位于天安门广场东侧，其建筑与人民大会堂相对而立，与周围环境非常匹配，即使后来经过改造，其南西北三面仍保留原有风貌。第二，馆舍具有明显的时代性。时代性既包含当时历史风格的一面，也包含局限性的一面。比如 20 世纪 50 年代末建造的三大博物

馆，其馆舍代表了当时的时代风格，成为记录那个时代历史的实物载体。同时，由于受到当时科学技术水平的限制，几十年后馆舍已经不能满足博物馆功能的需求，先后进行了改造。相较而言，位于复兴门外大街的首都博物馆的建筑风格和功能设施配置则代表了当今时代的风格。第三，博物馆馆舍的形式是服务于博物馆功能而存在的。保证博物馆功能的实现是博物馆馆舍形式的设计建造标准。

所谓改建型博物馆馆舍，指博物馆建筑和馆区一开始并不是专门为博物馆设计建造的，只是在其基础上为了满足博物馆功能的需要将其改建为相应的公共建筑。此类馆舍有以下三个基本特征。第一，原始建筑和馆区性质多样，类型复杂。既有不对外的私用建筑，也有本身即是其他类型的公共建筑；既有单体建筑，也有组合式建筑群。第二，从文博工作实务的视角看，既有由不可移动文物改建的馆舍，也有由非文物改建的馆舍。将不可移动文物辟为博物馆馆舍的做法在早期北京地区博物馆初建时就出现了，比如1925年故宫博物院即是利用紫禁城作为馆舍的。《文物保护法》和《博物馆条例》中鼓励将不可移动文物辟为博物馆馆舍，利用不可移动文物作为博物馆馆舍也成为我国博物馆的一大特色，北京地区由于不可移动文物数量众多，保存质量较好，在此方面尤其突出。第三，博物馆馆舍的形式先于博物馆功能存在，因此，博物馆馆舍的功能化改造会受到一定限制，尤其是依托文物保护单位改建馆舍的博物馆功能化改造更是如此。

（三）馆舍改造与维护的几种形态及部分案例

1. 馆舍的异址扩建

馆舍的异址扩建是指在保留原有馆舍的基础上，在异地再建分馆或扩大其馆舍范围。在异址扩建馆舍，其直接原因是原有馆舍不能满足博物馆承担的各项社会职能的需要。就北京地区博物馆而言，除了博物馆自身发展需要以及社会公众对博物馆公共文化服务需要增长的因素之外，有些馆舍的扩建还包括体现首都定位的政治需要的色彩。如果说"平安故宫"系统工程中的故宫博物院北院区建设体现了博物馆自身发展需要和社会公众对博物馆公共文化服务需要增长因素的话，那么，首都博物馆在城市副中心建设的首都博物馆东馆除了这些因素外，也在一定程度上体现了作为北京城市副中心会客厅的政治需要。

根据《北京城市总体规划（2016年—2035年）》关于副中心要"加强主要功能区块、主要景观、主要建筑物的设计，汇聚国内国际智慧，提高剧院、音乐厅、图书馆、博物馆、体育中心等重要公共设施设计水平。统筹考虑城市整体风貌、文化传承与保护，加强建筑设计系统引导，建设一批精品力作"的要求，首都博物馆城市副中心博物馆项目已于2019年开工建设，相关设计、研究等工作也同步开展。该项目位于城市副中心行政办公区南侧，总建筑面积约8.4万平方米。建设内容主要包括博物馆及配套服务用房等。项目建成后将显著提升城市副中心的文化承载力、影响力和辐射力，为居民提供优质高效的公共文化服务，搭建公共文化服务平台。

故宫博物院北院区项目位于海淀区西北旺镇西玉河村范围内，是"平安故宫"工程的核心组成部分。项目总用地面积62.01公顷，总建筑面积102000平方米。建设内容包括文物展厅35000平方米、文物修护用房20000平方米、文物库房23000平方米、数字故宫文化传播用房9500平方米、观众服务用房2500平方米、综合配套设施用房12000平方米等。2018年10月11日，该项目正式开展现场地质勘查和考古勘探。[1] 2020年1月，在海淀区十六届人大六次会议召开的新闻发布会上，海淀区北部办主任高志庆透露，备受关注的故宫博物院北院区已完成项目建议书批复、规划设计方案意见、地块控制性详细规划意见等手续及相关评估工作，并完成了现场钉桩、用地范围内地上物腾退及渣土清运，计划于2020年开工建设。[2]

2. 馆舍的原址改建

馆舍的原址改建，是指在博物馆原有馆舍范围内，对原有馆舍进行全面综合性改建，以提升博物馆各项功能设施的水平，更好地满足社会公众对博

---

① 单文怡：《故宫博物院北院区项目正式启动》，人民网，2018年10月11日，http：//culture.people.com.cn/n1/2018/1011/c1013-30335271.html。

② 王斌：《故宫北院区今年开工建设》，《北京青年报》2020年1月9日，第A5版。

物馆服务的需求。

徐悲鸿纪念馆建立于1954年，早期馆址位于徐悲鸿在北京东受禄街16号的故居。1967年因北京修建地铁，徐悲鸿纪念馆被拆除。1973年在西城区新街口北大街5号恢复重建，于1983年1月31日落成并对外开放。后因展出面积有限，展览设施陈旧，2009年徐悲鸿纪念馆闭馆，并在原址基础上对馆舍进行改建。2013年至2018年新馆结构工程全部完工。2019年9月17日，徐悲鸿纪念馆重新向社会开放。改造后的徐悲鸿纪念馆占地面积5363平方米，总建筑面积10885平方米，其中藏品库区面积1799平方米，展览陈列区面积4163平方米，观众活动区5000余平方米。[①] 特别需要指出的是，为了更好地保存徐悲鸿先生的遗作以及他倾尽毕生精力的收藏，徐悲鸿纪念馆改造建立了现代化文物库房，分类设置了油画储藏区、轴画储藏区、图书资料储藏区、素描储藏区、遗物开放展示区、鉴赏区及机动区，实现了文物的分区分类规范化管理，并安装了现代化的恒湿恒温空调系统。

3. 对馆舍平面布局的改造

对馆舍平面布局的改造，是指在不增减博物馆建筑的前提下，通过对博物馆馆舍范围内建筑和空间用途的调整，对平面布局重新设计分配，使之更加符合博物馆在一定时期内开展业务活动和向社会公众提供文化服务的需要。

一般说来，从功能性角度可以将博物馆馆舍平面进行三分法分区，即公众区域、业务区域和行政区域。每个区域由于功能不同，在馆舍平面设计中，既要考虑各自的独立性，也要考虑相互之间的衔接性。博物馆实务中，尤其是由文物保护单位改建而来的博物馆，受限于原有建筑布局，加之法律对在文物保护单位保护范围内开展建设工程的限制，这种区域划分的科学性和合理性往往很难一蹴而就地解决。并且，即使某一时期解决了区域划分问题，

[①] 于立霄：《徐悲鸿纪念馆改扩建后重新对外开放》，搜狐网，2019年9月16日，https://www.sohu.com/a/341258388_123753。

但随着博物馆自身的发展，其仍然会面临重新进行区域划分的问题。也就是说，对馆舍平面布局进行调整、改造是很多博物馆，尤其是由文物保护单位改建而来的博物馆经常需要面对的问题。这里以大钟寺古钟博物馆为例稍作介绍。

大钟寺古钟博物馆是在全国重点文物保护单位觉生寺基础上改建而来的博物馆，也是全国唯一以钟铃文化为特色的专题博物馆，在不同历史时期，博物馆馆舍的平面布局会根据当时发展的需要进行调整。党的十八大以来，北京市文博事业整体进入新的发展时期，大钟寺古钟博物馆也在"以人为本"的服务理念下，对馆舍的平面布局进行了相应调整。2018 年以来，大钟寺古钟博物馆首先整合了公众区域，对陈列展览进行了全面维护，进一步完善了观众引导标识；其次调整了业务区域，将藏品库房与公众区域进行了合理分隔，集中完善了库房的各项配套设施；最后对行政区域进行了集中整合，在更好地对馆舍进行利用的同时，也提高了工作效率。

4. 馆舍功能区改造与维护

馆舍功能区改造与维护，是指对现有馆舍各个功能区域进行改造与维护，以满足本馆自身发展和社会公众对博物馆公共文化服务的需求。对各功能区的改造与维护，并不改变馆舍平面功能区划，而是在保留原有平面功能区划的基础上，对某个或全部功能区进行的改造与维护。这里对三个功能区域分别举例介绍。

（1）对公众区域的改造与维护

博物馆的公众区域包括陈列展览厅、宣教室、报告厅、售票处、厕所、停车场、休息厅等。对这些区域的改造与维护的好坏，直接影响到观众参观、利用博物馆的感受。近年来，北京地区许多博物馆都加强了对公众区域的改造与维护。主要包括两个方面：一是对区域建筑的改造与维护；二是对相关配套设施的改造与维护。

近年来，隶属于国家文物局的北京鲁迅博物馆与北京新文化运动纪念馆合并后，对公众区域环境和房屋进行整治改造，建设了图书馆、社会教育中心、精品文物展厅以及文创商店、茶室、书店、咖啡厅等，得到了观众的认可。

北京市团城演武厅管理处是由全国文物保护单位团城演武厅改建而成的开放性公共机构。2019 年，管理处依据文博法律规范和相关国家标准，对 1200 多平方米的馆舍环境进行了提升改造，完成建筑屋顶、墙面、门窗的维修加固和馆舍院内地面硬化、环境治理任务。随着项目的实施完成，馆舍环境焕然一新，不仅提升了博物馆形象，改善了办公环境，也为游客提供了一个更加舒适、便捷的参观环境。不仅如此，针对观众乐于参与的传统射艺互动项目，管理处利用原有设备设施，通过更换护栏、升高挡箭墙高度、增加文化展示空间、增加夜间照明效果等措施，使观众体验的整体效果得到提升。改造后的场地东区既可作为由西向东方向的长箭道，又可用来举办户外展览等活动，具备灵活多用的功能，从而最大化利用了此部分空间。

（2）对业务区域的改造与维护

业务区域主要包括藏品库房、鉴赏室、科技保护室、拆箱间、设备保存室、文物修复室、摄影室、展品展具制作维修室等。对该区域的改造与维护，观众没有直观感受，但对博物馆业务工作的开展至关重要。

在藏品库房改造方面，2019 年，北京文博交流馆通过调整文物库房位置，对新设库房进行必要的改造，包括电路改造、墙体改造、安装防盗网防盗门、建筑瓦面整修防水等，使其符合文物库房标准。并根据本馆文物类别和体积，定制 10 组文物柜架，实现分类存放，尽量减少取放相互干扰。为各类文物量身定制相应的安全包装，包括函套、囊匣、封护材料等，增强抗强度。购置空调、自动除湿设备、空气净化消毒设备和必要的除虫除菌药剂，营造合适的文物保管环境。

（3）对行政区域的改造与维护

行政区域主要包括行政办公室、物业用房、安全保卫用房、消防控制室、建筑设备监控室、更衣室、餐厅、设备机房、车库等。对该区域的改造与维护，是保障博物馆正常运转的基础条件。

随着智能科技技术的快速发展，技术安全防范设施、消防设施等智能科技设施早在很多年前就在北京地区博物馆中得到了重视和运用。随着产品的更新换代，博物馆在这方面的改造与维护的周期也在加快，资金投入也日益增加，日常使用也更加合理和娴熟。据 2019 年北京市文物局年度预算资料显示，局属博物馆年度项目中，涉及消防设施改造的有三座，涉及技术安全防范设施改造的有四座。从《北京博物馆年鉴》等资料中可以发现，除了国有博物馆之外，非国有博物馆在技术安全防范设施和消防设施领域的改造与维护也日渐加强。比如北京御生堂中医药博物馆安装了全套视频监控系统，配合安保人员 24 小时值守。观复博物馆安装有全方位监控系统、门禁系统、防火系统、防盗报警系统等。可以说，技术安全防范设施和消防设施在北京地区博物馆中的运用、维护、更新已经成为一种常态。

三　近年来北京地区博物馆馆舍改造与维护的特点

（一）馆舍改造与维护是贯彻落实《北京市人民政府关于进一步加强文物工作的实施意见》的体现

2017 年 12 月，为全面贯彻落实《国务院关于进一步加强文物工作的指导意见》（国发〔2016〕17 号），北京市发布了《北京市人民政府关于进一步加强文物工作的实施意见》（以下简称《意见》）。《意见》立足于北京市文博事业实际情况，提出在"加强重点领域文物保护"的同时，"推动文物规范合理适度利用"。这一指导性意见也体现在近年来的博物馆馆舍改造与维护中。

比如，《意见》提出"在北京市推进全国文化中心建设领导小组统筹领导下，深入研究阐释大运河、长城、西山永定河'三个文化带'概念范畴、文化内涵和发展脉络，编制整体保护利用实施方案，统筹推进区域内文物研究阐释和保护利用、基础设施改造建设、环境整治和景观提升"。其中，位于大运河文化带上的万寿寺，作为北京艺术博物馆的馆舍已有 35 年之久。2017 年 7 月，北京市委书记蔡奇、市长陈吉宁等领导对大运河文化带上的广源闸、万寿寺调研后，确定了万寿寺是大运河文化带上的一个重要节点。2017 年 11 月，海淀区政府启动万寿寺东侧平房区"城中村"环境整治项目

拆迁工作。2017～2018 年，拆迁公司按照工作方案逐步推进拆迁工作。为配合拆迁工作，2018 年，北京艺术博物馆联合北京市文物研究所对万寿寺东路进行考古发掘。同年，北京艺术博物馆编制《万寿寺东路斋堂等十座文物建筑（现存）修缮方案》，并通过国家文物局的审核，对万寿寺东路目前保存的方丈院、回廊、院门及倒座房等古建筑进行复原设计，力求保护万寿寺古建筑院落的完整性。与此同时，北京艺术博物馆配合万寿寺修缮工程，与万寿寺西路合作单位签署解除合同，对万寿寺寿茶房、寿膳房的房屋、院落进行整体修缮。2018 年 3 月，万寿寺修缮工程正式启动，修缮范围包括万寿寺中路所有建筑及院落铺装，西路一、二、五、六、七号院建筑、东路部分房屋、方丈院、一进院倒座房及大门；此外，还有西路一号院、二号院室外地面铺装修整及排水，中路、西路暖气改造等。经过几年的持续努力，部分改造与维护工程已经完工，剩余工程正在按计划有序进行中。相信过不了多久，经过改造后的博物馆馆舍面貌将会焕然一新，馆舍功能得到全面提升，成为大运河文化带上的一个重要文化支点。

（二）馆舍改造与维护彰显了"以人为本"的服务理念

博物馆是为社会公众服务的，而"以人为本"的理念在博物馆业务活动中至关重要，理应在馆舍改造与维护中有所体现。从近年来北京地区博物馆馆舍改造与维护的案例来看，"以人为本"的理念大致体现在以下三个方面。第一，不可移动文物的开放区域不断扩大。在由不可移动文物改建为博物馆的案例中，不少博物馆将以前的行政区域和业务区域进行了压缩和整合，继而增加了公共区域，扩大了开放面积。比如 2016 年 9 月 29 日，故宫博物院正式新开放西部断虹桥至慈宁宫区域，将两处之间的南北向通道打开，进一步扩大了开放面积，使观众能够在参观休憩、游赏古迹的同时，更多领略到皇家宫殿的威严大气，体验到参观行程的丰富多彩。事实上，近年来故宫博物院新开放区域不断增加，将故宫更多地呈现给观众，正如故宫博物院原院长单霁翔所说："到 2020 年，故宫博物院将实现'红墙内无办公区'，把红墙以内整体作为故宫博物院的陈列展览、接待服务、观众参观的空间。届时，故宫博物院对公众的开放面积将达到总面积的80%。"① 在馆舍改造过程中，类似于故宫博物院扩大公众区域的博物馆还有大钟寺古钟博物馆、北京市团城演武厅管理处、北京西周燕都遗址博物馆等。第二，观众服务设施更加完善。除了展品和展览，服务设施也是衡量博物馆服务水平的重要指标。比如在建筑区域布局方面，中国国家博物馆分别在西门北侧设立零散观众入口；西门南侧设立绿色通道，方便孕妇、老人、儿童、行动障碍者快速进馆参观；西门中部设立国宾通道，专供国务外交活动使用；北门设立团体观众入口，集中安排团体观众进入。在设备设施部署方面，很多博物馆都因地制宜设置了存包柜、纪念品商店、餐厅、咖啡厅、茶室、书店、停车场等。第三，观众参与广度和深度不断增强。以大钟寺古钟博物馆为例。该馆基本陈列依据古建筑展厅的对称布局分为七个部分，馆舍建筑与陈列展览浑然一体，建筑本身既是展厅，也是整体展线上的展品。这一基本陈列自2014年10月开放以来，在吸引了全国各地的观众踊跃参观的同时，也收到了不少观众的反馈。针对观众的建议，大钟寺古钟博物馆在2019年进行的改造与维护项目中，采纳了观众提出的部分合理化建议，将部分库房区域与展览区域进行了调整，进一步优化了馆舍建筑布局的合理性，同时通过完善公共区域标识，有效提升了公共区域的服务功能。

（三）高新技术手段得到了广泛应用

北京市作为全国科技文化中心，在高新技术领域有着得天独厚的优势，而这一优势也体现在博物馆馆舍的改造与维护中。

世界文化遗产——周口店北京人遗址第一地点（猿人洞）自20世纪20年代发掘以来，长期遭受日晒、雨淋、风蚀等自然力的破坏，为使猿人洞得到有效保护，达到世界文化遗产"真实性、完整性，使之世代传承，永续利用"的保护要求，猿人洞搭建覆盖了面积达3700余平方米的保护棚，保

---

① 陈佳：《故宫冰窖将变餐厅为游客服务》，人民政协网，2016年10月13日，http://www.rmzxb.com.cn/c/2016–10–13/1081198.shtml。

护棚由 825 块叶片组成，分为内外两层，南北跨度 77.5 米，东西跨度 54.5 米，最大高度达 35.7 米，采用空间单层网壳钢结构，以覆盖所需最小面积及高度进行体量设计，以最小化对遗址本体的干预。该工程施工过程中大量使用了三维扫描、三维建模复原、无人机测量、环境模拟软件、支架体系和悬挂式脚手架等先进科学技术，并开展了风洞试验、排水试验、采光试验等，为精准施工和遗址保护提供了保障。从外观看去，犹如猿人洞外围撑起了一把科技"保护伞"，从而有效降低了雨雪冰雹等自然因素对遗址本体的损坏。①

北京地区有不少由古建筑改建而成的博物馆，受中国古建筑独特构造和外形的影响，在博物馆的实际使用过程中，往往需要对木构建筑进行检测，以保证在保护文物安全的前提下对文物进行合理利用，这些检测也往往需要高新技术手段的支持。比如大钟寺古钟博物馆在将藏经楼二层改造为临时展厅的项目中，委托专业机构利用全站仪、激光扫平仪等设备对藏经楼局部进行了探伤检测，通过对木结构外观、树种类型的分析，以及承载力验算等手段进行了安全评估，为博物馆建筑的功能改造提供了科学依据。

四　存在的问题

（一）馆舍改造与维护的经费来源单一

通过对所收集到的资料进行分析，我们发现北京地区博物馆馆舍改造与维护的经费几乎全部依赖博物馆举办者提供。无论是中央财政支持的故宫博物院、中国国家博物馆，还是北京市财政支持的首都博物馆、大钟寺古钟博物馆、北京艺术博物馆，抑或是区财政支持的海淀区博物馆都是如此。而对于非国有博物馆来说，其经费也同样是由举办者提供的。

---

① 刘婧：《周口店猿人洞覆盖"鱼鳞"保护棚》，新华网，2018 年 4 月 24 日，http：//www. xinhuanet. com/local/2018 - 04/24/c_ 129857540. htm。

首先，这一状况的出现与《博物馆条例》第五条第一款有关，即"国有博物馆的正常运行经费列入本级财政预算；非国有博物馆的举办者应当保障博物馆的正常运行经费"。显然，上述北京地区博物馆馆舍改造与维护的实际情况也是对相关法规条文的如实反映。

其次，博物馆经费来源单一与博物馆自身缺乏筹措经费的能力有关。《博物馆条例》第五条除了规定各级财政和举办者应保障博物馆运行经费的义务之外，还同时规定："国家鼓励设立公益性基金为博物馆提供经费，鼓励博物馆多渠道筹措资金促进自身发展。"也就是说，法规赋予了博物馆多方面经费来源的可能性，只是在实践中，这种可能性并没有被有效利用。其中，就博物馆自身而言，多渠道筹措资金本来是受到法规鼓励的，但现实中，博物馆在筹措资金方面却是非常谨小慎微的。尤其对于国有博物馆来说，尽管国务院《关于推动文化文物单位文化创意产品开发的若干意见》已于2016年出台，但在过去的几年，国有博物馆在文创方面的脚步却放慢了。究其原因，一方面与没有与之配套的具体实施办法出台有关；另一方面，该意见出台后，仍缺乏配套的明确界定博物馆的非营利性法律地位等的相关规范性文件，也限制了博物馆文创行为与市场之间的接轨。

最后，相关法规条文对博物馆举办者与博物馆法人之间的关系，以及博物馆正常运行范围的规定比较模糊，不利于调动博物馆筹措资金的主观能动性。一般来说，从博物馆获得法人资格开始，举办者便完成了创办博物馆的历史使命，在法律上就与博物馆互不相属。因此，举办者在法理上对博物馆运行过程中的后续资金需求没有必然的法律义务。即使事实上在博物馆运行过程中，举办者对博物馆进行了再投入，这种投入也已经不是举办者法律义务上的资金投入。换言之，除了特定的法律强制规定的情形外，即使举办者不再对博物馆进行投入，也是完全没有问题的。那么，基于目前社会各界将博物馆，尤其是国有博物馆视为非营利性、公益性机构而否定其经营行为的偏见和误解，就产生了一组看似不可调和的矛盾，即博物馆发展的资金需求与博物馆不得从事经营活动之间的矛盾。与此同时，法规提倡和鼓励的对博

物馆的捐赠行为，在实践中并没有对包括博物馆改造与维护在内的运行资金带来多大的帮助。不仅如此，正是由于这种看似不可调和矛盾的存在，博物馆的受捐赠地位和捐赠环境的公信力不足，继而出现了借捐赠之名行不义之实的乱象发生。最终伤害了真正的潜在捐赠者，也伤害了博物馆的受捐赠权益。

事实上，博物馆作为一个具有法律意义的独立法人，一旦失去举办者的资金投入，瞬间便会失去正常的运行能力，如此一来，其独立法人资格实际上是非常不牢固的。也就是说，尽管法律赋予博物馆以独立法律人格，但实际上其所谓的独立法律人格是基于经济支撑而存在的，离开了经济支撑，其独立法律人格只能是空谈。现阶段，博物馆处在一个适应社会发展的快速演变期，无论是国有博物馆还是非国有博物馆，无论是实行传统管理模式的博物馆还是所谓法人治理结构下的博物馆管理机制，如果不能从根本上解决博物馆自身造血所需的民事或商事主体资格问题，那么其所谓的独立法人资格也只能是空谈。具体到博物馆自身改造提升的层面看，博物馆之间的资金贫富不均、资金来源单一、资金使用效率低下等问题就仍然会长期存在。

（二）不可移动文物有效保护与合理利用之间的矛盾依然存在

将文物保护单位改造为博物馆馆舍加以利用，是包括《文物保护法》在内的相关法律文件提倡和鼓励的。一方面，既完善了文物保护单位的四有配置，也解决了文物保护单位的日常管理和保护问题；另一方面，不仅在法律层面上实现了文物保护单位作为公共文化服务设施的公物性利用，而且也在文博领域满足了人民群众日益增长的精神文化需求。应该说，这种模式不仅是北京地区许多博物馆的特色，也是全国范围内不可移动文物保护和利用的常见模式。

如前所述，对由不可移动文物改建的博物馆进行改造，因受到不可移动文物原始形态的限制，满足一座现代标准化博物馆的功能需求有时候是存在很大难度的。就现代博物馆功能对建筑的要求来说，并不是所有的不可移动文物都可以在现行《文物保护法》的前提下完成博物馆的改造。也就是说，由不可移动文物改建而来的博物馆是存在建筑需求上的天然缺陷的。这种缺陷主要表现在以下几个方面。第一，建筑布局不能满足博物馆功能分区的需要。按照我国现行的行业标准《博物馆建筑设计规范》的要求，博物馆建筑在功能分区的基础上，藏品库区、陈列区、技术及办公用房、观众服务设施等部分都需要具备某些基础条件才能满足博物馆作为开放性公共文化服务设施的运行需求。然而，由于不可移动文物的建筑布局是早就存在的，且受保护范围和建设控制地带的限制，也不宜新建某些建筑设施。第二，单体建筑条件与其所担负的博物馆建筑功能要求差距较大。藏品库房是博物馆的重要建筑，也是具有特定功能的特殊建筑，基于藏品保护的需求，往往对建筑有严格要求。比如库房位置需要与开放区相隔离，窗地面积比不宜大于二十分之一，藏品运送通道应防止出现台阶，具备缓冲间、藏品库房、藏品暂存库房、鉴赏室、保管装具贮藏室、管理办公室且相互协调等。而在博物馆实务中，在对这些不可移动文物保护的前提下，这些要求是很难做到的。第三，建筑安全性难以满足博物馆作为永久性公益性设施的要求。在由不可移动文物改建的博物馆中，除了部分以考古遗址、石质文物为主体改建而成的之外，大多数都是在古建筑文物的基础上改建而来的，这部分建筑多以中国传统木构建筑为主，很难达到不低于二级防火等级的标准。同时，对于用作藏品库房或陈列区的阁楼建筑来说，其楼面活荷载是否均能达到 $4\mathrm{kN/m^2}$ 也是存在很大疑问的。

当然，承认不可移动文物改建博物馆的固有弊端，并不是否认将不可移动文物进行博物馆化改造的既有模式，更不是对现有该类型博物馆今后的发展持消极态度。恰恰相反，客观地认识问题并分析问题，从而找出解决问题的办法，正是我们调查研究的目的和价值所在。事实上，从某种意义上说，不可移动文物不仅是博物馆的载体，更是博物馆不可或缺的独特文化资源。调研中了解到，此类博物馆的创建初衷不少是基于开放不可移动文物的需要，即将不可移动文物本身作为博物馆的独有展品。比如德胜门箭楼与北京市古代钱币展览馆、真觉寺金刚宝座塔与北京石刻艺术博物馆、觉生寺永乐

大钟与大钟寺古钟博物馆等。也就是说，博物馆成全了其所依托的不可移动文物，不可移动文物也成全了其所承载的博物馆，二者相辅相成，协同发展。

五　建议

（一）发挥制度优势，建立藏品大库房与小库房分工协同机制

北京地区博物馆藏品不仅数量庞大，而且种类丰富，不同的藏品所需要的保护条件、存放环境、贮藏方式等也有所不同。相对于依据《博物馆建筑设计规范》等标准新建的博物馆而言，不可移动文物类博物馆在藏品库房的设计、建设、使用上存在着天然缺陷。调研中发现，近年来，在北京市文物局直属的博物馆中，几乎每年都有涉及藏品库房改造与维护的项目。针对这一情况，本报告立足于北京地区博物馆实际，拟提出在北京市文物局所属博物馆范围内，建立集中管理的藏品大库房和各馆分别管理的藏品小库房分工协同的藏品库房管理机制。

所谓集中管理的藏品大库房，是指在北京市文物局层面，依据《博物馆建筑设计规范》《博物馆藏品管理办法》等规范性文件对博物馆藏品库房的建筑设计要求，独立设计建设一座现代化的大库房，对北京市文物局直属所有博物馆的藏品，尤其是由不可移动文物改建而成的博物馆的藏品进行集中统一收藏和管理。

所谓各馆分别管理的藏品小库房，是指在北京市文物局直属的各个博物馆层面，依据《文物保护法》，以"保护为主、抢救第一、合理利用、加强管理"的原则，因地制宜，开辟便于自身中转利用的藏品小库房。

大库房和小库房并存的优势在于，一方面大库房完全可以做到符合现代博物馆藏品库房要求的保管标准，有利于各个博物馆藏品的保护；另一方面小库房也可以在不对不可移动文物造成安全隐患的前提下，满足博物馆日常业务活动的需要。这里有以下几点考虑。第一，大库房是在不可移

动文物保护范围之外单独设立的，故而在适用博物馆藏品库房建设标准上，更能实现标准所提出的各项建筑和设施的指标要求。而这些指标的实现，正是在技术上保证博物馆藏品安全的基础。相比而言，在文物保护单位保护范围内设置的库房，其设计和建设受限于《文物保护法》对不可移动文物保护的强制性要求，难以在基础设施的技术层面上达到《博物馆建筑设计规范》中相关指标的要求。第二，需要同样保护标准的不同博物馆的同类藏品，如果集中统一保管在大库房，有利于保存设施、环境、管理等的统一，有利于藏品的分类管理和分库存放。第三，在各个博物馆对不可移动文物的合理利用和管理上也有有利的一面。事实上，由不可移动文物改造而成的博物馆，其初衷大多数都是为了不可移动文物能得到有序开放和管理，而将不可移动文物辟为博物馆开放也是法律明确规定的不可移动文物管理开放的重要方式。因此，有的不可移动文物类博物馆实际上甚至没有自己必需的藏品和藏品库房。将这类博物馆的藏品集中统一管理，可以使博物馆的有限精力最大限度地投入对不可移动文物的有效保护和合理利用上。当然，这并不是说博物馆放弃了对馆藏文物的依托和管理、使用，而是在不影响各个博物馆对藏品利用的同时，一定程度上减轻库房管理的负担。

当然，大库房和小库房并存的缺点也是存在的。首先，大库房需要以独立法人的身份设立，这无疑会增加法人单位和人员编制。其次，大库房对所有藏品的管理是以其法人定位而存在的法定义务，同时也会享有相应权利。当各个博物馆对存放在大库房的藏品行使权利时，必然会存在二者权利之间的接触、冲突、协调等问题。不过，基于这些藏品的所有权是同一的，即国家所有，实务中是以北京市文物局为事实上的所有权主体来运行的。也就是说，此时博物馆之间的权利冲突，是在同一性藏品所有权，甚至处置权基础上产生的，权利冲突事实上仅限于占有权、使用权和部分收益权的层面。这也就决定了这种权利冲突并不是不可调和的权利冲突，而是某一行政管理条件下的公物物权使用冲突。因此，当这种权利冲突发生时，使用相应的公物物权冲突解决机制是完全可以解决的。需要特别强

调的是，这种权利冲突问题有其特定性，这也是这种模式不具有普遍适用性，而仅限于北京市文物局直属博物馆范围内的原因。

（二）立足古建筑特点，参考现有标准，制定《古建筑类博物馆建筑设计规范》

博物馆行业标准中，2015 年修订的《博物馆建筑设计规范》应该说是比较完善的，对近年来新建博物馆馆舍的规划、设计、施工起到了重要的指导作用。不过，调研资料显示，该标准在近年来北京地区博物馆古建筑类馆舍改造与维护领域的指导性仍有欠缺，单一的博物馆建筑设计标准并不能满足这些博物馆实际业务活动的需要。毕竟，古建筑类博物馆馆舍既具有博物馆建筑的属性，同时又具有不可移动文物的属性。因此，单从博物馆行业的视角规范这类博物馆的库房、展厅、观众服务设施等标准，显然在实际工作中会存在操作上的不适宜。这一问题的解决，毫无疑问需要跨越博物馆行业的单一行业思维，兼顾文物保护、旅游、教育等行业的特点，因地制宜地制定《古建筑类博物馆建筑设计规范》。鉴于上文已经谈到了藏品库房建设，这里仅就该标准中涉及的古建筑陈列区域的可行性进行简要介绍。

在以不可移动文物为依托改造而成的博物馆中，除依托古遗址、古墓葬、古代石刻等之外，最主要的是依托古建筑，即使在非古建筑遗存博物馆中，也多以复建与古遗址、古墓葬、古代石刻等相匹配的古建筑作为博物馆建筑。就目前数据显示，北京地区博物馆的古建筑基本是遵照明清以来，尤其是清代《营造则例》的建筑样式而建造的。因此，这些博物馆的陈列区域除露天场所外，室内陈列区域具有相同的特征，大致包括展线都位于以梁架结构为基础的间架结构之间，建筑层高及顶部、陈列厅宽度以及自然采光具有古建统一的规律性，展厅密闭性稍差，室内疏散场地狭窄等。可以说，古建筑展厅的这些特点有时候显示出独特的优势，有时候又显示出自身的劣势。事实上，近年来北京古代建筑博物馆、北京石刻艺术博物馆、大钟寺古钟博物馆等博物馆的古建筑展厅中，在对地面和屋顶的处理、对电路照明的设计、对材料种类的使用等方面或多或少地都使用了相同的设计理念，在保证古建筑安全和展线上其他展品安全的同时，也照顾到了博物馆展览功能的实现。

简言之，在充分调研北京地区古建筑类博物馆共性的基础上，结合博物馆行业的收藏、陈列、研究、教育等功能化需要，研究制定既符合古建筑特点、发挥古建筑特长、回避古建筑缺陷，又能满足博物馆陈列展览需要的《古建筑类博物馆建筑设计规范》，使之与已有的《博物馆建筑设计规范》互相配合，真正成为指导北京地区博物馆馆舍改造与维护的参考标准，无疑具有重要的现实意义。

B.5
北京地区博物馆盘活文物资源调研报告

张　敏*

摘　要： 北京地区博物馆文物资源丰富，近年来创新发展思路，创建京津冀博物馆联盟，充分发挥文物资源优势，实现京津冀文化领域协同发展。本报告回顾京津冀博物馆联盟在盘活利用、共建互融、带动引领、合作联动等方面的成果，指出北京地区博物馆藏品文物资源借助共建互融京津冀协同发展大舞台，将进一步发生变化，形成优势互补、保护特色、共同发展、持续繁荣的局面。

关键词： 京津冀博物馆联盟　共建互融　盘活资源

博物馆作为征集、典藏、陈列和研究代表自然和人类文明遗产的实物的场所，近年来在社会生活中的作用日益凸显，博物馆文化的吸引力和影响力持续增长。截至2018年底，我国登记备案的博物馆达5354家，比上年增加218家，免费开放博物馆的数量为4743家，占博物馆总数的88.6%。2018年，我国博物馆举办展览约2.6万个，教育活动近26万次，参观人数达11.26亿人次，比上年增加1亿多人次。[1] 公共文化服务和社会教育水平显著提升。截至2020年底，北京地区备案博物馆有197家，其中免费开放博

---

* 张敏，北京古代建筑博物馆副馆长，研究馆员，多年从事博物馆社会教育和专业研究工作，研究方向为中国传统文化，特别是传统建筑文化与礼制文化。
[1] 《国家文物局公布"2018年度全国博物馆名录"》，2019年9月28日，http://www.360doc.com/content/19/0928/22/28791702_863785528.shtml。

物馆达 82 家。发挥北京地区博物馆文物资源优势更应与首都全国文化中心建设、落实中央决策部署、落实市委市政府研究确定的中心工作紧密联系。

2015 年《京津冀协同发展规划纲要》正式出台，文化领域的协同发展也就此拉开序幕。这一时代背景使博物馆事业迎来空前的繁荣发展期。在京津冀协同发展的战略引导和博物馆事业迅猛发展的双重推进下，京津冀博物馆联盟蓬勃发展，京津冀三地博物馆管理创新、合作联动，积极探索、踊跃实践，努力推进京津冀地区博物馆事业的繁荣。在共建互融的方向指引下，北京地区博物馆文物资源得到更好的盘活利用。

一 京津冀博物馆联盟的建设成果

（一）以展览为传播媒介，博物馆人就京津冀协同发展进行思考和表达，并积极尝试三地的合作联动

2015～2016 年，首都博物馆、天津博物馆、河北博物院联合推出"地域一体·文化一脉——京津冀历史文化展"，展览从文化角度构建起京津冀地区追溯久远的历史脉络和渊源深厚的文化认同，揭示三地联系日益紧密、最终走向一体化的历史必然性。2017 年春节，三家博物馆再次联合推出"金玉满堂——京津冀古代生活展"，三地文博人再次联手，实现资源共享、研究互通、信息共融。

2017 年 9 月 26 日，北京古代建筑博物馆推出"中华古村落——京津冀风情"专题展（见图 1）。展览对京津冀地区现存古村落进行了较系统的梳理和展示，使观众通过展览领略蕴含在京津冀古村落中的丰富历史文化内涵，感受自然与淳朴的审美情趣。2019 年 9 月，北京古代建筑博物馆推出"京津冀古代建筑文化展"，更为深入与广泛地展示京津冀地区的历史文化与人文情怀，为观众奉上精彩的展览和活动。

2018 年 2 月 8 日，由北京市正阳门管理处、河北磁州窑博物馆、廊坊博物馆联合举办的"阿呆的欢喜——京津冀系列民俗文化展"在正阳门城

图1 "中华古村落——京津冀风情"专题展

楼开幕。在京津冀一体化的国家战略指导下，特别是党的十九大之后，燕赵大地发生着巨大变化，社会发展欣欣向荣、人民生活幸福安康，该展览正是通过"阿呆"这个普通农民之家的变化，表达人们追求幸福生活的心声。

2019年1月28日，由北京市正阳门管理处、京津冀博物馆协同发展推进工作办公室主办的"阿呆的厨房——京津冀灶王民俗文化展"在正阳门城楼拉开序幕。展览以延续的人物主线，在诉说京津冀地区日新月异发展的同时，结合灶王文化，讲述燕赵大地古老的文化传统。

回顾这些展览的举办，我们看到博物馆已经融入社会发展的整体进程中，不仅弘扬着优秀的传统文化，而且更深入展示着当代社会发展，正如2015年国际博物馆日的主题——"博物馆致力于社会的可持续发展"，这是博物馆人面对新的历史背景进行的严肃思考和自觉践行。

（二）积极开展学术研讨，深刻理解新时代文博工作发展的前进方向和具体要求

2017年2月，作为博物馆业内经验交流的一个新平台——《博物院》

杂志诞生了。该杂志由中国科学院主管，科学出版社主办，首都博物馆、天津博物馆、河北博物院协办，是博物馆专业的学术双月刊。《博物院》杂志是出版人和博物馆人为京津冀三地协同发展，实现三地共建互融而做出的探索和努力，以理性和富含实践创新的精神，助力三地合作，推动博物馆事业的发展。

2017年11月，由《博物院》杂志、北京博物馆学会、广东省博物馆和南京博物院共同发起、主办的"让文物活起来——京津冀、长三角、珠三角博物馆高峰论坛"学术研讨活动在北京举行。京津冀地区历史文化渊源深厚，长三角、珠三角地区经济发展迅速，以这三个有鲜明特点的地域中的博物馆组成的高峰论坛，深刻论述经济发展与文化消费的密切关系，同时探索经济发展将为文化消费带来的新增长和新需求，具有鲜明的时代特征，也更加贴近社会发展的前沿。

2018年12月4～5日，"第二届京津冀长三角珠三角博物馆高峰论坛"在南京博物院召开。开幕式上，首都博物馆、天津博物馆、河北博物院、南京博物院、上海博物馆、浙江省博物馆、安徽博物院、广东省博物馆、广西壮族自治区博物馆、海南省博物馆、福建博物院等11家文博单位完成了京津冀长三角珠三角博物馆联盟签约仪式。与会者深入探讨了博物馆如何服务社会的可持续发展、博物馆联盟在当下及未来如何促进自身发展和发挥更大优势等新时代博物馆所面临的新课题。

2019年7月，由中华人民共和国文化和旅游部主管，中国国家博物馆主办的专业期刊《博物馆管理》创刊。刊物以发表博物馆管理研究领域的相关理论和技术成果，促进学术交流，推动技术传播，提高博物馆管理水平，服务文化事业繁荣发展为主旨。《博物馆管理》的创刊，将凝聚更多博物馆学研究力量，顺应社会发展形势，为博物馆理论提升和学科建设拓展更大的空间。

（三）成立合作机制，提供组织保障，协调解决战略合作问题，并积极争取政策利好和专项扶持

2018年5月15日，在国家文物局指导下，由故宫博物院、中国国家博

物馆、恭王府博物馆、北京鲁迅博物馆以及京津冀三地文物局联合签署了《京津冀博物馆协同创新发展合作协议》，标志着京津冀博物馆"共建共享"合作机制的正式建立。协议各方建立联席会议制度，全面负责工作推进，研究部署重大事项，并定期会商，召开京津冀博物馆协调会议。联席会议下设"京津冀博物馆协同发展推进工作办公室"，执行机构设在北京市正阳门管理处，主要负责各项活动的管理、组织与总结，以及协调落实相关各项工作与日常沟通联络。

始于2015年初的京津冀博物馆研学合作项目——"燕国达人游"活动，从合作伊始就以"资源共享、品牌共建"的合作模式，着力于京津冀地区博物馆的协同发展，并与文旅企业开展合作，寻求行业对接方式，实现博物馆的跨行业、跨区域合作。截至2018年，已有6家博物馆根据各自馆藏资源，正式推出了"燕国达人"卡通形象，在第13届北京文博会上，还有近20家京津冀地区博物馆在"燕国达人"卡通形象版上签约加盟。

为丰富"燕国达人"品牌的资源结构，扩大社会影响力，推进办公室指导，北京市正阳门管理处结合地方发展战略与国家文化中心建设，深挖现有资源，于2018年初推出了"燕国达人"系列的子品牌——"北京雨燕"。为丰富这一品牌，在2019年"文化与自然遗产日"期间，北京市正阳门管理处组织了京津冀地区多家博物馆与文旅企业共同参与的文创开发与市场推广研讨会，举办了"正阳之夜——留住北京雨燕"等文化活动，京津冀三地博物馆与文化企业还联合签署了《"雨燕计划"——京津冀博物馆研学合作协议》（见图2），以"北京雨燕"为文化载体，融合传统文化和当代精神，开展博物馆研学和社教活动，使博物馆成为社会文化生活和经济生活的有力参与者。

在馆校合作中，针对京津冀三地博物馆存在的诸如合作形式相对固化单一、合作内容与学校教育衔接不足、信息与需求不对称、区域内资源匹配不均、缺少体系支撑以及参照标准存在盲区等问题，2019年10月，国家文物局将京津冀地区列为项目试点给予专项支持。京津冀地区

图2 《"雨燕计划"——京津冀博物馆研学合作协议》签约仪式

此次按照国家文物局的统一部署，通过教育示范项目进一步落实《京津冀博物馆协同创新发展合作协议》的相关内容，尤其是通过示范项目将"红色文化、运河文化、长城文化、燕赵文化"形成高质量的示范成果。有关冬奥会主题将提前策划早做准备，并融入示范项目的课题设计中；对雄安、张家口等地有具体项目落地；示范项目将覆盖到不发达地区，甚至是贫困地区，通过示范项目的引领作用进一步促进公共服务均等化。组织保障与专项扶持，必将有助于更好地促进京津冀地区博物馆之间资源要素的合理流动，促进三地博物馆全面融入社会生活，建设博物馆生活圈。

（四）雄安新区文物与考古工作稳步推进，筹建中国国家博物馆雄安分馆

2017年4月1日，中共中央、国务院决定设立雄安新区。雄安新区设立后，国家文物局迅速行动，指导河北省文物局全面推进考古与文物保护工作，取得重要进展。2017年以来，组织全域范围的考古调查，登记各类文

物遗存 263 处，完成起步区 200 平方公里的机载激光测绘和 213.5 万平方米的考古勘探，深入了解地下文物埋藏状况，为雄安新区文物保护利用和建设规划提供了重要依据。①

2018 年 4 月，中国国家博物馆馆长王春法一行到雄安新区调研，并表示中国国家博物馆在雄安新区建设雄安分馆，是中国国家博物馆充分发挥自身资源优势，对雄安新区建设做出的实质贡献，期望中国国家博物馆雄安分馆在服从雄安新区整体规划的前提下，能成为雄安新区的文化标志。中国国家博物馆雄安分馆的设立，将提升雄安新区的公共文化服务水平，满足雄安新区人民的精神文化需求，使雄安新区成为经济建设和文化示范的双高地。

（五）"北京市博物馆大数据平台"的建设，以"互联网＋中华文明"的宏观战略，打造博物馆网络矩阵，激发博物馆创新活力

"北京市博物馆大数据平台"公共服务客户端已于 2019 年 5 月 18 日正式上线，并线上公开包括首都博物馆在内的 29 家博物馆的 33137 件藏品。大数据平台打通管理渠道，建立"北京市文物局—各区文旅局—博物馆"的三级管理渠道，为市、区两级共管博物馆机制提供基础。博物馆通过平台及时获得最新的通知公告，文物行政主管部门也可以在平台上实现对辖区内博物馆藏品、展览、社教等业务的动态管理。"北京市博物馆大数据平台"以藏品数据为基础，打破博物馆不同业务之间的壁垒，建立全市博物馆业务动态数据库，在积累业务数据的同时，不断完善和丰富藏品数据，并让藏品信息反哺博物馆业务，真正"让文物活起来"。未来大数据平台的发展将着重于数据关联，以博物馆藏品数据为基础，打通博物馆各项业务数据之间以及平台不同用户之间的数据关联，深入挖掘数据资源，着重数据分析与利用，为未来智慧博物馆的建设提供支撑，为"博物馆之城"的建设贡献力量。

---

① 《国家文物局领导调研指导雄安新区考古工作》，国家文物局官网，2019 年 5 月 24 日，http：//www.ncha.gov.cn/art/2019/5/24/art_ 2376_ 162757.html。

二　京津冀博物馆联盟发展面临的问题

（一）三地文化资源富集程度差异大，以弱带强的辐射效力还需加强，各地区文博事业发展定位还需明确

国家财政项目"新型城镇化视域下文化建设指标体系及采集分析系统研发"构建的新型城镇文化建设关键指标体系（简称 UCI），对全国近 300 座地级和直辖市进行测评，根据体系中"文化设施与服务"进行考察，京津冀地区各市的得分差异明显，其中北京和天津分别排名第 4 和第 15，唐山、廊坊、石家庄和秦皇岛排名在 100 以内，保定、张家口、承德、沧州、邢台和邯郸排名在 100～200，衡水排名在 200 以后（见表 1）。

表 1　京津冀地区各市 UCI 及各级指标排名

城市	UCI	全国排名	文化资源与吸引	全国排名	文化设施与服务	全国排名
北京	93.52	1	95.72	2	89.08	4
天津	83.47	15	91.23	17	84.15	15
保定	76.52	125	85.55	79	76.51	147
唐山	78.01	83	83.75	112	79.38	71
廊坊	77.16	107	80.35	173	78.51	89
张家口	76.43	129	82.58	127	76.42	149
承德	77.85	87	85.24	86	77.35	123
沧州	75.63	164	79.65	193	74.65	199
石家庄	79.60	54	86.15	66	81.16	56
秦皇岛	79.13	61	86.15	67	82.08	43
衡水	74.44	218	75.38	254	74.4	210
邢台	74.52	213	78.58	215	75.51	175
邯郸	76.78	116	81.84	142	76.37	155

资料来源：许立勇、王瑞雪：《新型城镇化进程中京津冀文化功能区构建刍议——基于 UCI 指数的分析》，《河北工业大学学报》（社会科学版）2016 年第 1 期。

在发展不均衡现状下，京津冀博物馆联盟的成立虽然使北京、天津等文化相对发达地区对其他地区的文化引领与示范作用初步彰显，但以北京为例，其对津冀地区的辐射效力与其全国第一位的文化建设水平还很不匹配。在京津冀文化协同发展战略的实施下，联盟面临着如何加强引导，拓展北京、天津等博物馆事业发达地区对京津冀整体的辐射能力等问题。各地区博物馆事业的发展更是需要明确核心示范、重点发展、功能拓展及扶持开发等方向定位，加快京津冀文化领域的一体化建设，促进博物馆联盟健康发展。

（二）京津冀三地由于行政区划不同，对于文博事业统一发展规划的制定和实施还存在不同程度的掣肘，目前的协调发展机制还需完善

京津冀地区博物馆的跨行业、跨区域合作，需要从体制机制建设入手，突破行政分割、政策壁垒的束缚，形成目标同向、措施一体、作用互补、利益相连的体制机制。三地应在《京津冀博物馆协同创新发展合作协议》的基础上，以各自文化资源优势为依托，制定有利于联动共享的相关政策，保证资源得到有效地优化配置。根据发展定位，结合实际情况，实施不同的区域政策。

由于京津冀博物馆联盟各成员单位所处的地域和面对的观众层面不同，其在博物馆建设的指导思想以及建设需求等方面存在差别，所以各博物馆的发展目标也不尽相同，进而存在各成员单位之间的个体差异，这也对联盟领导机构进行的综合协调与交流提出了更高的要求。联盟在制定目标时，既要考虑大型博物馆和综合类博物馆的发展，也要顾及中小型博物馆以及民办博物馆的平衡发展，形成共同的发展方向，为京津冀的文化协同发展探索新路径。

以京津冀地区的多处清代皇家文化遗产为例。北京地区的故宫博物院与颐和园、圆明园等"三山五园"协同发展并不突出，由于归属、开放性质不同，这些文化遗产在业务和学术研究发展上并不一致；而北京的这些机构与承德避暑山庄和外八庙、遵化市清东陵、易县清西陵、天津蓟州区盘山行宫分属不同地方、系统管辖，虽有"清代宫史研究会"等学术机构使之相互产生联系，但协同发展尚须各地政府管理机构的进一步统合。

（三）京津冀地区中小型博物馆还需走出现实困境，探索区域文化优势，在一体化协同发展的前提下坚持特色发展的道路，重塑小区域文化品牌

据不完全统计，京津冀三地登记在册的博物馆有近 400 家，其中绝大部分是中小型博物馆或非国有博物馆，这些基层博物馆大多面临不同程度的资源匮乏、人才短缺等问题，加之有些地方财政拘谨，政策扶持力度不足，使它们与三地大型博物馆的差距愈来愈大，这也在客观上要求协同发展策略增加更多的现实考量。

三地博物馆事业的协同发展需要在充分调研、摸清现状的前提下，摒弃各自为政的做法，科学设计研究规划、展示方向和教育目标。由于京津冀三地文化发展状况差距较大，在一体化的驱使下，地方行政部门会大力推动本身基础雄厚的京津文化发展，基础偏弱的冀文化有被挤压、被淡忘并逐渐退出文化中心地位的可能，这是在进一步深化京津冀文化领域协同发展过程中应注意的现象。同时，三地应大力发展文化旅游事业，整合京津冀文化旅游线路，在博物馆公众服务创新理念中着力文旅结合，既突出传统文化特色，又兼顾文化产业资源。2019 年 5 月 18 日国际博物馆日当天，京津冀地区 16 家博物馆和 7 家合作企业联合签署了《京津冀博物馆研学项目合作意向书》，为进一步开拓文化旅游市场迈出了重要一步，未来可期。

三 京津冀博物馆联盟的发展展望

（一）京津冀地区在长期的历史积淀下，形成独具特色的文化脉络，历史文脉清晰，核心文化价值凸显，为京津冀博物馆联盟的发展提供了丰富的文化遗产资源

在京津冀协同发展的战略构想中，文脉的延续与贯穿是其不变的支撑。

京津冀地区在政治职能上，经历了从燕赵诸国到华北区域中心，再到中国北方的政治中心，至元明清成为统一多民族国家首都所在地的历史进程；在政治外交上，作为边境地带，多民族长期交融混居，民族事务与民族交往职能凸显，由民族交往而延伸的国家间外交亦得到突出体现；在军事职能上，从边境地带长城的建设到保定、正定军事重镇的兴起，以及明清以来东部渤海湾沿线形成的海防力量，随着城市功能定位的不断清晰和提升，其军事职能也不断加强；在文化职能上，是燕赵文化的发源地，随着北京成为国家首都，这一区域也成为影响力辐射全国的文化中心，多宗教、多民族文化相互交融，教育职能蓬勃发展；在经济职能上，北京成为国家首都后，都城商业文化圈持续发展，区域交通系统更趋完善，形成四通八达的网络格局。政治、军事、文化、经济等职能虽然在不同的历史时期，其空间分布呈现不同的特点，但就整体区域来讲，各种职能的共同作用形成了京津冀地区独具特色的文化肌理和脉络。

文化不仅凝结历史，文化也将引领未来。回溯历史，珍视现在，展望未来，以高度的文化自觉与文化自信，透视历史传承和演变过程，找寻三地文化的同根血脉，以特有的博物馆语言，呈现历史文脉，弘扬核心价值，是博物馆人的社会责任。京津冀地区丰厚的文化资源正是博物馆展现精神指引与文化魅力的大舞台。博物馆联盟在整合文博资源、提升整体水平的前景中大有可为。

（二）京津冀博物馆联盟为京津冀地区中小型博物馆的发展提供了良好机遇

京津冀地区中小型博物馆数量众多，在人才和资源方面较大型博物馆存在明显劣势，发展空间长期受到制约。博物馆联盟的基础是博物馆成员之间资源的共享，不仅包括藏品资源的共享，还包括联盟成员之间以业务培训、人才教育等为主的人力资源交流，以藏品征集、管理保护为主的业务工作交流和以学术研讨、著作发行为主的学术交流，因此加入博物馆联盟是扩大资源、提高业务水平的便捷方式。京津冀博物馆协同发展推进工作办公室在

2018 年以举办基础业务培训、讲解员邀请赛等形式建立人才选拔通道，以先进经验分享交流、联合参与行业展会等多种形式促进联盟成员之间的全方位交流，在夯实联盟基础、畅通交流渠道的同时，为提升中小型博物馆整体素质水平提供更多的帮助与支持。

以获得国家文物局立项的"京津冀博物馆青少年教育课程示范项目"为例，由于京津冀地区大多数中小型博物馆缺少综合资源支撑，单凭一馆之力难以保障教育项目的有效开展；同时天津、河北的部分偏远、落后地区的中小学校，也因条件有限无法接受博物馆教育。示范项目将努力探索博物馆教育与学校合作的矩阵模式，突出协同发展，摸索切实可行的落地与推广模式。通过融合三地博物馆资源、中外教育机构的成功经验、科技企业的技术手段以及融媒体的传播方式，借助京津冀区域内的优势资源，以跨界组合的创新方式打破现行行业壁垒，实现资源相互对标、成果共建共享，以符合青少年特点的授课方式，将示范成果惠及广大学子。2020 年，示范项目聚焦基础教育初中一年级学段，聚焦课程教材中博物馆教育的有关内容，选择道德与法治、语文、数学、历史、地理、物理、生物、体育等多学科，将知识点与博物馆资源进行对标。北京地区选择主题性强、有强烈推进意愿的场馆，天津地区偏重不发达地区，河北地区重点关注雄安和张家口以及相对贫困地区，通过落实《京津冀博物馆协同创新发展合作协议》的相关内容，有效推进项目落地。

（三）京津冀博物馆联盟成员单位的深度交流和资源共享，将开创"让文物活起来"的崭新局面

习近平总书记提出的"让收藏在博物馆里的文物、陈列在广阔大地上的遗产、书写在古籍里的文字都活起来"，既是为新时代文博工作发展指明的前进方向，也是对新时期开展文博工作提出的具体要求。让收藏、管理这些文物的博物馆"活起来"，让文物更有尊严。在京津冀区域文化协同发展的当下，京津冀博物馆联盟将带动区域文博事业发展，大大激活文物生命力，"让文物活起来"。

联盟的方式可以帮助实现博物馆间藏品资源共建共享，实现相关行业的互利互惠，资源共享，将博物馆从原有的地区分割、行政管理级别和行业壁垒中解脱出来。博物馆按照自身需求，遵循市场规律，从而实现优势互补，合理利用、开发资源，向社会提供更好的文化服务，真正"让文物活起来"，使文化流动起来。

在京津冀协同发展的国家战略指引下，文博事业的协同发展将呈现突出特色，为区域协同发展提供文化支撑和不竭动力。京津冀博物馆联盟机制将在协同发展中不断完善，并发挥越来越重要的作用。北京地区博物馆文物资源优势将在区域协同发展的进程中发挥更大作用，盘活利用、共建互融、带动引领、合作联动，必将形成优势互补、特色突出、共同发展、持续繁荣的良好局面。

B.6
北京地区博物馆提升展览水平分析报告

王 瑞[*]

摘　要： 近年来，北京地区博物馆的陈列展览显示出蓬勃发展的态势，具有鲜明的地域特色。参观人数逐年增长，展览数量稳步增加；基本陈列类型丰富，临时展览亮点突出；展陈设计形式创新，制作更加精良；展览重视文物保护，注重观众体验，新科技展示手段灵活多样；各馆不断改陈创新，适应新时代发展需要。但仍存在一定问题，如展览陈列同质化倾向明显、精品意识和品牌意识不够等。今后要继续提升策展水平，创新展览形式，提升展览品质；关注观众体验，提升展览科技含量；注重培训，提升陈列展览业务人员整体水平；整合资源，提升中小型博物馆展览水平。

关键词： 博物馆展览　基本陈列　展览水平　交流合作

一　北京地区博物馆展览水平现状分析

陈列展览是博物馆的核心业务工作之一。博物馆的陈列展览一般由基本陈列和临时展览组成。陈列展览工作综合性很强，一个博物馆举办的陈列展览能够全面反映该博物馆的综合实力，包括藏品的数量与质量、学术研究的

---

* 王瑞，中国妇女儿童博物馆陈列与信息部部长，高级工程师，硕士，主要研究方向为博物馆陈列设计与展陈工程管理。

深度与广度、展览的策划及设计、制作水平等。同时，博物馆陈列与展览还承载着更多的文化内涵。例如，2012 年 11 月 29 日，党的十八大闭幕之后不久，中共中央总书记习近平就率领中央政治局常委到中国国家博物馆参观基本陈列《复兴之路》，并首次系统阐述了中华民族伟大复兴的"中国梦"。这说明，以中国国家博物馆为龙头的各类博物馆，有资源成为传承中华优秀传统文化、讲好中国故事的重要舞台，有能力成为提供更好精神文化产品、满足人民美好生活新期待的重要场所，有责任成为传播中国声音、增强中华文化软实力的重要窗口。①

北京作为首都，是中国的政治、文化、国际交往和科技创新中心。北京地区博物馆体系也围绕城市职能定位而建设，博物馆事业发展一直居于全国博物馆前列，北京地区博物馆陈列展览的水平也居于全国前列。在全国博物馆事业跨越式发展的大背景下，2019 年，北京地区博物馆继续发挥文化和资源优势，引领全国博物馆陈列展览的发展水平。从人头攒动的故宫博物院到小众精致的名人故居纪念馆，从配合国家重大时事而举办的"伟大历程 辉煌成就——庆祝中华人民共和国成立 70 周年大型成就展"和"大美亚细亚——亚洲文明展"，到体现地方历史研究成果、为历史文化名城文化带而举办的"山河·家国——西山永定河文化展"，北京地区博物馆的陈列展览显示出蓬勃发展的态势，并具有鲜明的地域特色。

2020 年 5 月 18 日，由中国博物馆协会、中国文物报社主办的"第十七届（2019 年度）全国博物馆十大陈列展览精品推介活动"终评结果揭晓。入围终评的 29 个陈列展览作为 2019 年全国博物馆 2.8 万多个陈列展览的代表，"呈现了创新策展理念、选题立意精准、设计制作精良、社会效益显著、总体水平大幅提升的良好态势"。② 这些获奖展览代表了目前国内博物

① 李韵：《国家博物馆举办"中国梦与新时代"主题研讨会》，光明网，2018 年 11 月 22 日，http：//difang.gmw.cn/2018 – 11/22/content_ 32028786.htm。

② 《全国博物馆十大陈列展览精品推介活动首次全网直播 2019 年度评选结果揭晓》，中国博物馆协会官网，2020 年 5 月 19 日，http：//www.chinamuseum.org.cn/a/xiehuizixun/20200518/13325.html。

馆陈列展览的最高水平，代表了最先进的陈列技术、最科学的布展方式、最人性化的方案设计和最深刻地对文物内涵的阐释。北京地区报送的"大美亚细亚——亚洲文明展""为新中国奠基——中共中央在香山"基本陈列获3项特别奖中的2项；中国传媒大学传媒博物馆举办的"传媒行业与传媒教育发展历程展"（见图1）获得十大精品奖，这是该活动自1997年举办以来首次有高校博物馆展览获得陈列展览领域的国家级最高荣誉，填补了我国高校博物馆展览获评精品奖的空白。

图1　中国传媒大学传媒博物馆"传媒行业与传媒教育发展历程展"

截至2020年，"全国博物馆十大陈列展览精品推介活动"已持续举办了十七届。"十大精品奖"的获奖展览起到了示范引领的作用，反映了各地文博单位积极利用文物资源，努力提升陈列展览的策划、设计、制作水平的成果。近年来，北京地区博物馆每年都有展览项目入围和获奖，体现了北京地区博物馆的展览水准和综合实力。

（一）参观人数逐年增长，展览数量稳步增加

根据北京市文物局提供的数据，截至2020年底，北京地区登记在册的

博物馆总数为197家，占全国博物馆总数的3.6%（全国博物馆总数为5535座）。陈列展览的数量为1260个，占全国展览总量的4.4%（全国陈列展览总数为28630个）；观众参观数量为8209万人次，比2018年度的7261万人次增加了近1000万人次，占全国观众参观总数量的6.67%（全国参观总数量为12.3亿人次），均居于全国前列。

国家级博物馆中以故宫博物院为例，根据国家文物局的统计数字，故宫博物院的展览数量从2018年的18个增加为2019年的34个。另据故宫博物院召开的新闻发布会公布的数字，2019年，故宫博物院接待观众数量首次突破1930万人次，达到1933万人次，不断刷新观众接待的新纪录，故宫博物院成为全球参观人数最多的博物馆。以中国国家博物馆为例，根据中国国家博物馆提供的数据，2012～2018年，该馆年均展览数量为40余个。2019年，中国国家博物馆举办了"大美亚细亚——亚洲文明展""回归之路——新中国成立70周年流失文物回归成果展"等各项展览63个，仅次于2018年的64个，接待观众总数达到739万人次。

北京市属博物馆中，首都博物馆与2018年相比，2019年展览数量从16个增加为21个，观众参观数量达到144万人次。北京天文馆（北京古观象台）展览数量从2018年的3个增加到2019年的20个，观众数量从2018年的95万人次增加到2019年的121万人次。北京民俗博物馆展览数量从2018年的5个增加到2019年的15个，观众数量从2018年的25万人次增加到2019年的39万人次。郭守敬纪念馆展览数量从2018年的1个增加到2019年的15个，观众数量从2018年的1.4万人次增加到2019年的11万人次。

非国有博物馆中，北京百年世界老电话博物馆观众数量从2018年的2.6万人次增加到2019年的8万人次。北京御仙都皇家菜博物馆展览数量从2018年的5个增加到2019年的10个，观众数量从2018年的5.6万人次增加到2019年的35万人次。中国紫檀博物馆观众数量从2018年的4.6万人次增加到2019年的8万人次。根据国家文物局提供的统计数字，北京地区21家非国有博物馆的展览总数从2018年的152个增加到2019年的156个，观众数量从2018年的93万人次增加到2019年的109万人次。

（二）基本陈列类型丰富，特色突出

基本陈列是一座博物馆功能定位、馆藏特色和博物馆个性的集中体现，因此具有广泛和持久的影响力。[①] 北京地区的各个博物馆，都将基本陈列作为博物馆的重要工作内容。近年来，新的陈列理念、展示手段不断地被运用到基本陈列中，在博物馆陈列的学术研究、陈列内容及形式的策划与实施、新材料新媒体新技术的运用等方面都取得了长足的进步和提升。北京地区多元化的博物馆体系形成多元化的陈列展览体系：国家级综合类博物馆展览体现国家重大历史题材和展示重要文物精品；红色题材的革命纪念馆传承展示当代中国的红色基因；行业博物馆展览突出不同领域的行业特色；自然科学类博物馆展示自然科学历史和科技发展创新；市属各类博物馆展现北京地方特色；社区博物馆展示居民文明生活；等等。北京地区各个博物馆的基本陈列类型丰富，题材多元，具有鲜明的地域特征和本馆特色。

基本陈列的类型根据博物馆性质的不同，可分为历史类、艺术类和自然科学类。如中国国家博物馆的"古代中国"、首都博物馆的"古都北京·历史文化篇"、中国海关博物馆的"中国海关发展之路"、中国传媒大学传媒博物馆的"传媒行业与传媒教育发展历程展"等，都属于历史类的基本陈列；清华大学艺术博物馆的"清华藏珍·丝绣撷英——清华大学艺术博物馆藏品展/织绣部分"、北京艺术博物馆的"物华天宝——明清工艺品展"、故宫博物院的书画馆和珍宝馆等，都属于艺术类的基本陈列；北京自然博物馆的"古爬行动物"展、北京天文馆的"宇宙畅游"展、中国科学技术馆的"探索与发现"展等，都属于自然科学类的基本陈列。各个类型的基本陈列都有鲜明的陈列主题，根据博物馆自身的定位不同，既具有本馆特色，又彰显个性。

以中国国家博物馆为例，中国国家博物馆是代表国家收藏、研究、展示、阐释能够充分反映中华优秀传统文化、革命文化和社会主义先进文化代

[①] 单霁翔：《浅谈博物馆陈列展览》，故宫出版社，2015，第26页。

表性物证的最高机构，① 是国家最高历史文化艺术殿堂和文化客厅，② 是广大公众特别是青少年学习历史和文化、接受爱国主义教育和审美教育、接受文明熏陶的社会大课堂。基本陈列包含"古代中国""复兴之路""复兴之路·新时代部分"，是中国国家博物馆弘扬中华优秀传统文化、革命文化、社会主义先进文化，培育和践行社会主义核心价值观的重要阵地。

而作为首都会客厅的首都博物馆，其基本陈列"古都北京·历史文化篇"展示了雄伟壮丽的北京文化。展览从北京的城市定位、政治经济、宗教发展、民族融合、中外文化交流等各个角度，展示了漫长岁月中，北京从原始聚落形成城市，从中国北方的政治中心跃升为大一统封建王朝的都城、中华人民共和国的首都，直至发展为如今的国际大都市这一不断递升并走向辉煌的都城发展史的历史进程，③ 揭示了北京作为一座融合了多民族与多元文化的城市逐步成为中国首都与文化中心的历史规律，体现了首都博物馆鲜明的地域特色。

纪念馆作为北京地区博物馆的重要组成部分，在弘扬红色革命文化中发挥着重要作用。基本陈列是纪念馆的核心和灵魂，也是其实现社会功能的主要方式。近年来，陈列理念不断创新，新手段、新技术、新材料不断被运用到陈列展览中，纪念馆的基本陈列呈现出崭新的面貌。内容设计更加规范严谨，不断挖掘呈现革命精神的文物、史料，填补各类文献、资料的不足，深入挖掘藏品内涵，更加注重个性特色。

中国人民革命军事博物馆是国家级的综合性大型军事博物馆。馆中的陈列展览体系以军事历史为主，通过基本陈列全面反映中国共产党领导的军事斗争历程以及人民军队建设的伟大成就。"中国共产党领导的革命战争陈列"展示中国共产党领导人民军队，为推翻三座大山进行的波澜壮阔的革命战争史；"兵器陈列"重点突出人民军队缴获和使用的武器装备，

① 王春法：《艺道长青——石鲁百年艺术展》，《中国书画》2020 年第 1 期，第 81 页。
② 《国博简介》，国家博物馆官网，http：//www.chnmuseum.cn/gbgk/gbjj/。
③ 《古都北京·历史文化篇》，首都博物馆官网，http：//www.capitalmuseum.org.cn/zlxx/content/2005 - 12/19/content_ 23282.htm。

特别是人民军队历史上的功勋武器，力图揭示革命战争年代人民军队以弱胜强、以劣胜优的战斗精神和光荣传统，展示新中国兵器装备从无到有再到强的发展历程；"中国历代军事陈列"以中国历代军事历史的发展演变为脉络，复原中国历代战争实践、兵器装备、军事制度、军事思想等文明成果，凸显中华民族坚贞不屈、自强不息的爱国主义传统；"军事科技陈列"通过介绍国防科技、各类兵种军事技术知识，运用现代科技展示方式和手段，提升观众科学素质、弘扬科学精神、普及科学知识、传播科学方法等。①

北京地区聚集了大量国家级的行业博物馆和具有地方特色的中小型行业博物馆，门类众多、风格多样、功能齐全。中国铁道博物馆、中国海关博物馆、中国妇女儿童博物馆等国家级大型博物馆作为行业文化窗口和行业文化阵地，以其自身特殊的行业物证，使用特有的展示语言，其基本陈列均深入挖掘行业的历史发展和文化内涵，记录行业历史、见证行业今天、展望行业未来，达到弘扬行业价值，展示行业文化，为社会提供行业科普教育和文化展示阵地的目的。

中国铁道博物馆是中国铁路总公司所属国家级行业博物馆，主要收藏、保管、陈列、展示及编辑研究铁路文物和科研成果等。包括正阳门展馆、东郊展馆、詹天佑纪念馆等三个展馆。其基本陈列"中国铁路发展史"位于正阳门展馆，分为"蹒跚起步""步履维艰""奋发图强""阔步前行"等四部分内容；通过丰富翔实的图片史料、实物展品，完整地呈现了140余年间中国铁路从无到有、从落后到先进的发展历程，特别是新中国成立以来中国铁路的辉煌成就和美好前景。②

中国法院博物馆是隶属最高人民法院的行业博物馆，其基本陈列主要回顾中国古代司法文明的发展历程，展示最高人民法院建设和审判工作成就，并全面展示党的十八大以来人民审判工作，分为"中国审判历史展"、"人

---

① 《军博简介》，中国人民革命军事博物馆官网，http：//www.jb.mil.cn/jbgk/jbjj/。
② 《正阳门展馆常设展览》，中国铁道博物馆官网，http：//www.china-rail.org.cn/clzl/jbcl/201910/t20191025_978.html。

民审判历程展"和"全面依法治国，走向伟大复兴"三个部分。真实全面客观地展示了中国法治发展的历史，全方位再现最高人民法院在建设中国特色社会主义伟大征程中做出的突出贡献。

自然科学类博物馆，如北京自然博物馆、中国古动物馆等，是北京地区博物馆中的重要成员。各馆基本陈列根据馆藏特色设置不同专题，让观众置身知识的海洋，探索科学的奥秘，受到了孩子们和公众的欢迎，达到了科普教育的目的。

北京自然博物馆是新中国成立的第一座大型自然历史博物馆，主要收藏古生物、动物、植物和人类学等领域的标本并进行科学研究和科学普及。北京自然博物馆目前设有古生物、动物、植物和人类等基本陈列厅。古生物厅展示生物起源和早期演化过程，动物陈列厅展示动物之美和动物界的神奇，植物陈列厅展示植物的演变，人类陈列厅展示人类进化的历史。基本陈列以生物进化为主线，展示了生物的多样性以及生物与环境的关系，将大自然的神奇呈现给公众。①

中国古动物馆是中国第一家以古生物化石为载体，系统普及古生物学、古生态学、古人类学及进化论知识的国家级自然科学类博物馆，也是目前亚洲最大的古动物博物馆，② 由中国科学院古脊椎动物与古人类研究所创建。中国古动物馆有两个馆：古脊椎动物馆、树华古人类馆；还包括四个展厅：古鱼形动物和古两栖动物展厅、古爬行动物和古鸟类展厅、古哺乳动物展厅、古人类与旧石器展厅。依托研究所近百年收藏的 20 余万件标本，按照生物的演化序列，陈列着自 5 亿多年前的寒武纪至 1 万年前的地层中产出的史前各门类古生物化石和旧石器标本及模型，③ 其中包括鱼形动物、鸟类、两栖动物、爬行动物、哺乳动物和古人类化石等，全方位呈现了史前动物与

① 《北京自然博物馆基本情况》，北京自然博物馆官网，http：//www. bmnh. org. cn/bwgjj/bwgjj/index. shtml。
② 《别具一格的科普设施 中国古动物馆》，《科协论坛》2010 年第 12 期。
③ 邢星达：《中国古动物馆改造完毕重新开馆——科学前沿与科学普及完美结合，全面复原古脊椎动物及古人类演化的宏伟历程》，《化石》2014 年第 3 期。

古人类的自然遗存及其生命演化的宏伟历程。

北京是历史文化名城，有 3000 多年的建城史和 800 多年的建都史，在悠久的历史发展过程中形成了独特的京味儿文化。京味儿文化可谓包罗万象，元素众多，主要可分为皇家文化、寺庙文化、士大夫文化和市井文化等。京味儿文化是北京文化区别于全国其他地区文化的特色，北京各市属博物馆的基本陈列正是这一地域文化特色的集中体现。如北京艺术博物馆体现皇家文化的"物华天宝——明清工艺品展"，雍和宫藏传佛教艺术博物馆体现寺庙文化的"雍和宫藏传佛教造像艺术展"，孔庙与国子监博物馆体现科举文化的"金榜题名——中国古代科举制度展"，北京民俗博物馆体现北京民俗文化的"东岳庙历史展"等，通过对京味儿文化各个层面的不同展示，让观众全方位了解别具一格的京味儿文化特色。

北京名人故居类博物馆众多，如郭沫若纪念馆、北京李大钊故居、北京鲁迅博物馆（北京新文化运动纪念馆）、宋庆龄故居、茅盾故居、徐悲鸿纪念馆、老舍纪念馆、梅兰芳纪念馆等。其基本陈列基本在故居旧址内，以展示故居原状陈列和名人生平及遗物为主，具有浓郁的老北京地方特色。

北京鲁迅博物馆（北京新文化运动纪念馆）是征集、保管、研究和宣传展示鲁迅和新文化运动时期著名人物、重大事件等有关实物、资料的国家一级博物馆。鲁迅旧居为全国重点文物保护单位，是鲁迅于 1924 年购入后自己设计改建的，也是北京保存最完整的一处鲁迅居所。在鲁迅旧居中展出的"鲁迅生平陈列"，以鲁迅一生的足迹为脉络，共分为"在绍兴""在南京""在日本""在杭州、绍兴、南京""在北京""在厦门""在广州""在上海"八个部分。展览以大量的实物、图片，并配以多媒体手段，全面地展示鲁迅一生的生活、工作与业绩。

老舍故居坐落在一座普通的北京四合院内，是北京市文物保护单位。作为京味儿文学的代表人物之一，老舍在这里写下了许多为人民所传诵和喜爱的京味儿文学作品。老舍故居的基本陈列为故居原状陈列和"走进老舍的世界"展览，通过这些原状陈列和展览，向大家展示了这位人民艺术家的一生，让观众在北京四合院里静静品味老舍笔下原汁原味的京味儿文化。

非国有博物馆在北京地区博物馆中也占据着重要一席。观复博物馆、中国紫檀博物馆等都享有非常高的知名度，受到公众广泛关注。非国有博物馆的基本陈列各具特色。以北京文旺阁木作博物馆为例。北京文旺阁木作博物馆坐落于北京市通州区，是经北京市文物局审核备案的非国有博物馆，是北京乃至全国第一家以中华木作为主题的博物馆。该馆以保护木作文物，弘扬木作传统文化为宗旨。馆舍占地20余亩，展厅面积9000余平方米，设有10多个参观展厅。几十个关于木作的系列展览分别为"中国木作建筑展""中国古代木匠展""中国古代木作农具科技展""中国古代纹饰展""中国古代出行工具展"等，旨在"留住过去，学习历史"。

同样是非国有博物馆的北京百年世界老电话博物馆，是中国目前为止唯一一家全面展示、介绍世界各国100多年电话发展史的博物馆。基本陈列"世界百年电话发展历程"展，展出电话机、电话卡、电话号码本、世界各地电话题材的邮票，以及反映电话机起源、世界电话发展、中国电话发展的珍贵藏品和史实资料。

（三）临时展览亮点突出，内容题材丰富

临时展览作为对基本陈列的重要补充，是博物馆是否具有活力的标志。临时展览一般结合重要时事和社会热点，可以满足观众的不同需求，并适时回应社会需要。与基本陈列相比，临时展览具有灵活多样、新颖独特等特点，比基本陈列更具吸引力。

2019年，北京地区各博物馆共举办各类临时展览1260个。展览题材多样，内容丰富，亮点突出，具有鲜明的时代性、思想性和艺术性，社会效益显著。无论是公众影响力，还是艺术性、创新性，都彰显了北京地区博物馆展览的整体水平和综合实力，在丰富公众文化生活、促进经济社会发展等方面发挥了重要作用。

北京作为中国的政治中心，配合国家重要历史纪念日、国家重要的大型活动而举办的各种临时展览，是北京地区博物馆临时展览的重要组成部分。如2018年在中国国家博物馆举办的"伟大的变革——庆祝改革开放

40 周年大型展览"，展览设计了"关键抉择""壮美篇章""历史巨变"
"大国气象""面向未来"等主题展区，运用文字、图片、影像、场景、
模型、沙盘等多种展示手段，全方位展示改革开放 40 年特别是党的十八
大以来中华民族的伟大飞跃。展览受到社会各界高度关注，成为展示改革
开放成果的重要载体，开展理想信念教育的生动课堂，讲好中国故事的炫
丽舞台。①

在对外交往领域，陈列展览是展示不同国家历史、沟通不同民族文化与
文明的重要途径。尤其是运用展览进行"元首外交"，彰显了国家软实力，
具有国际影响力，带有强烈的首都特色，影响力巨大，社会影响显著。

如亚洲文明对话大会是 2019 年继第二届"一带一路"国际合作高峰论
坛、2019 年北京世界园艺博览会之后，中国的又一主场外交活动。亚洲 47
个国家以及其他地区国家的政府官员、专家学者和各界代表共计 2000 余人
齐聚北京，共襄盛举。"大美亚细亚——亚洲文明展"在中国国家博物馆举
办，是亚洲文明对话大会期间的重要文化活动，汇集包括中国、希腊、埃及
三个文明古国以及亚洲各国的 451 组精品文物。展览通过文化遗产讲述各国
文明故事，呈现各国文明之美，为亚洲各国相互交流、展示、沟通、了解搭
建重要平台，为中外观众提供精彩的文化体验。

配合国家的重要事件节点，各类博物馆在弘扬中华优秀传统文化方面发
挥了重要作用。中国的传统节日如春节、清明节、端午节、七夕节、中秋节
等，是我国优秀传统文化的载体，也是各个博物馆开展临时展览和活动的契
机和灵感来源。首都博物馆新馆自 2006 年开放以来，每年都举办生肖文物
展，已经形成了展览品牌，受到观众的广泛好评。2019 年举办的"家和年
丰——猪年生肖文化展"，是首都博物馆"博物馆里过大年"展览活动"生
肖展"系列的收官之作，通过"生生不息""风调雨顺""岁岁今朝"三个
单元，以文物、图片、文字说明、场景互动、多媒体播放等多种形式向观众

---

① 马列：《二〇一八，那些记录时代步伐的展览》，人民网，2019 年 1 月 6 日，http：//culture.
people. com. cn/GB/n1/2019/0106/c1013 - 30506037. html。

娓娓讲述历史长河中与猪有关的典故，展示中国历史中多维度的猪生肖文化，让观众在浓浓的年味中，在博物馆里过大年。

美术馆也是北京地区博物馆中的重要组成部分，包括中国美术馆、中央美术学院美术馆、中国国家画院美术馆等国有博物馆，以及何扬·吴茜现代绘画馆等非国有博物馆。这些美术馆在国内都具有举足轻重的地位。2019年，中国美术馆推出了"第十三届全国美术作品展览暨第三届中国美术奖、进京作品展"。作为全国最高水平的美术展，"全国美术作品展览"是国家级权威性、综合性大展，每五年举办一次，并评选产生"中国美术奖"，是中国美术界的国家级最高奖。展览展出全国美术家的诸多艺术作品，题材丰富，精品众多，以此庆祝新中国成立70周年。

2019年，中国国家画院美术馆推出"翰墨流金——中国国家画院经典美术作品展"，展出了中国国家画院多年来收藏的艺术精品，包括国画、油画、版画、雕塑、公共艺术等重量级院藏经典美术作品，作品创作时间跨度大、题材多样、内容丰富，全面见证新中国成立70年来中国美术发展的历程。

北京诸多的行业博物馆，近年来策划推出了一系列突出行业特色、个性鲜明的临时展览。如2019年是新中国成立70周年，也是南洋华侨机工回国抗日80周年，中国华侨历史博物馆推出了"祖国在召唤——纪念南洋华侨机工回国服务80周年"展览。南洋华侨机工是中国抗战史上一个不容忘记的英雄群体。1939年2月至8月，3200余名热血沸腾的南洋华侨机工毅然回国，担负起滇缅公路抗日军运任务。展览运用100余件（套）珍贵的历史资料、照片、实物等藏品，以"响应召唤　共赴国难""赤子丹心　热血滇缅""赤子功勋　民族光辉"三个部分展示了南洋华侨机工回国参加抗战的壮举，展现了近百年来华侨史上一次最集中、最有组织、影响最为深远的爱国主义行动。

北京各高校博物馆是北京地区博物馆大家庭的一个特殊群体。高校博物馆背靠高校资源，更能发挥本馆特色。作为高校博物馆的一员，清华大学艺术博物馆的展览突出高校文化特色，2019年策划推出的"归成——毕业于美国宾夕法尼亚大学的第一代中国建筑师"展览，以专业化视角、鲜活化方式，向学界与公众首次集中展示毕业于美国宾夕法尼亚大学的中国第一代建筑师。他们为中国建筑事业发挥了奠基性的作用，影响了中国现代建筑学科发展的各个领域，不仅开拓了中国现代建筑学科的发展之路，也取得了学术方面的丰硕成果和极高成就。[①] 展览策划立足清华大学建筑学科建设历史，又着眼中国建筑学界近现代的发展与成就，体现了清华大学艺术博物馆"彰显人文"的建馆方针，展现百年清华深厚的人文底蕴。

（四）展陈设计形式创新，制作更加精良

陈列形式与陈列内容孰重孰轻是争论多年的话题，至今基本能够达成共识，二者相互依存，密不可分。陈列展览需要内容和形式的统一，形式设计师要深入了解展览内容，紧紧围绕展览主题，深化形式设计并充分诠释和拓展陈列内容。主题鲜明的陈列内容，需要靠新颖的展览形式和精良的展览制作来展示给观众。

随着展陈设计理念的提升和制作水平的进步，以及博物馆更加重视展陈形式与内容的结合和展示效果的呈现，北京地区博物馆的展览呈现出形式新颖、手段创新、丰富多彩、制作精良的特征。展览形式设计紧扣陈列主题，不再拘泥于展柜、展板、说明牌的传统组合，而是将展陈形式与内容以多种方式融合，并将文物保护理念贯穿其中。展览更加注重人性化的设计手段，为观众营造情景式、沉浸式、体验式的展览体验，拉近与观众的距离。甚至将动态展示的手法运用到静态展示之中，动静结合，带来更加优秀的展示效果，给观众留下深刻的印象。

首都博物馆的展览近年来一直具有鲜明特色，擅长用形式设计营造空间氛围，为观众提供沉浸式体验，帮助观众更好地理解展览的背景与内容。2019 年的"锦绣中华——古代丝织品文化展"的空间设计就是一个优秀案

[①] 童明：《中国近现代建筑发展的基石——毕业于宾夕法尼亚大学的第一代中国建筑师群体》，《时代建筑》2018 年第 4 期，第 164 页。

例。展览通过纺织品文物讲述中国织绣印染历史、技术及文化，反映多元一体的中华民族在交流与融合的历史进程中，织绣印染技术、服饰与审美的交流、融合、创新。[①] 形式设计通过"空间""材料""色彩"三个部分凸显"锦绣中华"的主题，打破了展柜、展墙隔离空间规划路线的传统设计模式，用较为开放、有纵深感的空间营造整体氛围。在内容和形式的结合上，提取"通经断纬"这种典型的织造方法作为设计的灵感，大量运用线绳来与丝织品的"锦绣"做概念上的结合。结合空间高度优势，在垂直向的"经"度上界定空间，有序组织空间布局和参观动线；在水平向的"纬"度上组织各时期内容，利用彩色尼龙线结合各时期特性搭配出各式的线性组合关系。创新的形式设计使得这个展览活泼有趣，独具一格（见图2）。

图 2　首都博物馆"锦绣中华——古代丝织品文化展"

除备案博物馆外，还有许多文化单位利用自身优势举办展览，彰显了首都全国文化中心的特色。例如国家大剧院在2019年10月引进"穆夏——新艺术运动先锋"展。这次展览是庆祝中捷建交70周年的系列重要文化活动

---

① 张振华、刘雯：《"锦绣中华——古代丝织品文化展"的华美展陈》，《中国文物报》2019年12月10日，第7版。

之一，共展出捷克国宝级艺术家、新艺术运动代表阿尔丰斯·穆夏的海报、油画、书籍插画、装饰板、摄影作品，以及新艺术风格的珠宝、服饰、家具、陶瓷和玻璃制品等在内的200多件珍贵展品。展览设计优雅、梦幻，尤其平面版式设计精致、唯美，与展品相得益彰。展墙所选用的沉静而优雅的绿色、蓝色，圣维特大教堂彩色玻璃窗、斯拉夫大团结穹顶、风信子公主的场景造型以及一二级部题设计所采用的装饰性图案，皆提取自穆夏的画作。拱门造型搭配丝绒布垂幔营造出古典剧院的氛围。放弃传统的墙面文字展品说明，大胆尝试电子语音导览；文创区的亮蓝色展墙搭配乳白色展柜，色调轻松明快，一侧的拍照角选用蓝色系的风信子公主造型，整体色调和谐统一，闪烁的满天星背景唯美而梦幻。精美的文物，雅致的展陈，加上丰富的视频展品和互动游戏，使展览可看、可听、可玩，打造出集多感官体验于一体的沉浸式展览（见图3）。

图3　国家大剧院"穆夏——新艺术运动先锋"展

数字新媒体手段在展览设计中被广泛应用。在中华世纪坛艺术馆展出的"彩绘地中海：一座古城的文明与幻想"展览，以帕埃斯图姆这座享誉国际的历史文化名城的地下历史为线索，通过134件（组）精美文物，包括壁画、彩陶、青铜器、建筑构件、雕像等，展现了"大希腊"时代多民族碰撞与交融下所形成的独特文明。① 此次布展设计了主、辅两条展线，主线是由壁画、雕像、建筑构件、彩陶、青铜盔甲等文物所构成的静态空间；辅线则通过系列灯箱、大量喷绘辅助图文展板信息及多媒体影像组合，呈现出与文物相关的历史背景资料、风土人情和自然环境等。多媒体影像与实物展品相呼应，让观众减少距离感，直面 2500 年前的希腊。虚实相间的表现手法主辅相依，动静互补。在结尾处专门布置了一个展室，采用实景模型和 3D 投影等高科技展示手段再现震动考古界的"跳水者之墓"壁画场景，"让文物活起来"，以全新的视角、浸入式体验的方式生动还原历史变迁和文化融合，令人有身临其境的感觉(见图 4)。

图4　中华世纪坛艺术馆"彩绘地中海：一座古城的文明与幻想"展览

中央美术学院美术馆展出的"太虚之境"是阿根廷籍艺术家雷安的一个极具个性的展览，共展出 20 件大型装置艺术作品。这些作品创造了诸多

---

① 郑海鸥：《地中海古城帕埃斯图姆珍贵文物亮相北京 "彩绘地中海：一座古城的文明与幻想"展览开幕》，人民网，2019 年 5 月 5 日，http：//world. people. com. cn/n1/2019/0505/c1002 - 31063920. html。

无明确边界的场所，观众成为作品的一部分，现实和虚拟的空间彼此交融给观众带来虚幻之感，超越了人类眼睛的直接感知，进入亦真亦幻的镜像世界。① 展览设计团队与艺术家共同营造作品间的对话，以"小说"叙述式的逻辑，将作品在"每一章"呈现，并以叙事逻辑联结，让观者阅读并完成自我诠释。这次展览极具创新和挑战，受到观众的热烈欢迎。

在自然科学类的展览中，多种互动手段成为必不可少的展项，以增强观众互动，提升展览的吸引力。如2019年7月，中国科学技术馆联合中国化学会共同推出"律动世界——化学元素周期表专题展"，纪念元素周期表诞生150周年以及首个"国际化学元素周期表年"。这次展览，把化学元素和元素周期律的基本知识融进了各种新奇有趣的互动展品中，观众可以用氢氧反应推起小球，用指尖吸引稀有气体的辉光，用大炮打出五彩缤纷的烟花，对着元素周期表一展歌喉……小朋友们还可以堆砌元素积木块儿，和父母一起探索元素周期规律。中国科学技术馆将各种互动项目与展览内容深度融合，无论是与居里夫人或门捷列夫的人像拍照留念，还是站在公式墙前"指点江山"，或是拿起相框来一次深情告白，都带着满满的科学范儿，为观众尤其是青少年观众带来了一次生动活泼、印象深刻的科普展览（见图5）。

同时，新材料新工艺在展陈制作中大量使用，工厂化、模块化、标准化、装配式的绿色展览施工理念越来越多地被运用于展陈设计制作当中。铝型材、抗倍特板、人造石、金属展板、玻璃、UV喷绘等工业化材料代替了木龙骨、人造板材、相纸喷绘等传统布展材料，激光切割、标准化构件等施工工艺代替了传统的手锯电钻，提高了加工精度和安装水平，展览的制作工艺更加精良。

以北京市档案馆基本陈列"档案见证北京"的展陈设计实施为例，总面积为1600平方米的基本陈列，造价约2000万元，现场施工用时仅25天。展陈公司摒弃了传统现场刮腻子、刷涂料等传统施工方式，通过精细化设

---

① 单冰洁：《颠覆"现实感知" 打卡央美"太虚之境"展》，中新网，2019年8月9日，https://www.chinanews.com/shipin/spfts/20190809/2270.shtml。

图5　中国科学技术馆"律动世界——化学元素周期表专题展"

计，将结构构件设计标准化，通过工厂化制作、现场装配式安装的方式，避免在现场湿作业，大大提升了展览制作的工业化水平，提升了展览制作精度，并极大加快了现场施工进度，避免粉尘等二次污染。

（五）重视文物保护，科技含量显著提升

在博物馆的陈列展览中，对文物的保护是需要重点考虑的内容。在以往，曾多次发生因为展陈设施不合格而导致的文物破损事故。2019年北京地区的展览水平提升，体现在运用科技手段保护文物的措施显著加强。例如，多数新建博物馆在展厅为重点文物设置恒温恒湿设施；采用防红外线和紫外线的专业展陈照明灯具，降低红外线和紫外线对文物的伤害，并调整照明的亮度和控制曝光时间；采用专业密封展柜防蛀、防潮、防尘等。还有些博物馆如故宫博物院、中国国家博物馆等为展柜安装无线报警装置或者为裸展展品安装红外报警装置，一旦展柜被意外打开或者观众过于靠近展品，警报器就会自动发出警报。清华大学艺术博物馆采用远程展柜温湿度控制系统，可通过网络远程检测展柜内的温湿度变化，一旦温湿度发生异常，可自

动发出警报，并通知相关人员。中国民航博物馆为了消除安全隐患，将展柜玻璃全部由钢化玻璃更换为超白夹胶玻璃，防止玻璃自爆对展品造成伤害，并提升展品的观赏效果。

低反射玻璃在展览中大量使用。相较于传统的超白玻璃，低反射玻璃的透光率大于95%，反射率仅为1%，紫外线透过率仅为0.2%，有效降低了反光，玻璃如同隐身，大大提升了展示效果，并有效隔绝了紫外线，有利于对文物的保护。例如，中国国家博物馆位于公共空间的宋代石刻展柜，由于室外光的直接照射，加之室内的环境照明，光影杂乱，如果展柜采用超白玻璃，观众将无法看清展品，采用低反射玻璃后大大改善了视觉效果。2019年，故宫博物院钟粹宫、中国钱币博物馆新改造的基本陈列、中国考古博物馆（历史研究院）的新馆展陈在展览中均采用了低反射玻璃，大大提升了观赏效果。

展览在文物保护单位里举办的，更加注重对文保建筑本身的保护。故宫博物院的展览数量从2018年的18个增加到2019年的34个，每一个展览都会面临古建筑保护的问题。做好展览首先要考虑建筑本身的保护。例如，故宫博物院在永和宫的"御药展"，由于永和宫本身就是作为文物存在的，展览在室内的呈现不应对建筑造成破坏。但古建筑的建筑结构特点本身不适合做常规性质的展览，会牵涉地面保护、墙面保护、主梁结构保护、自然光影响等多方面的事宜。展览通过在室内搭建结构，采用房中房的形式，解决了展览灯光照明和氛围统一性的问题，并且在四周留足了通道空间，以满足消防排烟的要求。在现有地面架设架空地板，并在地板上留出透气孔，使原建筑金砖地面能够散潮。架设房中房结构时，在骨架与地面的衔接处增设硬质胶垫，保护金砖不受破坏。

（六）注重观众体验，新科技展示手段灵活多样

随着信息时代的来临，传统的说教式展览已经不能满足观众对展览的要求。在科学技术日新月异、新媒体技术发展日益加快的背景下，怎样提高博物馆展览的可视性、互动性，新技术、新媒体手段在展陈艺术中的使用就显得尤为重要，尤其是参与度高、画面感强的技术手段，能增强观众对展览的

体验。运用多种新媒体手段，将固定在展馆里的展览通过互联网以更加灵活的方式传播，让观众足不出户就能够随时随地参观展览，欣赏文物展品，大大扩展了展览的覆盖面和传播力度。

北京是科技创新中心，又处在经济发达地区，资金较为充裕，在展览多媒体技术应用方面走在全国前列。如数字展厅、虚拟现实技术、增强现实技术、微信导览、触摸屏交互、流媒体播放、短视频、网上直播等手段被广泛运用到展览当中，增加了展览的趣味性和互动性，深受各种年龄阶层的观众好评。2019 年，北京地区博物馆越来越重视观众的互动体验。网上数字展厅、展览 App、自助数字化导览等多种新媒体手段在很多博物馆展览展示和宣传中已成标配，为观众提供更加灵活的观展服务。

得益于最新的 3D 技术，现在大众可以在手机上"转动"欣赏文物，之前在展览和图片中看不清的文物细节，都可以在手机上放大观看。如故宫博物院将馆藏的南唐画家顾闳中的绘画作品《韩熙载夜宴图》制作成了手机 App，藏品画作在经过超高清扫描后，被放大到原画的 40 倍，使用者可以在超 4k 高清画面中沉浸式观赏画作，不错过任何细节。这种超级精细的观看体验，在平时的展厅参观中，是无论如何也无法实现的，充分体现出数字时代科技对展览的助力作用。

目前博物馆实体展览中应用较多的数字媒体技术包括墙面触摸、虚拟翻书、全息投影、幻影成像、多点触摸、弧幕影院、全面镜面触摸、全息甩屏、互动投影等技术。这些新技术被广泛运用于博物馆，尤其是自然科学类博物馆的陈列展览中，受到青少年观众的热烈欢迎。

中国电影博物馆于 2019 年 9 月 28 日完成改陈重新对外开放，推出主题展览"光影抒华章　奋斗新时代"。展览重点展示新中国成立 70 年以来中国电影发展的光辉历程，突出展示了党的十八大以来中国电影事业取得的历史性成就。[①] 主题展览设置了 CG 造型体感互动、VR 月球梦体验、3D 沉浸式互动、智能配音互动等多个互动项目。CG 造型体感互动项目通过国际先

---

① 肖扬：《中国电影博物馆重装开馆》，《公关世界》2019 年第 20 期，第 12 页。

进的人体动作捕捉技术，配合电影场景内容，让影视角色在体验者的控制下动起来，并可触发角色的各类技能，仿佛化身为电影角色形象走入了电影场景世界，感受电影的奇妙魅力。VR太空舱通过虚拟现实的全沉浸式体验，配合太空舱体感座椅，真实感受火箭发射的紧张与刺激。3D沉浸式互动电影体验，使用国际前沿的体感捕捉、3D立体电影、混合现实以及虚幻引擎互动技术，让观众实现身临其境的沉浸式互动电影体验效果（见图6）。

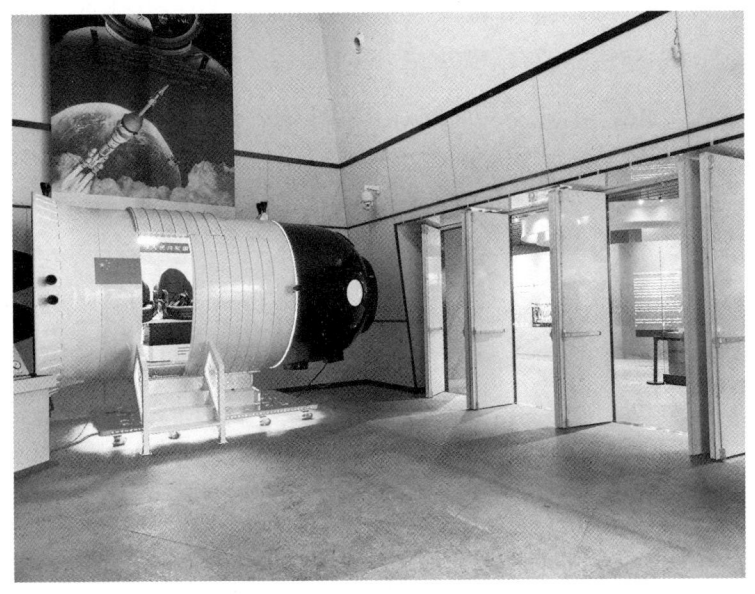

图6 中国电影博物馆"光影抒华章 奋斗新时代"主题展览

近年来，故宫博物院将全部的陈列展览都制作成全景展厅放到官网线上展出，并推出故宫展览App，供不能亲临现场的观众随时近距离赏析精彩展览。2019年7月16日，在故宫博物院召开的"数字故宫"发布会上，故宫博物院一次性推出了"故宫名画记""数字多宝阁""数字文物库""全景故宫""紫禁城600""故宫：口袋宫匠""玩转故宫"等7款数字产品。早在2015年，故宫博物院便启动了"全景故宫"项目，利用360°全景摄影的方式，逐一记录故宫博物院的各个院落。2019年，全新升级后的"全景故宫"提升了影像精度，优化了漫游视角，采集的数据覆盖了故宫博物院的

全部开放区。也就是说，大众在故宫博物院现场能看到的开放区域，在"全景故宫"中都可以看到。高清全景式的数字化场景，大大满足了观众精细化参观和学者研究的需求。观众可避开拥挤的人群，甚至可以仔细观察太和殿的龙椅和匾额，实现现场观展无法做到的精细化体验。

依托建筑本体数字化，"数字故宫"除了扩展参观场景的网上应用，还推出了"玩转故宫2.0"的导览小程序。该程序包含了2万条故宫知识，回答了7万多个游客的问题，最大的亮点是加入了AI导览助手"福大人"。"福大人"不仅可以与游客闲聊互动，还可以通过语音问答的方式使游客获得故宫概况、重要景点的导览路线、卫生间等服务设施路线、故宫历代皇帝逸闻趣事等服务。

（七）不断改陈创新，适应新时代发展需要

博物馆的基本陈列不是一成不变的，需要根据博物馆馆藏的不断丰富和新的研究成果来不断调整更新展陈内容。2019年，北京地区有多个博物馆完成了对基本陈列的改陈更新。2019年7月，北京自然博物馆的基本陈列"古哺乳动物"大型展览重新对公众开放。较之改陈前，展览增加了化石标本数量，更新了近十几年关于古哺乳动物研究的最近科研进展。展览整体色调更加明亮，以古哺乳动物的时代演化为序，采用开放式的表现方式再现古哺乳动物繁盛时期的典型生活场景。还以动物化石为依据，通过3D打印技术复原了馆藏的9种小型古哺乳动物的圆雕模型。同时，通过互动滑屏等新媒体手段，全方位、直观、立体地展示模型标本，给观众带来更好的参观体验。

中国钱币博物馆"中国货币通史陈列"于2019年完成改陈。中国钱币博物馆先秦货币藏品丰富，清代雕母样币、晚清和民国时期的机制币样币金样等更是其作为央行博物馆的独特优势，拥有众多独有的珍罕藏品。① 展览

---

① 《中国钱币博物馆〈中国货币通史陈列〉开展》，中国钱币博物馆官网，2020年1月17日，http：//www.cnm.com.cn/zgqbbwg/132276/151968/index.html。

更新展陈设施，提升硬件质量，购置专业展柜、全面提升照明效果等，全方位提升展示水平。并采用新媒体手段，增加展览的趣味性和互动性，使展览更加贴近新时代观众尤其是青少年观众的参观需求。

徐悲鸿纪念馆历时九年完成原址重建，于2019年重新开放。新馆的馆舍条件大为改善，增加了展陈面积，改善了温湿度条件，更加符合现代化博物馆的文物保护及展示需求。徐悲鸿纪念馆的藏品共有2416件，开馆后展出了120件藏品，涵盖了徐悲鸿各个时期创作的国画、油画及素描作品。这些过去收藏在库房里的藏品在更好的展出环境中展出，令观众大饱眼福（见图7）。

图7　徐悲鸿纪念馆改陈后的展厅

除了现有博物馆改陈之外，还不断有新建馆落成开放。中国考古博物馆（中国历史文化展示中心）是中国历史研究院下设的第一家国家级考古专业博物馆，已于2019年底建成并开放。博物馆基本陈列"历史中国　鼎筑文明——中国历史研究院文物文献精品展"，重点展示考古出土文物和珍贵古籍文献，以"仓储式陈列、沉浸式体验"为特点，集中展示中国五千年文明与统一多民族国家形成与发展的历史。这一基本陈列撷取中国历史研究院珍藏的文物精品和文献精华，以社会形态变迁为基本脉络，分为"文明起

源""宅兹中国""大国一统""和融万方""东方欲晓"五个专题,重点展示从旧石器时代到近代不同历史时期中国的政治、经济、文化、社会生活以及中外交流,呈现我们民族悠久、深厚的文明积淀,鉴古知今,述往思来。

2019年,在中华人民共和国成立70周年前夕,香山革命纪念馆建成并对公众开放,其基本陈列"为新中国奠基——中共中央在香山"主题展由"进京'赶考'""进驻香山""继续指挥解放全中国""新中国筹建""不忘初心 牢记使命 永远奋斗"五大部分组成,以珍贵翔实的历史照片、文物、档案及视频为主要内容,生动再现了新中国成立前夕,以毛泽东同志为核心的党中央在香山停驻期间为建立新中国奋斗的光辉历史(见图8)。展厅里展出了很多难得一见的珍贵红色革命文物,如中国人民解放军军徽样徽、毛泽东同志从西柏坡赴北京时乘坐的同款吉普车、渡江战役时使用的木船、开国大典使用的礼炮、开国大典的邀请函等。展览展示了中国共产党人领导人民革命的光荣历史,是开展群众爱国主义教育的生动教材。[①]

图8 香山革命纪念馆"为新中国奠基——中共中央在香山"基本陈列

---

① 刘冕:《香山革命纪念馆荣获全国博物馆"十大精品展"特别奖》,新华网,2020年5月23日,http://www.bj.xinhuanet.com/2020-05/23/c_1126021996.htm。

（八）展览合作交流更加紧密

博物馆增强吸引力的重要手段就是举办各类临时展览。北京地区的博物馆越来越重视博物馆之间的交流与合作，合办展和巡回展成为临时展览的重要组成部分。

例如，首都博物馆的很多重量级展览，均是与多家其他省区市博物馆共同合作推出。2008 年北京奥运会期间，为了让更多国际友人看到中华文明的瑰宝，首都博物馆推出重量级展览"中国记忆——5000 年文明瑰宝展"。展览汇集了全国各个博物馆不同历史时期最具代表性、最重要的文物，开创了国内合作办展的先河。近年来，首都博物馆更是频频推出众多与其他博物馆合作举办的重要展览。如 2018 年和西藏多个文博单位合作的"天路文华——西藏历史文化展"，2019 年与青海省博物馆共同主办的"山宗·水源·路之冲——一带一路中的青海"展览，均入围全国博物馆十大陈列展览精品推介。

2019 年 11 月，北京大学赛克勒考古与艺术博物馆推出的"千山共色——丝绸之路文明特展"，由北京大学与新疆维吾尔自治区文物局联合主办。作为北京大学献礼新中国成立 70 周年的特展，"千山共色——丝绸之路文明特展"汇聚新疆维吾尔自治区博物馆、新疆维吾尔自治区文物考古研究所、吐鲁番博物馆、木木美术馆等 11 家文博机构的 70 件（组）文物藏品，其中有许多难得一见的珍贵文物，如难得晋京展出的"小河公主"，还有近年来重要的考古发现，共同见证伟大的丝绸之路和历久弥新的丝绸之路精神。

中国妇女儿童博物馆近年来与国内其他文博单位紧密合作，开展多项展览交流活动。2019 年在馆内举办的 21 个展览中，与国内其他文博单位合作的交换展览就有 13 个，包括与无锡博物馆合作的"紫玉金砂——无锡博物院藏紫砂艺术展"，与重庆中国三峡博物馆合作的"掌中珍玩——重庆中国三峡博物馆藏鼻烟壶展"，与武汉辛亥革命博物馆合作的"那个年代的武汉——晚清民国老明信片展"，与国家典籍博物馆合作的"炫彩童年——中

国百年童书展"，与苏州丝绸博物馆合作的"锦绣华冠——中国三大名锦文化展"，与桂林博物馆合作的"恋恋银风——桂林博物馆藏南方少数民族银饰展"，等等。这些交流展不仅有效提升了各博物馆馆藏文物的利用率，而且极大丰富了博物馆的展陈内容，给观众奉上诸多精彩的展览。同时，中国妇女儿童博物馆利用妇联基层组织平台，与全国各地基层妇联合作，将原创展"家和万事兴——家教家风主题展"推广至全国各地展出。2017 年至2020 年，已巡展至全国 22 个省（区市）100 多个市（州），在各地博物馆、文化馆、美术馆、妇女活动中心等场馆展出，现场参观观众超 800 万人次，网上展厅点击量超过 1 亿次。

中华世纪坛艺术馆是中国第一家以世界艺术收藏、展示、研究为对象的国有文化事业机构，多年来与国外博物馆、美术馆、文化教育机构、基金会等机构成功合作，为中国观众提供了百余个兼具思想性、艺术性、观赏性的国内外原创艺术展览精品。作为 2017 年初中国和意大利两国政府确立的"中意文化合作机制"的成员单位之一，先后联合意大利 20 余家博物馆、美术馆成功举办了近 10 次与意大利文化相关的大型展览及活动，包括"意大利文化年""意大利文艺复兴艺术展""秦汉—罗马文明展"等，并在国内多家博物馆进行巡展，产生了深远而广泛的影响。2019 年是中国与意大利建立全面战略伙伴关系 15 周年，中华世纪坛艺术馆与意大利帕埃斯图姆考古遗址公园联合主办"彩绘地中海：一座古城的文明与幻想"主题展，是中意两国文化交流的又一盛事。

自 2000 年起，郭沫若纪念馆等北京地区八家名人故居纪念馆成立联盟，共同推出展览及巡展活动，尝试着每年用一个时代主题，借助宋庆龄、鲁迅、郭沫若等八位中国近现代历史文化名人的生平事迹、成就价值等，多方位、多角度地宣传中国近现代历史上优秀人物代表的精神风度，宣传中国近现代文化名人的民族精神。截至 2019 年，北京地区八家名人故居纪念馆的合作已颇具规模，并吸引了更多名人故居纪念馆加入，发展成为"8 +"名人故居纪念馆联盟。"8 +"名人故居纪念馆联盟因其活动主题鲜明，形式灵活多样，得到了全国博物馆界同行的认可，被誉为博物馆界的"乌兰牧骑"，现在已经发展到其他省区市，体现了北京的辐射引领作用。

在文化交流日益频繁的当下，国际展览交流成为常态。一些国外优秀的展览被引进到国内，并在各省巡展。这种交流展览的模式促进了优秀展览的传播，也促进了各博物馆之间展览设计的交流互鉴和共同提升。

国家大剧院引进的"穆夏——新艺术运动先锋"展先后在南京博物院、广东省博物馆、中国重庆三峡博物馆、天津博物馆展出，所到之处，均受到观众热烈欢迎。"彩绘地中海：一座古城的文明与幻想"主题展在北京中华世纪坛艺术馆展出后，又巡展至四川省博物院。"平民情怀——平山郁夫藏丝路文物展"在敦煌研究院展出后巡展至中国国家博物馆，接着又在陕西历史博物馆、辽宁省博物馆展出。

"器服物佩好无疆——东西文明交汇的阿富汗国家宝藏"展是阿富汗国家博物馆推出的国际巡展，到中国之前已经在多个国家的 20 多家博物馆先后巡回展出了 11 年。展出的 230 余件（套）阿富汗珍宝是阿富汗各个历史时期的珍贵文化遗产，是古代多文明互融交汇的见证。2017 年 3 月起，这批被誉为丝绸之路上最伟大的考古发现之一、从战火中抢救出来的阿富汗国家宝藏开始在中国多地巡展，先后在故宫博物院、敦煌研究院、成都博物馆等 6 个博物馆展出。为配合 2019 年 5 月在京举办的"亚洲文明对话大会"，这批文明瑰宝作为"亚洲文明联展"之分展，于 2019 年 4 月至 6 月在清华大学艺术博物馆展出。

（九）地区学术活动积极开展

北京博物馆学会作为北京地区博物馆的行业指导组织，近年来在博物馆展览水平提升中起到了重要的指导作用。北京博物馆学会下属的陈列设计专业委员会和学术专业委员会，是陈列展览策划和设计的专业学术力量，汇聚了北京地区各博物馆的策展和陈列展览设计方面的专业人才，有着良好的学术传统和学术氛围，在扶持北京地区博物馆建设、培养博物馆中青年陈列设计骨干、开展陈列展览设计交流与合作，尤其是在帮扶支持中小型博物馆的展陈策划设计实施上做了大量的工作。

积极开展学术培训。陈列设计专业委员会和学术专业委员会联手，组织了一系列重要的学术活动。2013～2014年，举办了两届北京地区博物馆陈列策展及设计人员高级研修班，培养中青年骨干，积极开展学术交流。2015年，陈列设计专业委员会和学术专业委员会在延庆召开了关于策展的学术研讨会，这是国内第一次以策展和策展人为主题的学术研讨会，与会嘉宾们深入探讨策展主题与陈列艺术的关系、陈列设计对策展主题的深化与发展以及陈列艺术设计在策展中起到的作用，并出版了《策·展——博物馆陈列构建的多元维度》学术论文集。2016年9月，全国博物馆博览会在成都国际展览中心举行。北京博物馆学会陈列设计专业委员会筹备和组织了"当照明艺术遇上博物馆——照明艺术高峰论坛"，与会专家分享了成功照明案例，探讨了未来博物馆照明的发展理念和发展方向。2016年和2017年，陈列设计专业委员会分别在北京和上海参与筹备和组织了中国首届及第二届"博物馆照明及智能设计论坛"。论坛集结了建筑师、室内设计师、展陈设计师、照明设计师和博物馆的馆长，深入探讨了当前博物馆展陈专业照明的现状与存在的问题，探讨了未来博物馆照明的发展理念和发展方向，在业内引起强烈反响。2019年，陈列设计专业委员会组织北京地区陈列设计人员举办以"中小型博物馆展览策划与设计"为主题的学术研讨会，针对中小型博物馆的发展现状与困境，分享优秀案例，探索中小型博物馆展陈水平提升发展之路。北京博物馆学会陈列设计专业委员会多位委员还积极参加北京大学、中国科学院大学、中央民族大学等高校博物馆学专业的研究生培训工作，培养更多的陈列展览专业人才。

积极参加行业标准化规范化建设。2016～2017年，陈列设计专业委员会参与文化部"LED在博物馆、美术馆中的应用"课题工作；2017～2019年，参与中国建筑装饰学会《展览陈列工程技术规程》《博物馆室内装饰装修技术规程》及河北省住建厅《陈列展览工程技术规程》的编制工作，参与国家文物局《博物馆照明设计规范》的修订工作，推动了博物馆行业的专业化发展。

（十）存在的问题与不足

2019 年北京地区博物馆的陈列展览，无论是展览理念、内容策划，还是设计制作水平和观众服务能力，均走在了全国前列，取得了令人瞩目的成绩。但是，北京地区博物馆像全国多数地区博物馆一样，也存在展览同质化、发展不平衡不充分等诸多问题，有些方面的问题甚至更加明显、更加严重。主要表现在以下几个方面。

1. 创新不够，陈列展览同质化倾向明显

陈列展览同质化近年来有愈演愈烈的倾向。这种同质化，不仅表现在展览形式设计上，也表现在展览的策划理念和办展套路上。

首先，展览形式的雷同。随着博物馆展陈资金投入的不断加大，越来越多的社会力量参与到博物馆的陈列展览当中。现在，因为资源和实力的优势，展陈市场越来越向几个大公司集中，设计师的风格被带到各个博物馆，不少博物馆被展陈公司牵着鼻子走，失去了对博物馆陈列展览内容和形式整体把握的话语权，以至于设计雷同、风格近似，体现不出各个博物馆的个性与特色。

其次，陈列展览的精品意识和品牌意识不够。与全国其他地区相比，北京地区博物馆的陈列展览缺乏让公众有深刻记忆的鲜明特征。上海博物馆的艺术展览展品精美，制作精良，注重灯光和展具的细节设计与打磨；南京博物院在艺术设计和展览主题策划上背靠陈列艺术研究所和古代艺术研究所等本馆研究机构，以学术带展览，形成自身鲜明的设计特色和展览特色。与这些国内知名博物馆相比，北京地区博物馆的设计水平还有一定差距。像中国国家博物馆、故宫博物院、首都博物馆等大型博物馆虽然有自己的设计师，但是因为展览筹备时间短、馆内重视度不够、现行的招投标政策、学术研究偏弱等种种原因，导致北京地区博物馆的展览精品不多，品牌展览不多，缺乏全国公认的在展览内容策划和陈列设计制作上影响力巨大且广受好评的展览。

再次，很多博物馆策展成套路，办展八股现象严重。同类型、同题材的展览模式化、套路化，缺乏创新和亮点；很多策展人临时接受任务，仓

促办展，常常依据文物借展情况策展，多数办成精品展、献宝展，缺乏文化的延伸和对比；有些展览内容不足形式来凑，靠展览设计烘托气氛，形式大于内容；有些博物馆滥用声光电设施，一味追求"炫"，让观众眼花缭乱；策展人成为时髦，策展人"泛化"现象严重，策展水平不一，导致展览的真实性和专业性遭到质疑，博物馆的史实和材料的权威性遭到挑战。

2. 博物馆展览经费投入不均衡，两极分化严重

目前，博物馆事业飞跃式发展已经十几年，各个博物馆逐渐拉开了差距，大型博物馆资金宽裕，人才济济，有资金有人才。几个国家级的重点博物馆因为承担着国家形象、城市名片等政治职能，资金投入大，展览经费充裕，能够吸引社会上优秀的人才加入，博物馆自有研究人员和设计专业人员力量雄厚，在展览理念和展览实践上已经走在了前面，因此更加重视展览质量，每年能够推出较多展览，也都能保持较高的展览水平。有些博物馆花在照明设计专项上的钱，甚至比小型博物馆一个展览的设计制作经费都多。除此之外，大多数行业博物馆、中小型博物馆、非国有博物馆处在资金短缺、人才匮乏的尴尬境地，两极分化较为严重。

以北京市文物局下属的首都博物馆为例。2019 年，首都博物馆共有临时展览 9 个，出版图录 5 本，全年展览经费约为 2500 万元，平均每个展览的经费投入为 200 万～300 万元。截至 2019 年底，首都博物馆共有策划人员 54 人，内容设计人员 24 人，陈列设计人员 6 人，其中 2/3 为副高以上职称，1/3 为中级以上职称。由于资金充裕，人才济济，首都博物馆的展览策划、设计、制作水平在北京地区的博物馆中处于较高水平。近年来，策划的展览屡屡在全国博物馆十大陈列展览精品推介中入围或获奖。

而大量的市属、区属中小型博物馆情况不容乐观。2015 年建成的门头沟区属永定河文化博物馆新馆，虽然面积有 12800 平方米，但是正式员工只有 9 人，仅有一个中级职称指标。没有编制、没有专业人才，工作人员大都是行政干部和后勤人员。2019 年，共有 8 个临时展览，大都是借展和联展，没有原创展览，展览经费基本为零。

　　同样作为中小型博物馆的大钟寺古钟博物馆，2019 年有临时展览 1 个，全年展览经费约为 0.1 万元。截至 2019 年底，博物馆共有策划人员 3 人，内容设计人员 2 人，陈列设计人员 1 人，其中 1 人为副高以上职称，2 人为中级以上职称。

　　行业博物馆的展览经费两极分化比较严重。同样隶属国家部委的行业博物馆也是苦乐不均。有的行业博物馆由于所在的行业主管部门资金宽裕，因此展览经费比较有保障，展览相对投入较大，展览筹备期长，有助于提升展览内容策划的成熟度和保证展览设计的水平，不管是基本陈列还是临时展览，都能够保证有较高的专业水准。而有的行业博物馆因为所在行业主管部门不够重视或者资金有限，因此展览资金也捉襟见肘。例如，隶属海关总署的中国海关博物馆，2019 年共有临时展览 2 个，1 个是原创展，1 个是引进展览，展览经费为 300 万元。而隶属中国民用航空局的民航博物馆，每年同样有 1～2 个展览，费用却只有 30 万～50 万元。隶属中华全国妇女联合会的中国妇女儿童博物馆，2019 年共有临时展览 21 个，展览经费约为 450 万元，除了个别重要展览能投入 70 万～100 万元之外，大多数展览的设计制作经费只有 10 万～20 万元，无法保证展览设计和制作的高质量。

　　作为北京地区博物馆重要组成部分的非国有博物馆，情况更不容乐观。个别有国企背景和大型企业背景的非国有博物馆，或者地理位置较好、知名度较高、有相对稳定门票收入的博物馆，展览尚能保证一定的经费，因此，展览水平还较为重视艺术效果的呈现，在形式设计和互动设施上能够有所创新。但是在展厅的文物保护措施上，如恒温恒湿、灯光的防红防紫等方面则投入很少，这就降低了展览的专业技术含量，无法保证展览中的文物和展品的相对安全。其余大多数非国有博物馆，因为资金短缺，加上缺乏专业人员，根本无法保证展览的专业水平。在政府支持层面，北京各区中，只有朝阳区文化和旅游局每年投入 200 万元，对非国有博物馆发展提供专项资金扶持，帮助非国有博物馆在展览水平提升、展览策划、业务人员培训等方面进行提升性补贴，其他区尚未出台类似的资金扶持政策。

3. 博物馆展览水平发展不均衡

因为人才和资金投入的巨大差异，资源进一步向头部博物馆集中，导致北京地区博物馆的展览水平差距巨大。

资金相对充裕的博物馆，因为展览资金投入较大，在展览设计中能较多采用新型展示材料和先进的展览设备设施，如金属展板、恒温恒湿展柜、低反射玻璃、LED专业射灯等。展览制作较为精良，更加注重灯光的艺术效果，对文物的保护也更加到位。更加注重使用绿色环保的展览材料和装配式、模块化等先进的施工工艺，注重减少对环境、对文物以及对观众的伤害。同时采用新媒体手段，增强展览与观众的互动，更加受到观众欢迎。

而大多数资金较为紧张的博物馆，更多时候只是把展览内容简单罗列，采用简易展柜展具，展厅效果成为次要考虑的内容，也无法过多考虑恒温恒湿等对珍贵展品的保护措施；灯光无法做到精细照明，对展览的艺术效果提升自然也无从提起；展示材料只能采取普通的装饰材料，对材料的绿色环保、可循环利用等都无法过多要求；展厅多媒体互动、数字展品展示、新媒体推广等也因为资金的限制而无法开展。

4. 对时事热点关注度仍显不足

2019年恰逢中华人民共和国成立70周年。因此，北京地区博物馆2019年推出的临时展览中，有许多与之相关的展览。如中国妇女儿童博物馆举办的"光辉的历程——中华全国妇女联合会成立70周年纪念展"等。但是，除此之外，关注重要时事和社会焦点的展览并不多见。

例如，2019年有很多社会舆论热点，如未成年人杀人事件，未成年人被拐卖、性侵事件等，因为内容涉及未成年人而激起了社会舆论。博物馆可以借机推出与未成年人保护相关的普法展览，或者推出与儿童教育相关的文物展览、科普展览等，从而发出博物馆的声音，体现博物馆的社会价值。

博物馆展览作为特定的社会文化现象，应置于广泛的社会、文化背景下。好的展览应强调的是展览是否符合办馆宗旨，是否发挥了藏品优势，是否代表了研究实力等；应重视观众的关联、体验、探索和求知，关注时代和社会，为观众所在乎的、关切的社会焦点和热点发声；应注重对展览主题和文化意义的阐释，注重给观众带来的"精神遗产"；等等。[1] 博物馆要抓住社会活动的契机，实现参与式发展，就需要准确地捕捉社会活动中的"一个点"，充分理解社会活动的需求。只有充分理解社会活动的需求，才能让博物馆中的历史文物、文化遗产与社会发生关系，让博物馆保存的历史文化资料成为社会现实需求的有机组成部分。

5. 展览前期调研不足和后期评估存在欠缺

2019 年，北京地区博物馆的陈列与展览虽然精彩纷呈，但是展览前期调研不足和后期评估存在欠缺的问题长期存在。很多博物馆的展览要么根据上级指定而推出，要么根据本馆学术研究成果而展示，对展览是不是符合观众需求、针对什么样的目标观众群体考虑得较少，针对特定目标观众群体、因人施策的理念还有待加强。只有较少的博物馆是对目标观众进行调研后，通过目标观众的反馈来调整策展思路并推出展览。

在展览结束后，针对展览效果的后期评估也有所欠缺。展览评估是基于展览目标和专业标准，对展览项目进展状况及目标实现程度的评价，关注对缺陷的产生原因及应对办法的探讨，是馆内工作人员或评估专家评估展览目标的达成程度。应依据博物馆业务标准或"最佳工作法"，对展览的特点或创新之处给予特别关注，对明显不足提出改正方案，有助于博物馆提升策展质量和水平，利于博物馆的长远良性发展。除了财政部门对少数较大的展览项目有后期评估之外，只有少数博物馆针对财政资金考核中的绩效指标会做一些观众满意度调查等不痛不痒的总结，大多数博物馆较少对展览进行事后总结式的后期评估。

二 北京地区博物馆展览水平提升建议

2020 年 4 月 9 日发布的《北京市推进全国文化中心建设中长期规划

---

① 王瑞：《我们如何开展展览批评》，《中国文物报》2019 年 11 月 5 日，第 6 版。

(2019年—2035年)》指出，北京要打造布局合理、展陈丰富、特色鲜明的"博物馆之城"。国际博物馆协会副主席、中国博物馆协会副理事长安来顺认为，当前政策和社会环境下，北京提出建设"博物馆之城"恰逢其时，下一步应结合北京市文化事业整体布局和现状条件，进一步整合、提升、新建一批能代表北京市历史、文化、科技、产业、生态的博物馆，建立一个多元、平衡和包容的博物馆体系。①

"博物馆之城"的建设，将有助于提升各级政府、主管部门以及社会公众对各个博物馆尤其是中小型博物馆的关注度，大大有利于北京地区博物馆展览水平的提升。

为推动北京地区博物馆展览水平的提升，特提出以下建议。

（一）提升策展水平，打造展览精品

博物馆实现文化价值的重要方式就是举办陈列展览。陈列展览是文物藏品保护与研究成果的集中体现，也是博物馆服务公众的重要手段。好的陈列展览才能吸引观众来博物馆参观。评价陈列展览好坏的标准就要看展览是否具备知识性、学术性、观赏性和思想性。一个优秀的陈列展览要注重研究文物展品之间的相互联系，提炼个性鲜明的思想主题，构建科学的展览结构层次，合理安排空间规划，创新展览形式设计，注重艺术审美表现，关注文物安全和观众体验，从而最终实现教育传播的目的。

随着审美水准和文化层次的提升，如今的观众对博物馆陈列展览的策划水平提出更高的要求。如何在历史发展的漫长进程中凸显北京历史文化特色，怎样在中华民族融合的大背景下凸显北京地区社会人文的亮点，② 如何将地域传统历史文化精髓和新时代社会主义建设的辉煌成就有机结合，如何在国际化视野下展示京味儿文化的地域特点，如何在文化日趋娱乐化的当下平衡陈列内容的选择与设计中学术的严谨和对观众的取悦，如何满足日益挑

---

① 罗鑫：《北京提出建设"博物馆之城"》，新华社，2020年5月17日，http：//www.xinhuanet.com/politics/2020-05/17/c_1125996671.htm。

② 单霁翔：《解读博物馆陈列展览的思想性与观赏性》，《南方文物》2013年第3期，第1页。

剔的观众对展览设计制作布展细节的苛求……这些都是北京地区的博物馆人需要面临的新的历史挑战。

北京地区的博物馆应具备精品意识，提升策展的深度和学术高度。策展团队要熟悉文物藏品，不断深入挖掘文物藏品内涵，提炼个性鲜明并具有思想性的陈列展览主题，深入研究设计形式与展览内容恰如其分的结合，通过科学的内容编排，将展品通过艺术手法展示陈列，通过个性鲜明的视觉传达，贡献出具有本馆特色和风格的精品展览。

应注重展览的展前调研、展中评论与展后评估。展览前有针对性地做好对展览的调查，如目标群体的接受度、兴趣点和关注点。展览当中可组织公众对展览进行评论，如评论展览内容、展示方式、展览文本、展览框架体系、展陈设计、观众互动手段等，观众关注的各个方面都可以成为展览评论的内容。也可邀请专家学者对展览进行专业评论，如从史学角度评论展览内容是否准确、展品选择是否适当、展览的历史观、展览的史学观点、展览对相关社群的态度与呈现、展览对史学研究的贡献、展览之不足及原因等；从社会学角度评论展览与时下公众关注的社会问题的关系，展览的社会背景和社会价值等；从文化层面评论展览的文化呈现、文化交流、族群面貌等。展览结束后组织馆内工作人员或评估专家对展览进行后期评估，基于展览目标和专业标准，对展览的项目进展状况及目标实现程度进行评价，评估展览目标的达成程度，注重对缺陷的产生原因及应对办法的探讨，以便更好地提升工作水平。

"读城——追寻历史上的北京城池"展览的展览策划为展览前期策划调研提供了一个很好的案例。它是首都博物馆第一次专门为中学生量身定制的一个别具特色的主题展览，更是首都博物馆第一次以博物馆社会教育理念为指导策划设计的展览与活动有机交融的大型互动体验教育活动。[①] 这次展览已经不是一个传统意义上单纯的展览，它在展览内容形式和互动体验活动等

---

① 王新迎、吴琰：《"读城——追寻历史上的北京城池"展览活动策展解析》，《文物天地》2016年第8期，第70页。

方面都有所突破与创新。首都博物馆在展览策划之初就特别招募了"老北京"、老师和大中小学生成立了百人智囊团，参与宣传、策划、布展、活动、讲解等各个环节。智囊团主要由学生团体和关注这次展览的北京人自愿报名组成。智囊团成员依据不同的生活阅历和对城市的情感，为展览提供不同的意见和建议，并根据领域的不同，为展览提供不同的契机。首都博物馆通过与智囊团的沟通，集思广益，找准了展览定位，做教育的同时拉近了与社会沟通的距离，取得了良好的社会效果。

（二）创新展览形式，提升展览品质

当今社会日趋多元，社会公众对博物馆陈列展览的需求也日趋多元。观众希望能看到不同主题内容、不同艺术形式，能带来身临现场的沉浸式体验，给人以情感认同和审美愉悦的陈列展览。陈列形式的创新与多元化表达，可以调动观众的多重感官体验，有效激发观众参观兴趣，减少观众参观疲劳，实现愉悦的参观体验。让观众能够从更多维度去接触展品信息，沉浸在展览营造的文化氛围之中，得到情感的满足、身心的愉悦和文化的享受。

提升展览品质体现在提升展览设计制作的科技含量上。在展览设计中，推广绿色展览的设计理念，使用环保材料和可回收材料，减少对环境的污染和有害物对观众和文物藏品的伤害。在展览照明中，采用绿色照明的理念，将人工光和自然光合理使用，推广使用节能高效的专业照明，严格控制珍贵展品的曝光时间和照度，将光线对文物藏品的伤害降到最低。在展览制作中，实行工厂化制作和装配式施工，推广"基层标准化、面层个性化、制作工厂化、施工装配化"的绿色展览施工工艺。

（三）关注观众体验，提升展览科技含量

现代展陈艺术设计，与传统展陈艺术设计在展陈理念、艺术表达和技术手段上有着很大的差异，其中，数字化展示设计以其灵活多变、传统设计无法比拟的互动性、强烈的现场感和知识的丰富性，成为更加符合当今信息化

时代的观众审美诉求和观感需求的新形势。[1] 2020 年，面对突如其来的新冠肺炎疫情，作为传统文化的传承者，博物馆面临着种种前所未有的新挑战，但同时带来数字时代的新机遇。博物馆有望加速数字化、智慧化博物馆的建设。博物馆应将学术成果与数字技术密切结合，通过创造性地转化，让更多的观众可以通过"数字博物馆"走进博物馆，接触博物馆，感悟和体验优秀的中国传统文化。

数字媒体技术手段作为陈列展览的一种技术手段和表现形式，能丰富博物馆陈列语言，增强展览的震撼力和视觉效果，提升陈列展览的趣味性。陈列展览要让观众充满好奇，激发观众兴趣，满足观众持续参观意愿和互动体验，除了展览内容要有足够的吸引力之外，还要在展陈形式及技术手段上下功夫。要善于运用新媒体、新技术手段增强博物馆文化的表现力，调动观众视觉、听觉、触觉、嗅觉等多感官能力，给观众营造沉浸式、体验式的氛围，进而从情感上体验博物馆文化的魅力。

未来随着数字媒体技术的进一步提升和智慧化博物馆建设的不断推进，数字藏品将更加丰富，陈列展览的形式会更加新颖生动，展览的内容更易于被大众所接受，观众在面对博物馆藏品时，可以有更深层次、更为直接的沟通交流，符合数字时代的时代要求，也体现了博物馆"以人为本"的服务理念。

（四）注重培训，提升陈列展览业务人员整体水平

继续发挥行业协会的指导作用，在培养陈列展览专业复合型人才上加大力度。在对博物馆策展制度认识日渐深入的今天，博物馆陈列设计师的职责已经远远不止停留在画画图、动动嘴的层面，陈列展览专业人员应该是掌握展览策划、设计理论、顾问咨询、陈列艺术、展览技术、新媒体运用等多方面能力的复合型人才，在博物馆中占据更加重要的职能。北京博物馆学会要

---

[1]　朱青、马梦思：《展示陈列设计的发展趋势——以河北省博物馆为例》，《艺术品鉴》2015年第 3 期，第 35 页。

走在前面，对陈列展览专业人员的职能、定义、作用进行拓展，并开始进行全方位的专业培训和开展学术交流工作。

要继续总结以往培训的成功经验，结合目前展陈现状，适应新的展陈理念，丰富和拓展陈列艺术的内涵和外延，打造能指导和引领陈列行业团队的专业复合型人才，努力为新时代的陈列展览多出成果。根据目前北京地区博物馆展陈发展现状，培训方向可以按照展览策划、展陈管理、设计理论、展览技术、新媒体运用等几个方面来进行，具体形式可包括专家授课、集中研讨、观摩鉴赏、案例分析等多种手段，为北京地区博物馆的陈列专业人员提供多方面的专业培训。

加强学术交流。探讨各博物馆在陈列展览工作中的开创性做法和成功的经验以及可吸取的教训，探讨解决观众日益提升的审美水平和国际化视角与目前陈列展览水平相对保守落后的矛盾，探讨博物馆陈列展览行业发展的新理论、新技术、新媒体和新业态，探讨在工业化背景下绿色展览的发展方向，探讨数字化时代博物馆陈列展览的新形式。

（五）整合资源，提升中小型博物馆展览水平

面对中小型尤其是微小型博物馆运营压力大、藏品数量少且单一、资金匮乏、专业人员少、展览水平低、科技含量低等诸多问题，需要从政策上给予扶持，整合资源，帮助中小型博物馆提升展览水平。国有博物馆应更加向中小型博物馆倾斜，完善绩效考评机制，通过专项补贴和绩效补贴的方式，鼓励中小型博物馆多出学术研究成果，提升展览专业化水平。参照朝阳区文化和旅游局的做法，对非国有博物馆发展提供专项资金扶持，在展览水平提升、展览策划、业务人员培训等方面进行提升性补贴，帮助非国有博物馆走出困境，实现多元化博物馆的协同发展。

同时，需要打开思路，创造更多社会化资源进入帮扶博物馆发展的机会。对于中小型博物馆管理而言，受政策和资金的影响，愈来愈多的博物馆更加倾向于政府监管、社会机构整体托管的运营模式，北京已有很多领先于国内其他地区的博物馆运营管理新举措。如位于西城广福观的什刹海文化展

示中心、郭守敬纪念馆、史家胡同博物馆、林则徐故居福州新馆等，都是社会机构整体托管的成功案例。博物馆不再禁锢于传统相对闭塞的运营环境，通过专业运营团队量身打造发展和运营模式，主动联合周边文旅机构，努力建设成为地区文化服务的传输和配送枢纽，成为集文化展示、资源聚合、功能输出的文旅复合体。社会机构托管可有效提升管理的效率，降低管理成本，实现资金和资源的共享和调配，从而保证展览水平的提升，实现博物馆陈列展览的社会价值。

例如，位于北京什刹海湖畔北岸的郭守敬纪念馆，这座以中国古代科学家郭守敬命名的纪念馆地理位置绝佳，但因为展览陈旧落后而不被大众熟知，是年接待客流量在 3 万多人次的冷门小馆。2018 年，郭守敬纪念馆对展览进行提升改造后重新对外开放。郭守敬是元代的科学家、工程师，编制的《授时历》是当时世界上最先进的历法。馆内的基本展陈"世界名人郭守敬·世界遗产大运河"，用四个展厅的展览内容生动地展现了郭守敬在元大都水利建设中的重要贡献以及京杭大运河贯通的画卷，并展示了郭守敬在中国古代天文、水利等方面所取得的成就。[①] 同时，为提高公共服务水平，重新开放的郭守敬纪念馆探索引入了社会力量参与，由被青少年熟知的"耳朵里的博物馆"团队承担日常业务运行。该团队利用自己举办青少年社会教育活动的优势，配备专门面向青少年群体的导览手册和网络音频课程，打破馆舍空间较小的限制，把文化服务送到更广阔的空间，激活博物馆的文化活力。并建立"小志愿者"讲解团队，2019 年举办各类社教活动 61 场次，观众数量也从 2018 年的 1.4 万人次大幅增加到 2019 年的 11 万人次。

国家及北京市应继续出台相应的扶持政策，鼓励社会机构积极参与到公共文化设施的运营和管理中。去掉"钱少、地儿小、人缺、展览简陋"等旧印象，"灵活、尝试、改革、创新、共享、多样化、充满活力"等应该成

---

① 孙乐琪：《冷门小微博物馆如何火起来》，北京市西城区人民政府官网，2019 年 1 月 25 日，https：//www.bjxch.gov.cn/xcdt/xxxq/pnidpv813501.html。

为中小型博物馆的新标签。在北京地区蓬勃发展的文博领域，大型博物馆带头乘风破浪，中小型博物馆应抓住时机，借着政策扶持的东风"弯道超车"，实现博物馆的均衡发展。

参考文献

单霁翔：《浅谈博物馆陈列展览》，故宫出版社，2015。

段勇：《当代中国博物馆》，译林出版社，2017。

陆建松：《博物馆展览策划：理念与实务》，复旦大学出版社，2016。

公共服务篇

Public Services

B.7
北京地区博物馆社教体系创新发展报告

果美侠　梁爽[*]

摘　要：　近年来，博物馆的教育职能越发凸显，社教工作成为博物馆
与公众沟通交流的重要途径之一，也是公众认识博物馆的重
要途径。北京地区博物馆基于自身丰富的文化资源，在开展
传统讲解业务的同时，推出教育活动、馆校合作等业务，还
积极主动与社会机构合作，开拓、延伸博物馆社会教育工作
领域，开展教育出版，举办教育展览等，使博物馆社教体系
取得了创新发展的成果，社教工作迈上了全新的台阶。

关键词：　北京　博物馆　社教工作　教育创新

* 果美侠，故宫博物院研究馆员，历史学博士，主要研究方向为博物馆教育管理、明清中西文
化交流史；梁爽，故宫博物院馆员，教育学硕士，主要研究方向为博物馆儿童教育。

近年来，随着文博事业的蓬勃发展，越来越多的人走进博物馆。作为收藏、研究、展示与教育的机构，博物馆的教育职能在近些年越来越重要，几乎贯穿博物馆运营管理的所有环节。博物馆社教工作是博物馆与公众沟通交流的重要途径之一，也是公众认识博物馆的重要纽带。作为全国的政治与文化中心，北京地区拥有数量庞大的博物馆，截至2020年底，北京地区登记在册的博物馆共有197家，其中包括综合类、历史类、艺术类、自然科学类等不同门类的博物馆。北京地区丰富的文化与教育资源为开展博物馆社教工作提供了有利条件，但人们的精神文化诉求，也使博物馆的社教工作面临着巨大挑战。

在机遇与挑战并存的时代、地域背景下，北京地区博物馆顺应发展趋势，基于自身丰富的文化资源，在开展讲解接待这一传统社教任务的同时，在教育活动、馆校合作等方面，也有了突出的创新成果。近些年，通过积极开拓、延伸教育业务，通过与社会机构积极合作，北京地区博物馆社教工作内容得到进一步优化，取得了相当可观的创新发展成果，为北京地区人文素质的发展奠定了良好基础。

笔者将结合北京地区博物馆社教工作的具体开展情况，阐述博物馆社教体系的创新与发展。

一 北京地区博物馆教育人员结构的良性突变

世界发展变化的趋势之一，即是与劳动力相关的各领域人员结构的变化。这在博物馆领域虽然未必被大家有意关注，但也是悄然发生的不争事实。于是，人员的创新成了社教体系一切工作创新的前提和基础。

（一）社教部门规模扩大，人员专业背景更加复合化

社教部门作为博物馆最重要的公众沟通与服务部门之一，承担着向公众传达博物馆信息及开展教育传播活动的职责。北京地区的博物馆往往有专门的社会教育部门，独立承担博物馆的社教工作。少数博物馆因

为业务划分的不同，将社教业务与展览、开放或其他业务相结合，形成相对复合的博物馆展示、开放及宣传教育部门。比如，中国科学技术馆的展览教育中心，不仅负责日常的社教工作，还负责馆内展览的运行与开放；中国钱币博物馆的陈列宣教部也是负责展览陈列与宣传教育业务的综合部门。

由于各个博物馆在场馆规模、编制数量、招聘计划方面不尽相同，因此社教部门的团队规模也各有差异。但随着教育工作被给予越来越多的重视，社教部门的工作人员数量总体呈稳中有升的趋势。同时，随着博物馆社教业务愈加多元化、深入化，教育人员除需要涉猎讲解导览以外，也开始在活动策划与执行、电化教育、学术研究等多个领域发挥重要作用，这对教育人员的素质提出了更高要求，也给博物馆社教部门工作人员的学历结构带来了可喜变化：高学历、复合背景的人才不断充实到社教队伍，大大改变了社教人员在博物馆整体业务人员中的专业形象。以故宫博物院宣传教育部为例，该部门有教育人员 66 人，其中拥有硕士及博士学位的人员占比高达 50%，拥有本科学位的人员占比为 41%（见图 1）。教育人员的专业背景也更加多元，涵盖历史学、考古学、教育学、传播学、语言学等多个学科。这样一个多领域、多层次的人员结构使故宫博物院的社教团队不仅掌握多学科、多层面的专业知识体系，还具备开拓创新的国际化视野和实践与研究相结合的教育与治学能力。北京自然博物馆科普教育部的工作人员中，除以生物科学类为主的专业外，拥有师范教育背景的人员是近些年教育人员招募中的新倾向。这能够保证教育人员在结合专业开展工作的同时，也能合理运用教育教学技巧，满足不同受众的学习需求。①

如果说 10 年前的博物馆教育还是以讲解为主的看似风光实则缺乏发展后劲的工作，那么当下的博物馆教育则是由于人才结构变化而呈现出的褪去光环后沉心开启的全新事业。不仅故宫博物院、中国国家博物馆、首都博物馆、

---

① 对北京自然博物馆科普教育部主任赵洪涛的访谈。

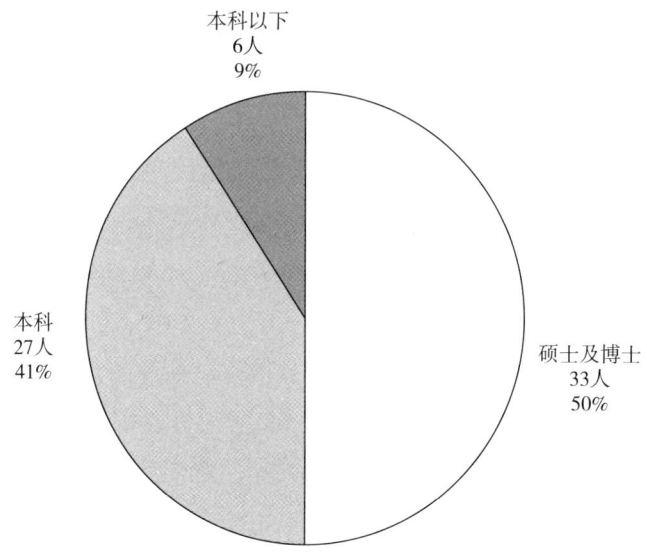

图1 故宫博物院宣传教育部人员学历构成

北京自然博物馆这样的大馆以博士领衔社教部并担任主任，不少中小馆也不乏名校毕业、有海外留学经历的专业教育人员加盟。这种人才结构尤其是专业结构的变化，已经成为近10年北京地区博物馆教育创新发展的原动力。

（二）人员使用突破编制限制，多种用工制度相互补充促进

与保管、研究等传统业务部门相比，教育是最先突破编制限制，进入多种用工体制的变革洪流中的。博物馆社教工作者不论主动也好，无奈也罢，首先突破编制，开始在正编人员以外使用了合同编、派遣编，甚至不付任何劳务报酬的志愿人员，使其参与公众教育与服务工作，这也使得北京地区博物馆教育人员队伍呈现属性多样的趋势。实践工作中，博物馆通过建立不同类型的队伍，不断吸纳来自社会各个阶层、各个领域的人才力量，充分满足公众对博物馆文化的需求，不再让"编制"成为阻碍人员使用的拦路虎。

近些年来，蓬勃发展的志愿者团队就是显著的案例。面对公众需求与博物馆自身人员编制扩展不平衡的状况，博物馆使用志愿者提供公共教育服务已成为普遍现象。大中型博物馆往往有志愿者一两百人，小型博物馆也基本

都有志愿者参与公众教育服务。① 北京地区大部分博物馆都拥有成体系、规模化的志愿者团队，他们为博物馆发挥社会教育职能做出了卓越贡献。成立于 2004 年的故宫博物院志愿者团队，2005 年至 2019 年间，累计注册志愿者近 3000 人次，为观众提供志愿服务达 13 万个小时，惠及公众近 60 万人次。服务内容涉及讲解、咨询、志愿宣讲、教育活动、问卷调查、平面设计、文字编译等（见图 2）。② 如果只依靠博物馆的在编教育人员，要满足如此巨大的公众需求，是很有难度的。相比于专职讲解员，志愿者更容易拉近与观众的距离，更容易获得社会的赞誉。

图 2　故宫博物院志愿者进行志愿咨询活动

除了志愿者，北京地区博物馆的社教人员使用中也出现了与劳务公司签约的派遣制员工，或者与文化公司签约的委托服务型员工。③ 比如首都博物馆的"芳华讲解队"，由北京各行各业的赋闲人士组成，平均年龄达到 57 岁

---

① 规模较小的云居寺石经博物馆也拥有志愿者 10 余人。
② 果美侠：《故宫博物院文化志愿服务发展历程与经验》，良警宇主编《文化志愿服务蓝皮书：中国文化志愿服务发展报告（2018）》，社会科学文献出版社，2018，第 181 页。
③ 前者如故宫博物院的教育与咨询服务，后者如郭守敬纪念馆等。

（见图3）。丰富的人生阅历和工作经验让他们对文化有着更为深刻的理解，作为首都博物馆社教团队的补充力量，芳华讲解队在日常讲解岗位上发挥着举足轻重的作用，他们热情认真的讲解也赢得了观众的好评和业界的赞许。①

图3　首都博物馆芳华讲解队

二　传统的"讲解即教育"向"讲解＋教育"的方向积极拓展

近10年来，随着公众对文化教育需求的逐步增加，北京地区博物馆教育逐渐由传统的"讲解即教育"向"讲解＋教育"的方向积极转变，形成了讲解与教育活动双管齐下、共同发展的局面。以往，讲解工作即代表了博物馆教育的全部。如今，为了满足公众需求，尤其是青少年群体的科普教育与学习需求，教育活动已成为各个博物馆普遍开展的社教业务之一。

（一）"讲解即教育"在延续传统中创新

讲解是博物馆基础的社教形式之一，也是博物馆发挥社会教育职能的重

---

① 《青春未老，芳华正好！首博这支讲解队平均年龄57岁！》，中国网，2018年9月13日，http：//www.yidianzixun.com/article/0K2dbckE。

要手段和途径。在早期阶段，很多博物馆的社教业务相对单一，讲解几乎就是博物馆教育的全部，"讲解即教育"也成了人们对博物馆教育的固有认知。北京作为全国的政治中心和文化中心，博物馆往往需要承担一定数量的公务接待，尤其是国宾接待，这也是北京地区博物馆讲解工作的一大特点。各国政要到访北京时，往往也会走进博物馆，了解北京的独特历史文化。比如故宫博物院和中国国家博物馆位于首都北京最核心区，常常是接待到访国宾的重要所在，见证了诸多我国国际交往的重要时刻。这类接待中，以接待各国元首、政要为代表，需要安排形象、业务皆佳的专职讲解员，介绍灿烂悠久的中国文明。从某种意义上讲，讲解员成为博物馆国际交往中的一张名片，代表了博物馆的对外公众服务能力和水平，更作为文化窗口向世界展示了我国的国家形象。不过，不同于传统的接待，当下国宾、贵宾讲解在整体讲解任务中的比例大幅下降，对讲解员的要求也更重专业而非形象，讲解队伍中也开始出现一些颇具特点的讲解员。

除公务接待和国宾接待之外，讲解的受众中明显增加了学生群体。与国家的博物馆免费开放政策有关，大量有组织的中小学生团体（含各类职高、技校、中专院校学生等）对博物馆讲解的需求迅速增加，特殊观众群体及无组织的个体观众也对讲解有相当的需求。这促使博物馆讲解员从受众需求出发，对讲解内容和讲解形式进行调整，与传统的讲解相比，灵活应变能力大大提高。中国妇女儿童博物馆曾邀请来自甘肃省贫困地区的留守儿童到馆参观，讲解员放低身段，消除隔阂，尽可能采用通俗易懂的语言向孩子们介绍陌生的文物、新奇的事物，帮助他们开阔视野。2020年国际儿童节期间，文化和旅游部恭王府博物馆还曾接待有听力障碍的儿童群体，并通过特殊的讲解设备以及手语翻译为他们讲解恭王府的建筑历史（见图4）。[①]

讲解工作需要博物馆讲解员深入挖掘展品的价值与内涵，通过有的放矢的讲解，为公众阐释博物馆承载的文化。从过去的以展品为主，到现在的以

---

① 《"听"见历史 恭王府里迎六一》，文化和旅游部恭王府博物馆官网，2020年6月3日，http://www.pgm.org.cn/pgm/wfdt/202006/4d36afbc00274ca086a9aa2547fbc044.shtml。

图4　听障儿童参观文化和旅游部恭王府博物馆

观众为主，从过去的讲知识，到现在的阐释文化，是新时期博物馆讲解员正在努力尝试的转型，也是当前面临的巨大挑战。伴随着博物馆教育模式的转变，讲解工作本身也发生了积极的变化。博物馆讲解逐渐摒弃机械背诵的讲解方式，转变为讲解员分享自己独到的见解，进行通俗易懂却深刻的文化阐释，进而实现博物馆的教育意义。此外，人才学历、专业背景的提升，使讲解工作的可能性增多，讲解的专业程度也被社会广泛认可。不少博物馆的讲解员都可以进行中英文双语讲解，一些大馆甚至可以提供韩语、日语、法语、德语等语种的讲解服务，充分体现了北京地区讲解员的对外接待能力和服务能力。

（二）"讲解＋教育"成为博物馆教育新模式

除了传统意义上的讲解，北京地区的博物馆根据公众日益增长的教育需求，致力于开展多姿多彩的特色教育活动。目前，"讲解＋教育"的复合模式已成为各个博物馆社教工作的常态，并且在经历了由雏形到初具规模的历程后，无论从数量还是细分程度、主题形式来看都迈上了前所未有的台阶。总体来说，近年来北京地区博物馆教育活动的发展十分迅速，整体呈现以下三个特点。

1. 教育活动分众开展，覆盖不同观众群体

博物馆作为终身学习的场所，观众不局限于某个固定群体。不同的观众对博物馆有不同的学习需求。北京地区博物馆在策划教育活动的过程中，比较注重细分受众，充分考虑到目标受众不同性别、年龄和地域的特点，提供适宜、有趣、参与性强的各类特色教育活动，全方位满足各类观众的学习需求。

以故宫博物院为例，在其开展的50余项教育活动中，每一项都对受众年龄进行了细分。既有面向幼童的"太和殿上的小精灵"，面向学童的"甲胄八旗"，面向青少年的"一窗一世界""乾隆五玺橡皮章刻印"等活动，也有面向成年人的"笔走丹青·瓷上摹古"瓷杯设计与绘制活动和"发现故宫里的太平缸"线路探索活动。"太和殿上的小精灵"教育活动在设计时结合幼童特点，注重培养儿童的社会交往能力和习惯养成等。此外，这一时期的孩子认知能力尚处于发展阶段，注意力时间短，但又有较强的好奇心，所以活动设计就会注重形式活泼、内容有趣且具有启发性。"神兽"这一主题的选定也是以儿童群体的性格特点和认知水平为基础的。教育活动主要涉及太和殿屋顶上的脊兽形象与寓意，讲述内容并没有涉及过多的历史知识，而是展示大量的脊兽图片，同时辅以易于上手的手工制作和轻松活泼的游戏环节。孩子们需要利用手工材料包，制作卡通脊兽头饰，并在随后的游戏中通过佩戴头饰扮演自己喜爱的脊兽角色（见图5）。脊兽的排列顺序是教育活动的重点难点，因此社教工作者特意设计了名为"脊兽蹲蹲蹲"的游戏，安排儿童通过排队，将自己扮演的脊兽角色置于正确的排位顺序，巩固课堂知识的同时，还培养了他们有序排队、遵守秩序的良好习惯。

2. 教育活动主题突出，形式丰富

结合素质教育的要求，博物馆开展教育活动重在突破教室空间和单纯授课形式的限制，主题更有趣，形式更丰富。不同类型的博物馆由于文化与教

图5 卡通脊兽头饰制作过程示意

育资源不同，教育活动的主题也各有不同。各馆结合自身特点和独特馆藏资源策划开发的各类活动，形式也千差万别。

中国人民抗日战争纪念馆的教育活动紧紧围绕抗日战争这一主题展开，比如围绕抗战历史与事件策划的专题宣讲和基于抗战歌曲开展的学唱活动等。北京市大葆台西汉墓博物馆作为立足汉代墓葬的历史类专题性博物馆，教育活动的策划和选题则更加广泛，既有以历史为主的，也有以文化为主的，更能结合公众需求，在古代文化与当代生活之间建立关联，比如体验考古发掘的"模拟考古"和了解汉代娱乐文化的"投壶礼仪"。[1]

教育活动中，结合主题日策划的教育活动也占一定比例，如春节、儿童节、国际博物馆日等。北京民俗博物馆曾于春节期间推出非遗技艺展示、传统手工艺体验、非遗杂耍表演、传统文化讲座等契合节日主题的教育活动，为观众带来浓郁的节日气氛；[2] 中国人民抗日战争纪念馆于清明节、九一八

---

[1] 靳宝：《北京大葆台西汉墓博物馆教育新探索——兼论中学历史实践课与博物馆历史模拟教育实验的互动关系》，《博物馆研究》2008 年第 3 期。

[2] 《欢乐迎新春 北京民俗博物馆开展多彩民俗活动过大年》，中国文明网，2017 年 2 月 3 日，http://www.wenming.cn/syjj/dfcz/bj/201702/t20170204_ 4037226. shtml。

等特殊纪念日举办的缅怀先烈纪念活动，让观众铭记英雄，不忘初心；北京自然博物馆于世界水日前后举办"节水小侦探"活动和"我们身边的水"儿童实验课程，帮助儿童观众从小建立节水的良好意识。这其中值得一提的是每年5月18日的国际博物馆日，大大小小的博物馆都会在这一天向公众推出适合的教育活动，传播博物馆文化，体现教育的创新性。

除了主题更加突出鲜明，很多博物馆打破传统的教与学模式，变观众被动接受为主动参与，通过各种活动体验，丰富博物馆的教育形式。例如北京古建筑博物馆"庆丰收·送祝福"秋收仪式突破了课堂讲授的固有模式，让观众来到先农坛耤田中收割谷子，体验收获的乐趣（见图6）。除此之外，还设置了体验区，包括谷子生长图鉴的科普展览、赠送《秋牛图》、竖鸡蛋比赛、草编蚂蚱、吹糖人和送祝福等活动，让观众在互动中收获新鲜多元的体验。①

图6　观众体验收割谷子

再如，中国科学技术馆在过去几年的社教实践中，形成了参观辅导、对话交流、科学表演、学习单探究、动手做等多种形式的教育活动体系。在"学习单＋参观辅导"形式下推出的"探秘纵队"活动中，参与者可以领取到一张学习单，他们需要对展品进行深度探究并完成学习单上的任务，从而

---

① 对北京古建筑博物馆社教与信息部副研究馆员郭爽女士的访谈。

实现主动学习的目标；在以"动手做"为主要形式的"动手 DIY——小火箭"活动中，辅导老师在向观众讲解火箭相关知识的同时，还会指导观众亲自动手制作"小火箭"，并现场组织发射实验，充分锻炼参与者的动手能力；而在"液氮实验表演"活动中，则以"科学表演"为主要形式，通过为观众进行科学实验演示，达到博物馆的创新性教育目标。①

3. 各类品牌教育活动不断涌现，呈现成熟化趋势

北京地区博物馆教育活动的发展，总体表现就是各类品牌性教育活动不断涌现。与单独的教育活动不同，品牌性教育活动往往由多个形式各异的教育活动组成，拥有统一的主题，且可以于特定时间段周期性地重复执行。比如，中国科学技术馆在过去的社教实践中，形成了类别丰富、具有一定规模的品牌教育活动。其中既有集合多个教育活动的"科学之夜"，也有以科普讲座为主要形式的"中科馆大讲堂"，还有培训与比赛相结合的"大国小工匠"等，通过这些活动树立中国科学技术馆的正面品牌形象，起到良好的宣传效果。

三 馆校合作蓬勃发展

博物馆教育作为非正式教育，近年来重要的创新性发展之一是越来越多地与正式教育即学校教育牵手，共同促进青少年利用博物馆资源开展教育学习。这使馆校合作成为近年来北京地区教育发展的热门词语。博物馆与学校牵手，建立馆校合作关系，将成熟、优质的博物馆教育课程输送至学校，使博物馆更好地发挥资源优势，以藏品和文化服务教育教学，历史性地发挥了博物馆作为爱国主义教育基地的良好作用。

（一）义务教育体系对校外教育的需求增加

近年来，伴随着教育部门一系列加强校外教育政策的出台，义务教育体

---

① 对中国科学技术馆展览教育中心主任王紫色女士的访谈。

系中开始强调并加大校外教育的比重，尤其对利用博物馆资源开展校外活动提出了具体需求。北京的教育部门已发布多个鼓励学校突破课堂限制，借助社会力量，利用博物馆资源开展校外活动的文件。与全国其他地区相比，这样的举措明显走在了前列，也直接使北京地区博物馆与学校的合作成为行业先锋，引领了馆校合作的潮流。[1]

具体说来，北京教育体系与博物馆相关的政策中，主要有"四个一"活动、社会大课堂、课后330以及各区县开展的校本课程等。

"四个一"活动对学校利用博物馆资源开展学习提出了具体要求，即要求每个学生在中小学学习期间至少参加一次天安门广场升旗仪式，分别走进一次中国国家博物馆、首都博物馆、中国人民抗日战争纪念馆，于2014年9月在市政府办公厅印发的《北京市中小学培育和践行社会主义核心价值观实施意见》中正式提出。[2] 而此政策涉及的博物馆也通过开展针对性的教育课程，将"四个一"活动所要实现的目标落实到每位学生。中国人民抗日战争纪念馆配合北京市中小学生"四个一"活动，设计了"学英烈事迹、诵抗战经典、做红色传人——首都中小学生走进抗战馆"主题教育活动。每个到中国人民抗日战争纪念馆的中小学生，都会被安排进行一次仪式教育，上一堂专题讲解课程，听一场抗战故事宣讲以及学唱一首抗战歌曲（见图7）。结合该馆的专题学案、教学演示文稿，学生能够通过参与"四个一"活动深入了解中国共产党的抗战英烈事迹，从而达到不虚此行的目的。[3]

社会大课堂主要通过以社会资源为主的活动场所，采用学校集体和学生

---

[1] 果美侠：《论博物馆与学校的合作：发展新型合作伙伴关系》，《中国博物馆》2017年第2期。

[2] 2018年6月起，天安门城楼及城台实施为期一年的修缮工程。为保障师生安全，2019年市教委不再安排学生到天安门观礼台参加升国旗仪式。同时，委托中国人民革命军事博物馆承担"四个一"活动接待工作。2019年，"四个一"活动内容调整为组织学生分别走进一次中国国家博物馆、首都博物馆、中国人民革命军事博物馆、中国人民抗日战争纪念馆。具体参见《北京市教育委员会关于调整"四个一"活动相关安排的通知》（京教基一〔2018〕15号）。

[3] 对中国人民抗日战争纪念馆宣传教育部主任要秋霞女士的访谈。

图7 中国人民抗日战争纪念馆举行"四个一"活动

个人自主选择相结合的形式，开展适合学生特点、与学校课程相结合的博物馆活动。① 非常适合有组织的中小学生走出校园，走向社会，进行更多的社会实践。在承办社会大课堂的过程中，北京南海子麋鹿苑博物馆针对中小学生社会大课堂及博物馆要求设计的"自然故事大讲堂"，为参与活动的中小学生开展与自然生态有关的室内外讲座，组织进行参观与手工活动，在实践中激发学生研究自然奥秘的兴趣。

课后330与社会大课堂走到校外、走进博物馆不同，主要是邀请博物馆教育人员到校内开展活动，每周（周一至周五）不少于三次，每次在下午课后的3点半到5点，为学生安排由校外资源开展的课程。在这一政策要求下，博物馆送课到校，针对学生开展有体系的教育课程，实现了更深入的馆校合作。比如故宫博物院与北京市海淀区双榆树第一小学之间，就一直在开展基于课后330政策而设定的课程。

除了市级的教育政策，各区县还颁布了各类不同名目的教育项目，鼓励学校与社会资源建立联系，促进校内外资源有效融合。例如北京市

① 参见2008年8月印发的《北京市中小学生社会大课堂建设方案》，该方案于当年9月1日正式实行。

东城区于 2005 年起开展的"蓝天工程",通过为学生提供一个资源库、一本活动手册、一个信息化管理平台、一套评价体系和一个课外活动管理中心,引领学生从封闭的小校园走向没有围墙的社会大校园。小学和初中阶段,"蓝天工程"通过开设"蓝天工程"博览课,为学生创造更多社会实践的机会,而高中阶段则通过建设高中课程资源平台,提升学生综合实践能力。

中国国家博物馆的"漫步国博——史家课程"就源于"蓝天工程"博览课,也是中国国家博物馆与史家小学共同开发的馆校合作课程,面向三至六年级的学生设计研发,内容包括参观、体验区授课和动手实践等环节。课程共设置了 34 个教学主题,通过成梯度的编排,将内容划分为"说文解字""服饰礼仪""美食美器""音乐辞戏"四大单元,从而能够有计划地实现总体课程目标。[1] 在诸如此类的馆校合作课程中,学生不仅能够学习到书本知识,还能够通过博物馆丰富的文化资源,领略课堂以外的知识海洋,充分体现出学校教育、传统文化教育与核心素养培育的有机融合。区别于博物馆的教育活动,面向学校实施的馆校合作课程,往往拥有系统的规划和长期的目标,尤其是教师在课程规划和设计阶段的主动参与,使课程更符合学生学习和发展需求。

(二)博物馆自身教育体系得到完善与提升

除了义务教育体系的政策需求,博物馆与学校间广泛的馆校合作还得益于博物馆自身教育体系的完善与提升。北京地区博物馆对教育的投入以及公众对博物馆关注程度的大幅提升,使博物馆针对青少年开展的教育工作有了更广大的发展空间,而博物馆本身也在发展中获得了前所未有的能力增长。

首先,博物馆凭借自身优秀的资源,形成了系统性及专业性更强的教育课程体系,并将其广泛服务于学校。以故宫博物院与北京市第三十一中学合

---

[1] 黄琛:《博物馆教育资源的课程化开发》,《中国文物报》2015 年 1 月 20 日,第 7 版。

作开发的"故宫趣味课堂"选修课为例，博物馆教育人员与学校教师依据国家课程标准，共同探讨选修课的内容制定，将各自独立的主题活动串联为持续整个学期的12次课程，既有涉及故宫建筑历史的内容，也有关于文物藏品的相关主题，还有学生的探究与汇报，课程内容从博物馆资源出发，最终服务于学校教学，与学校的文史类课程相辅相成，帮助学生拓展知识，锻炼综合能力。

其次，博物馆与学校合作开发课程、执行课程的过程中，博物馆教育人员亲自走上讲台，积累了重要的实践经验，也更懂教育，更懂学生。传统的博物馆教育中，教育人员往往对藏品有足够了解，能够在展厅内如数家珍，娓娓道来。一旦进入学校课堂，没有实物的依托，没有观众主动走入博物馆的兴趣，博物馆课程的讲述难度也会随之增加。在不断与学校开展馆校合作的过程中，博物馆教育人员直接与学生面对面，从学生的特点出发，更好地使用课堂教学技巧，实现与学生的沟通，大大锻炼了相关技能技巧。一线的教育教学技巧，加之博物馆教育人员过硬的专业素养，成就了当下博物馆教育与学校教育合作的全新局面，彰显了北京地区博物馆入驻校园的总体实力。

四 积极主动的教育社会化合作

尽管博物馆大多拥有专门化的社教团队，但随着观众对北京地区博物馆关注程度的增长，如何为观众创造匹配的教育资源、解决多样化的教育需求，是如今博物馆需要解决的重要难题。面对这些挑战，博物馆主动寻求与社会合作，是未来博物馆教育发展的必然选择。因此，越来越多的博物馆开始转变工作思路，积极尝试与社会机构试水合作，这也成为北京地区博物馆社教工作的新方向。博物馆与社会机构的合作，是一个相互借力、互补，实现资源与优势共享的过程。博物馆拥有跨界合作的意识，才能在未来博物馆教育的发展上走得更远，从而走向共赢的局面。

以故宫博物院为例，其优势在于藏品，在于与藏品相关的专业。在大规模服务受众的前提下，博物馆教育工作的开展需要进行课程设计和课件研发，这往往是博物馆教育人员所不擅长的，因此需要借助一定的外力，实现更好的教育呈现效果。故宫博物院在自主研发教育项目的基础上，在教辅开发、课程设计和活动执行的过程中都主动选择了与社会机构进行合作，并主导合作的方向。比如教育活动的产品化，主要是通过提供教育材料包实现的，即选择专业的公司进行教育材料包的设计与生产。合作中，由故宫博物院社教团队提出想法，合作公司实现设计，最终形成"材料包＋包装＋说明书＋知识卡"的四位一体模式，极大地提升了教育材料包的形象和使用效率（见图8）。

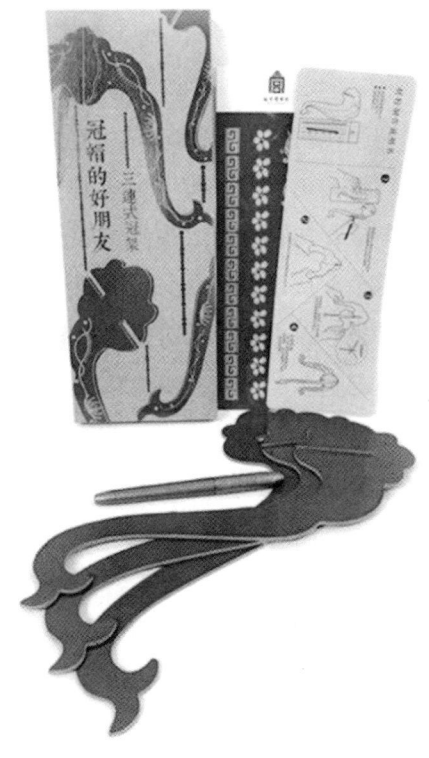

图8 四位一体的教育材料包

对于部分教育活动的内容设计，博物馆也选择了与教育机构进行合作。比如"日影计时的奥秘——日晷"教育活动就是故宫博物院社教团队与教育机构共同合作的结果。在活动的推进中，双方共同进行了大量的准备和钻研工作，从主题选择、内容编写到教案整理，双方反复进行交流和讨论，以保证最终教育活动的呈现效果。一般来说，由博物馆教育人员提供学术支持，确保内容准确与权威的同时，还要与社会机构工作人员磨合形式和好的创意角度，使教育活动呈现更加灵活新颖的形式。社会力量的参与还可以让博物馆的资源不再"躺"在展厅，而是真正地"活"起来。比如，中国妇女儿童博物馆和中国民族器乐学会、北京乐器学会合作，研发了"国风雅韵"古琴体验教育活动。① 社会机构对乐器演奏的专业支持，大大地拓展了这一教育活动的施展空间，教育目标也从以往观众单纯地欣赏古琴，转变为体验进而掌握古琴的演奏技艺。

关于教育活动的组织与执行，随着博物馆与社会机构合作的广泛开展，北京地区也有不少博物馆选择由社会机构承担其中一部分工作，尤其是成熟教育活动的执行层面。如故宫博物院与天禹国学展开合作，由合作机构提供讲师，接受博物馆培训后，直接面对观众执行教育活动。通过这样的合作模式，培训合格的讲师能够很好地承担一部分博物馆教育活动的执行工作，这样一来使博物馆教育人员有更多的时间和精力从事教育策划与研发，也解决了教育人员不足与观众激增之间的矛盾，这极大地提高了博物馆教育的接待能力，使服务受众数量得到成倍的增长，缓解了以往教育活动场次"一位难求"的局面（见图9）。因此，拓展教育的社会合作可以为博物馆社教工作提供补充与支持，既解决博物馆人力、物力资源短缺的状况，又能够显著拓展博物馆社教工作的影响力。

---

① 《"国风雅韵"传统文化活动走进社科院》，中国妇女儿童博物馆官网，2020 年 7 月 30 日，http：//ccwm. china. com. cn/lz/txt/2017－11/27/content_ 40081056. htm。

图9　培训机构讲师正在执行教育讲解活动

五　社教业务的专业化延展

传统讲解之外，举办教育活动、研发馆校合作课程也是博物馆社教部门的常规工作。此外，北京地区的博物馆还结合自身特点，进行了更多的业务延展尝试，比如策划教育展览、出版教育书籍、探索线上教育等多种形式的全新教育业态体系。

（一）教育展览

以教育为目的、由教育人员主导的展览策划是近年来北京地区博物馆社教工作的一大创新与突破。博物馆作为文化教育的重要场所，应通过陈列展览充分发挥博物馆的教育功能，但以往的常规展览更加关注展品本身，教育的功能多是辅助性的展厅讲解或随展教育活动。为此，教育人员开始从教育特点出发，策划更加有趣的教育展览，这也是近年来博物馆教育的重要创新

举措。

　　故宫博物院宣传教育部策划的教育展览——"漂洋过海的遇见"就是对传统文物展览的一次创新尝试。2020年1月11日，该展览作为"星槎万里——紫禁城与海上丝绸之路"文物展览的配套教育展，在澳门艺术博物馆展出（见图10）。这是故宫博物院策划的首个教育展览，系统整合了故宫博物院近年来推出的教育项目、互动体验设施及出版读物，并以统一的故事线串连，形成一个参与性、知识性、趣味性都很强的展览。①

图10　"漂洋过海的遇见"教育展览

　　相比以往的文物展览，教育展览的目标受众更为明确，内容呈现上也由观众被动接受展览信息转变为观众主动参与，在互动过程中获取信息。首先，展览以"教育"为设计核心，所有展览内容均提炼自故宫博物院经典教育项目，由博物馆教育人员自主设计，以确保展览的专业性；其次，展览中融入了很多生动有趣的互动体验内容，包括问答、拼图、转盘、印章、绘

---

① 《艺博馆星槎万里系列压轴大展开幕　过百珍品展现海上丝路文明荟萃》，澳门特别行政区政府文化局官网，2020年1月11日，https://www.icm.gov.mo/gb/news/detail/18350。

本和拼装模型等 41 项互动展项，能够引导观众主动探索展览内容；最后，展览各个单元都设计有配套的教育课程及材料包，可以为观众开展随展教育活动，使展览更具延伸性。可以说，这样的案例打破了人们旧有观念中博物馆教育只能为展览服务的印象，也为观众提供了更丰富的观展体验。

北京地区还有不少展览与教育双轨并重的案例，比如首都博物馆的"读城"就是以系列主题展览为基础，辅以各项教育活动的典型案例。自 2014 年以来，"读城"已经推出"追寻历史上的北京城池"、"发现北京四合院之美"和"探秘北京中轴线"三期展览。"读城"更加关注展览的教育性，"量身定制"四个字在展览策划中得到了充分体现。比如，"读城"根据核心受众——青少年群体的特点量身定制了形式多样、学习性和互动性强的教育活动，使之持续不间断地贯穿展览，与展览相辅相成。[①]

"读城"展览并未展出大量文物，而是以很多易于理解的图版和启发性文字为主，很好地照顾到了青少年群体的学习特点和认知水平。比如第三期展览"探秘北京中轴线"，专门设置了一面名为"读城问不停"的问题墙，整面墙由很多个方块组成，上面有许多与北京城有关的问题，观众可以在问题的启发下思考。思考完毕，可以转动方块看到背后的答案（见图 11）。此外，"读城"还通过展览的互动体验和教育活动，顾及核心受众以外其他年龄层的观众需求。比如，13 岁以下的儿童可以通过多媒体设备尝试卡通互动游戏、在建筑模型展台旁利用画板画笔进行临摹（见图 12）；低幼段的亲子家庭可以参与"带娃娃'读城'去"等一系列亲子线下教育活动；成年人乃至老年人还可以参与口述历史视频的征集展示等。"读城"自第二期展览起，除形式设计由其他部门人员负责外，从内容策划、教育活动再到宣传推广均由社教部门负责，以教育为目的的办展理念更为坚定，展览也更具教育性，显示出教育人员的专业性。

教育展览不能局限于博物馆内，走出围墙、走进社区、走进校园，才是

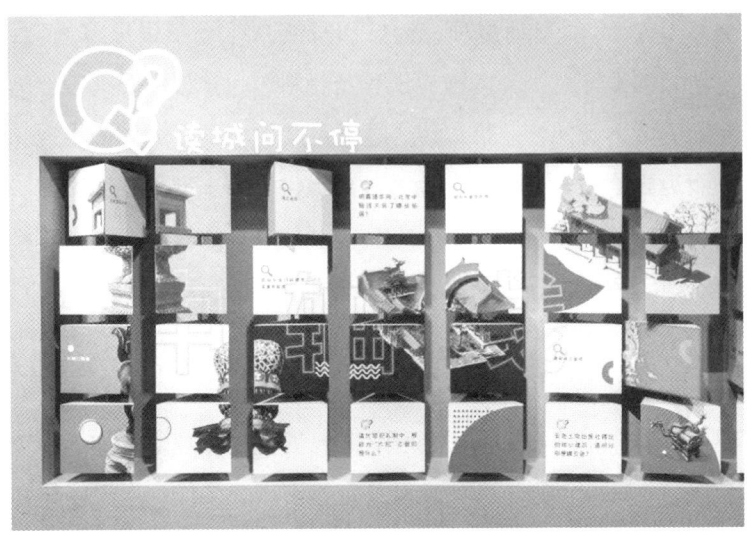

图11 "读城问不停"问题墙

图12 儿童在建筑模型展台旁进行临摹

让展览"活起来"的有效手段。相较于常规的文物展览,教育展览图文并茂,结合影音设备、手工活动的形式更加适合"轻装上阵",变成流动的展览。流动科普车是北京自然博物馆比较成熟的流动展览形式,专门深入北京地区及周边偏远地区的学校、社区，将馆内展览适当调整后，利用图文展板、多媒体技术、展示模型、生物标本等呈现给观众（见图13）。2019年，北京南海子麋鹿苑博物馆推出的"科普大篷车"也是随车推出的科普展览，其中还配备有专属教育活动、知识讲座、手工活动和球幕电影等。这种流动的教育展览更贴近生活，使位于远郊区县的中小学生及普通观众在家门口就能看到形式简洁、教育性强的展览，收到了不错的社会反响。①

图13　学生们在北京自然博物馆流动科普车上体验互动

总的来说，教育展览正在逐渐成为北京地区博物馆社教工作的重要组成部分。在社教人员独立进行内容研究的基础上，策划并生成展览是未来博物馆教育发展的新趋势。

（二）教育出版

博物馆教育的形式不局限于展览与教育活动，发生地点也不限制于博物

---

①　资料来自北京南海子麋鹿苑博物馆展览部部长胡冀宁。

馆展馆内。一本好书就是教育传播的最佳载体，优秀的博物馆出版物能够让观众在走进博物馆后，还想通过阅读加深对博物馆的理解，进而实现从博物馆观众向博物馆读者的身份转变。好的出版物内容也能唤起读者参观博物馆的兴趣，吸引更多读者走进博物馆。

近年来，北京地区博物馆在创新的工作理念引领下，不断突破社教工作的局限性。因此，各个博物馆充分利用馆内各类资源，自主编纂出版了各类博物馆教育书籍。以故宫博物院为例，近年来故宫博物院针对儿童群体，陆续出版了三套不同类型的教育读本，分别为针对3~6岁幼儿开发设计的游戏书《哇！故宫海错拼图》、强调亲子共读的儿童绘本《哇！故宫的二十四节气》以及针对9~14岁青少年设计编写的插图书《我要去故宫》（见图14）。其中《哇！故宫的二十四节气》销量达10万套以上，不仅成为年度畅销书，还向海外授权出版了韩语版，将以故宫为主题的中国节气文化带给了海外的小朋友。北京南海子麋鹿苑博物馆也陆续出版过《麋鹿故事》系列读本（见图15）以及《成长吧，麋鹿》等多套科普书。博物馆在编纂读本的过程中，以各馆文化资源为依托，针对不同年龄段读者专门设计，使用或活泼或专业的文字语言帮助读者在阅读中"游历"博物馆，也在潜移默化中完成了知识与文化的拓展提升。

博物馆教育出版中，除了以博物馆藏品或展览为主要内容的书籍以外，北京地区博物馆推出的书籍中还有专门针对学校老师或学生使用的教材或教辅读本。2015年，周口店遗址博物馆作为市教委"利用社会资源丰富中小学校外实践活动"的资源单位，开发了博物馆课程绘本——《周口店遗址博物馆校外实践课程研究性学习手册》，让学生通过阅读对周口店遗址文化有了更深刻的认识；[①] 中国科学技术馆推出了紧密贴合中学课程标准的《把科技馆带回家》系列丛书，包括《体验科学：中国科学技术馆化学实践课》和《体验科学：中国科学技术馆物理实践课》两个学科的分册。这些都是博物馆教育出版与学校课程相配合的成果。

---

① 资料来自周口店遗址博物馆社教部主任马丽华。

图14 《我要去故宫》插图书

图15 《麋鹿故事》系列读本

以中国科学技术馆《把科技馆带回家》的化学分册为例，此书根据中国科学技术馆的展项与资源进行开发，从展品切入进行化学知识的讲述与拓展，同时配以科普导读、原理视频、探究拓展和学习单等，引导读者进行探究式学习。翻阅此书可以看到，书中介绍了造纸的工艺流程，解答了钢铁是怎样炼成的，还探讨了垃圾回收再利用、温室气体与全球变暖等问题，这些内容都与义务教育化学课程课标紧密贴合，充分体现出校外科学教育与校内科学教育融会贯通的理念，也能看出博物馆教育对学校正式教育的积极补充与推动促进。

六 疫情防控常态化时期线上教育的开拓

2020 年新冠肺炎疫情的暴发，阻挡了人们步入博物馆的脚步，但却加快了科技与文化的创新融合。在疫情防控常态化时期，博物馆不得不思考其生存发展问题，将突破口放在了网络及多媒体技术协助下的博物馆文化传播方面，这使得博物馆有了新的教育发展平台，线上教育成为目前博物馆发挥教育职能的新业态。

为响应疫情防控政策，全国各个博物馆采取临时闭馆的措施，但公众对于文化教育的需求并没有因此而削减，这直接催生了博物馆拓展线上业务的热潮。北京地区很多博物馆在此期间都积极探索线上业务，加入了网络直播和短视频录制的教育传播大军。

线上开展教育传播对博物馆来说并不是新鲜事儿。在疫情防控形势下，馆内教育传播受限，线上教育得到了突飞猛进的发展。2020 年 2 月，疫情防控还处于非常严峻的时刻，各大博物馆就已经开启了网络直播的探索。淘宝直播上线的"云春游"就汇集了中国国家博物馆在内的 8 家博物馆。首度进馆直播的中国国家博物馆，还专门设计了直播参观路线，在一个小时内让观众了解中国国家博物馆的国宝级文物。清明节时，故宫博物院开展了"安静的故宫，春日的美好"三场直播活动，在 20 余家网络平台实景拍摄播出，收获了超过 4.3 亿次的全网总浏览量，远远超过了线下全年的观众接待量。①

随后到来的"5·18"国际博物馆日更将博物馆的线上直播推向了高潮。北京地区的众多博物馆纷纷发布了国际博物馆日的线上直播活动，通过多平台的直播为观众讲述博物馆的馆藏与文化。新华网客户端还主办了"5·18云上盛典——博物馆直播接力"活动，在国际博物馆日前后连续三天，联合国内20余家博物馆进行直播，其中就有北京地区的博物馆，如故宫博物院、北京汽车博物馆、中国人民革命军事博物馆、北京天文馆等。

除此之外，各种名目的直播专题活动也遍地开花，北京市文物局推出的"博物馆与你在一起"直播专题，吸引了北京市行业博物馆、高校博物馆、名人故居纪念馆、遗址类博物馆等近30家博物馆的参与。由国家文物局指导的"在家云游博物馆"活动也整合了9家博物馆资源，通过多个在线平台成功举办"云看展""云直播"。网络直播是疫情防控常态化时期博物馆采取的积极创新方式，这种方式打破了观众地域的限制，拓展了博物馆的传播能力，受到了广泛的社会关注。

除了实时直播，越来越多的博物馆还选择在抖音、快手等短视频平台开设官方账号，通过小视频的方式介绍博物馆的藏品、历史与文化。中国国家博物馆早在2018年就入驻了抖音短视频平台，其官方账号"中国国家博物馆"中还推出了跟随讲解员团队"一镜到底"看文物系列视频（见图16）；故宫博物院在抖音短视频平台开设的"带你看故宫"账号，不仅有对文物、历史的视频解读，还有春季飞花、夏季微雨、冬季飘雪的紫禁城美景，也获得了众多网友的点赞（见图17）；北京汽车博物馆在快手短视频平台开设了名为"宇哥说车"的栏目，网红讲解员结合中国社会发展及社会热点，每期选择一款车型深入浅出地介绍它的历史发展，成为播放量颇高的固定节目（见图18）。②

层出不穷的博物馆线上活动，不仅为观众提供了足不出户"云游"博物馆的机会，还通过留言、弹幕等方式提升了与观众的互动交流。虽然线上

---

① 出自故宫博物院宣传教育部的直播统计报告。
② 参见抖音短视频平台"中国国家博物馆""带你看故宫"账号，快手短视频平台"北京汽车博物馆"账号。

图 16 "中国国家博物馆"抖音账号"一镜到底"视频

图 17 "带你看故宫"抖音账号视频

图 18　"北京汽车博物馆"快手账号"宇哥说车"栏目

教育是疫情防控时期的非常举措，但它在互动性、影响力等方面有线下博物馆教育不可比拟的优势，这使得北京地区博物馆的线上教育也正在成为一种常态。

七　结语：北京地区博物馆社教体系
创新发展的启示与反思

上述所举，是近年来北京地区博物馆开展社教工作的总体状况，有继承、有创新、有弘扬，使北京地区博物馆社教体系整体迈上了一个新的台阶。丰富的实践，往往能够为我们带来启示与反思，为日后工作开展指明方向。

（一）社教工作的开展，需要顺应社会发展趋势，满足观众文化需求，这是博物馆社教工作创新发展的前提

随着社会经济的不断发展，社会公众对文化教育的需求愈加多元。随着

博物馆愈加频繁地进入公众视野，博物馆的社教工作更需要与时俱进，从关注公众需求入手，解决发展问题和创新问题。近些年，社会公众中出现的文博热是以往不曾有过的。但是，公众是博物馆的参观主体，是博物馆教育的服务对象。博物馆教育工作的开展，要在分析观众需求的基础上，构建出不同的社群，设计有针对性的教育项目，即以分众化研究为前提，构建覆盖全龄段的博物馆教育体系。

（二）博物馆社教工作需要复合型人才，强调教育业务的专业属性

博物馆社教工作与保管、研究等一样，是专业性很强的业务工作，需要给予足够的重视与尊重。与其他业务工作相比，教育更需要复合型人才。无论是讲解还是教育活动，都需要有过硬的专业积累作为支撑。在与观众交往互动中，博物馆教育人员还要掌握一定的教育与沟通技巧，了解社会学或心理学常识，这样才能在开展社教工作中有深入、有浅出，实现对博物馆专业知识的创新性转化。近年来，北京地区博物馆的社教工作正向综合化方向发展，教育模式也不再拘泥于讲解。教育活动、教育展览的成功策划，离不开高水准的复合人才，必须在教育实践工作中加强专业属性，强调研究能力和创新能力，以此带动整个博物馆教育领域的持续发展，赢得社教人员在业内的认可和尊重。

（三）主动寻求社会合作，实现博物馆与社会资源的互补共生

社会公众对文化需求的增加以及对传统文化的关注，迫使博物馆需要认清形势，不断转变工作观念，主动与社会力量开展合作，吸取融合外界资源，以激发博物馆的内在发展动力和资源潜能。在高速发展的互联网时代，各类信息与资源都有流动性，北京地区更是如此。博物馆教育活动实现从无到有的突破后，必然要考虑从少到多的问题。效率和数量的提升，主要依靠社会合作企业来实现，比如教育材料包的产品化过程，是企业参与设计和生产的过程；教育活动的执行过程，是企业参与服务与项目落地的过程。这既节省人力，也节省资金，企业的工作经验和管理经验还可以促进博物馆教育的发展，实现双方的共同提升。博物馆不再封闭地关起大门干工作，而是以

热情的姿态主动寻求合作，甚至是跨界合作，这带给博物馆社教工作更大的发展空间，是日后事业发展的续航力量。

（四）开拓线上教育，高效提升博物馆影响力

2020 年初以来，线上教育的比重迅速增加，线上课程与直播等不断涌现。相比于面对面的博物馆教育，线上教育也拥有诸多优势，不仅可以不受地域、时间的限制，还使博物馆的影响力实现数倍增长。以故宫博物院在快手短视频平台上的短视频为例，讲解员针对一个知识点的讲解，在平台上推出两天，观看量就能达到近 500 万次，[①] 而在线下馆内讲解，一次只能服务几个人，多了也不过十几个人。线上传播，使博物馆受众数实现激增的同时，极大地扩大了博物馆教育的辐射面。这在以往仅靠线下教育服务受众，是难以想象的。

（五）学生作为博物馆教育的受众主体，促进博物馆教育的专业发展，凸显博物馆的公益属性

学校教育作为现阶段北京地区博物馆教育的主要形式，促使博物馆教育人员向专业化道路发展。这个专业化包含两个方向：一是业务知识的专业化，如历史、考古、生物、艺术等学校领域的专业化；二是教育沟通与文化传播方面的专业化，教育人员要懂得观众心理，掌握沟通技巧。博物馆与学校开展合作，使博物馆的单独教育活动向系列课程的方向发展，且建立起与学校学科、学生认识水平之间的关联性，具备了明确的课程属性。同时，面对校外教育政策的加强、学校诉求的增加，博物馆只有加强自身的教育传播能力，努力开设专业化的教育课程，才能推动馆校合作的蓬勃发展。此外，相比为了满足市场需求而涌现的各种社会机构组织的博物馆活动，博物馆面对学生的教育项目，以免费提供或低收费提供为主，更好地体现了博物馆作

---

① 数据来自快手短视频平台"我要去故宫"的短视频作品《故宫为什么有两个启祥门?》，2020 年 8月 7 日。

为文化机构的公益属性。

综上所述，处于机遇与挑战并存大环境下的北京地区博物馆，在其特殊的地理位置和得天独厚的资源优势下，正在依靠庞大而且专业的社教人员队伍及体系，以创新的姿态，切实发挥着博物馆的教育引领作用，走出了敢于担当、肩负使命的创新与发展道路。

B.8
北京地区非国有博物馆发展研究报告

彭晓云*

摘　要： 北京地区民间收藏热情持续高涨，促进了非国有博物馆的进一步发展。同时，政府在制度建设方面对北京地区非国有博物馆的繁荣发展予以大力支持，使得北京地区非国有博物馆的数量得以增加、质量得到进一步提高。截至2020年底，据北京市文物局博物馆处统计，北京地区非国有博物馆共有38家。在北京地区非国有博物馆快速建设的过程中，也存在一些实际困难及发展瓶颈，有待进一步思考和突破。

关键词： 非国有博物馆　发展现状　政策支持　人才培养

近年来，随着人民物质文化生活的提高和持续开放的社会主义市场经济发展，民间收藏热度高涨，一些具有经济实力、热爱中国优秀文化的社会各界人士致力于收藏事业，将大量散落在民间的各类实物或家族中保存的重要传世品进行收藏整理，加以保护。除了青铜器、玉器、瓷器、书画等传统古董类藏品外，另有许多收藏主题独具特色，或是贴近百姓日常生活、或是生产生活中的小众物品门类等。随着藏品数量不断增加、内容不断丰富，许多藏家不满足于藏品的自娱自赏，而越来越多地采用创办博物馆的方式，将自己的藏品公开化、社会化，通过展览让更多的人参与到藏品鉴赏活动中，进

---

* 彭晓云，中国国家博物馆副研究馆员，北京博物馆学会学术委员会秘书长，硕士研究生，主要研究方向为中国古代陶瓷和文物博物馆。

一步满足了社会大众日益增长的精神文化需求，成为国有博物馆藏品体系的有效补充。此类博物馆被称为"私人博物馆""民营博物馆""民办博物馆"等，均属于非国有博物馆范畴，是从民间收藏到民办公益性文化事业的转变。按照《博物馆条例》第二条规定，"利用或主要利用非国有资产设立的博物馆为非国有博物馆"，与国有博物馆一样，非国有博物馆"是指以教育、研究和欣赏为目的，收藏、保护并向公众展示人类活动和自然环境的见证物，经登记管理机关依法登记的非营利组织"，国家对社会力量依法创办非国有博物馆持鼓励和支持的态度，并通过颁布相应法规、条例促进非国有博物馆的进一步发展。

根据北京市文物局博物馆处所统计的《北京地区备案博物馆名录》显示，截至2020年底，北京地区非国有博物馆共有38家（见表1），另有北京睦明唐古瓷标本博物馆、北京东韵民族艺术博物馆2家非国有博物馆在2020年5月北京市文物局统计的《全国非国有博物馆登记备案名录（初步排查）》（北京部分）① 中被收录。

表 1　北京地区非国有博物馆名录

序号	登记号	博物馆名称	详细地址
1	071	当代美术馆	隆福寺街 123 号
2	073	北京中华民族博物院	亚运村街道
3	074	观复博物馆	大山子张万坟金南路 18 号
4	075	古陶文明博物馆	右安门内西街 12 号大观园北门
5	076	何扬·吴茜现代绘画馆	金盏乡长店村 123 号
6	086	北京国际药膳博物馆	小汤山温泉疗养院内
7	097	北京上庄纳兰性德史迹陈列馆	皂甲屯西南三里外上庄水库岸边
8	098	北京航空航天模型博物馆	庄园东路
9	099	老甲艺术馆	霍营华龙苑中里西门入口处
10	105	中国紫檀博物馆	建国路 23 号
11	116	北京金台艺术馆	朝阳公园西一号门内

① 北京市文物局：《全国非国有博物馆登记备案名录（初步排查）》（北京部分）（京文物〔2020〕441 号），2020 年 5 月 11 日。

序号	登记号	博物馆名称	详细地址
12	118	北京松堂斋民间雕刻博物馆	国子监街 3 号院
13	121	中国马文化博物馆	—
14	123	北京御生堂中医药博物馆	北七家镇王府公寓小区 2 - 35 号
15	124	北京崔永平皮影艺术博物馆	马驹桥镇金桥花园 16 楼 4 单元 413
16	129	北京百工博物馆	光明路乙 12 号
17	131	老爷车博物馆	杨宋镇凤祥一园 19 号
18	132	北京百年世界老电话博物馆	宋庄镇疃里村集体产业就业会所物业 3 号楼 1 层 108 室
19	133	北京晋商博物馆	建国路 58 号
20	136	胡同张老北京民间艺术馆	群星路与芳古路交叉口西 150 米
21	137	北京励志堂科举匾额博物馆	高碑店村东街 1366 号
22	156	北京怀柔喇叭沟门满族民俗博物馆	喇叭沟门满族乡喇叭沟门村 2 号
23	161	北京习三鼻烟壶紫砂壶博物馆	高碑店乡高碑店村民俗文化街 1719 号
24	167	和苑博物馆	霄云路 18 号 A10
25	170	北京英杰硬石艺术博物馆	东直门外大街 26 号
26	171	北京御仙都皇家菜博物馆	西四环北路 117 号
27	备字 10 - 178	北京国韵百年邮票钱币博物馆	阜外亮甲店 1 号恩济西园 9 号楼 1 层
28	备字 2017 第 02 号 - 179	北京文旺阁木作博物馆	东下营村南开发区 147 号
29	备字 2017 第 05 号 - 180	北京市姜杰钢琴手风琴博物馆	回龙观镇黄土北店村时代广场四层
30	京文物备字 2020 第 04 号 - 185	北京劲飞京作红木文化博物馆	沙河镇七里渠南村 319 号
31	京文物备字 2020 第 05 号 - 186	北京荣唐连环画博物馆	豆各庄 1 号 15 幢 4 层
32	京文物备字 2020 第 06 号 - 187	北京木木艺术博物馆	隆福寺街 95 号、钱粮胡同 38 号 15 号楼
33	京文物备字 2020 第 16 号	北京皇城御窑金砖博物馆	宋庄镇小堡村小堡环岛东 500 米
34	京文物备字 2020 第 17 号	北京燕京八绝文化博物馆	模式口大街 20 号
35	京文物备字 2020 第 21 号	北京东璧堂中医药博物馆	阎村镇兴阎街 11 号院

序号	登记号	博物馆名称	详细地址
36	京文物备字 2020 第 28 号	北京市和光书院博物馆	望京南湖北二街 20 号院
37	京文物备字 2020 第 29 号	北京市大戚收音机电影机博物馆	宋庄镇小堡村小堡环岛东 500 米
38	京文物备字 2020 第 30 号	北京市天佑兰亭书法文化博物馆	经海四路 25 号 11 号楼 101 单元

　　注：以上为北京市文物局博物馆处统计的《北京地区备案博物馆名录》中所载非国有博物馆（38 家）。

一 北京地区非国有博物馆的发展现状

　　根据 2020 年底北京市文物局的统计，北京地区现行独立机构的博物馆数量为 187 家，其中非国有博物馆为 38 家，约占 20.3%。

　　按照藏品类别的不同，北京地区非国有博物馆大致可分为综合性历史民俗类博物馆、艺术类博物馆和专题类博物馆三种。其中，专题类博物馆数量最多，独具特色，所展示的藏品涉及中外交流、经济商贸、航空航天、中医药学、餐饮、工艺美术等多个行业，包括交通工具、建筑构件、家具、石刻、瓷器、乐器、邮票、食品等，内容十分丰富多元。

　　从展陈方式上看，北京地区非国有博物馆均以常设主题展为主，有的展览根据内容又细分为若干展厅或展示单元，如观复博物馆按照展示器物的门类分为中国古代陶瓷馆、中国古代工艺馆、中国古代家具馆（见图 1）、中国古代门窗馆、油画馆五部分。另有少数非国有博物馆会陆续举办一些临时展览。但囿于多方面原因，大部分非国有博物馆常年维持基本陈列，举办临时展览的次数较少。

　　除了展示藏品本身外，北京地区部分非国有博物馆还承担了一些重要的对外交流、社会教育等工作。如北京金台艺术馆、和苑博物馆等自成立以来便投入促进中外文化交流的工作中，配合政府广泛开展民间公共外交，包括推出各类国际交流展览、开展多国和平友好外交的相关社会活动（见图 2）、

图1　观复博物馆中国古代家具馆展厅

接待国际访华外宾等，获得了良好的社会声誉；又如北京中华民族博物院作为北京市爱国与民族团结教育基地，为社会大众尤其是青少年提供了认识我国56个民族及各自特色的平台和窗口，以实际行动增强民族团结意识和文化自信意识。

图2　和苑博物馆举办的第七届"和苑和平节"

北京的专题类博物馆独具特色。北京御生堂中医药博物馆是集中医相关的历史文物、药械药具、医术典籍、标本于一体的专题性博物馆，是中

医行业发展的生动呈现；北京百工博物馆展示了上百种宫廷、民间工艺美术的制作技术与艺术作品，对宣传和展示中国优秀传统工艺文化起到良好的推动作用；北京晋商博物馆以"展现晋商恢弘气势、传承华夏商业文明"为宗旨，以丰富的藏品、完整的展线，体现了晋商在各个历史时期发展的不同面貌（见图3）；北京御仙都皇家菜博物馆以弘扬中华传统饮食文化为宗旨，通过展品及介绍，呈现了关于中国餐饮行业的博大精深；老爷车博物馆是我国唯一一家以国产品牌汽车为主要藏品的专题类博物馆，形成了国产汽车、民族品牌对外宣传与交流的平台；北京国韵百年邮票钱币博物馆以邮票、钱币为主要收藏品，为推动和传播邮票、钱币历史文化不懈努力（见图4）；北京英杰硬石艺术博物馆集中展示了李英杰先生收藏的各类硬石艺术品；北京文旺阁木作博物馆集中展示了王文旺先生多年创作、收藏的各类木质藏品；北京市姜杰钢琴手风琴博物馆集中展示了我国著名风琴手、音乐教育家姜杰收藏的各类古钢琴、手风琴及相关音乐类实物；北京励志堂科举匾额博物馆集中展示了与中国科举制度相关的各种历史实物藏品；等等。

图3　北京晋商博物馆展厅

图4　北京国韵百年邮票钱币博物馆基本陈列

北京地区的这些非国有博物馆利用社会的自发力量，积极收藏和保护散落在民间的各类历史文物、资料及标本等，已成为北京地区独具特色的公共文化服务品牌，是北京文化的一张亮丽名片。

二　北京地区非国有博物馆发展建设中的政策支持

改革开放以来，伴随着民间收藏的兴起，非国有博物馆从萌芽至繁荣发展一路快速成长，离不开国家在政策层面上的大力支持。其中，北京地区是中国较早颁布法律条例支持非国有博物馆发展的城市之一，积极践行并推动着本地非国有博物馆的良性运转。

1993年11月，北京市人民政府批准发布《北京市博物馆登记暂行办法》①，该条例为公民个人申请创建博物馆设定条件，是我国第一个有关非国有博物馆登记的政府规范性文件。2000年9月，北京市发布《北京市博物馆

---

① 北京市人民政府：《北京市博物馆登记暂行办法》（1993年11月13日市人民政府批准），1993年12月25日。

条例》①，明确提出鼓励和提倡社会各界、公民个人兴办博物馆，优先发展填补本市门类空白的博物馆，首次以法律法规的形式明确允许社会各界及公民兴办博物馆。2009年11月，非国有博物馆首次全国博物馆工作论坛在北京召开，来自全国各地的非国有博物馆代表就我国非国有博物馆的建设与未来发展展开交流。北京为全国非国有博物馆的发展起到模范带头作用。②

1998年国务院颁布《民办非企业单位登记管理暂行条例》③，对包括非国有博物馆在内的民办非企业单位的登记办法做出较为详细的规定和解读，为此类单位的申请、审核、登记、注册、管理、注销等提供了基本范式和要求。2005年国务院下发《国务院关于鼓励支持和引导个体私营等非公有制经济发展的若干意见》④，对个体经营等非公有制经济在社会主义现代化进程中的作用给予肯定，提出对非公有制经济"放宽市场准入、加大财税金融支持、完善社会服务、维护职工合法权益、引导企业提高素质、改进政府监管、加强指导和政策协调"等一系列重要政策支持等，为非国有博物馆的持续良性发展奠定了积极的政策基础。2010年1月，由国家文物局、民政部、财政部、国土资源部、住房和城乡建设部、文化部、国家税务总局联合颁布的《关于促进民办博物馆发展的意见》⑤，再一次明确了对民办博物馆的扶持办法，号召各地、各部门充分重视民办博物馆的重要性，并做出具体的扶持内容，包括规范民办博物馆准入制度、切实帮助民办博物馆解决馆舍和运营等经费保障问题、对民办博物馆的业务工作给予指导和帮助等。对民办博物馆的管理、藏品保护、展示服务等工作提出了进一步规范和要求。另如2015年

---

① 北京市人大常委会：《北京市博物馆条例》（2000年9月22日北京市第十一届人民代表大会常务委员会第二十一次会议通过），2000年9月22日。

② 郭扬：《北京地区非国有博物馆现状调查研究》，硕士学位论文，天津师范大学，2020。

③ 中华人民共和国国务院：《民办非企业单位登记管理暂行条例》（国务院令第251号），1998年10月25日。

④ 中华人民共和国国务院：《国务院关于鼓励支持和引导个体私营等非公有制经济发展的若干意见》（国发〔2005〕3号），2005年2月19日。

⑤ 国家文物局、民政部、财政部、国土资源部、住房和城乡建设部、文化部、国家税务总局：《关于促进民办博物馆发展的意见》（文物博发〔2010〕11号），2010年2月12日。

2 月国务院颁布的《博物馆条例》①，2016 年国家文物局发布的《非国有博物馆章程示范文本》②，2017 年 7 月国家文物局发布的《关于进一步推动非国有博物馆发展的意见》③ 等，均为北京乃至全国非国有博物馆的顺利发展提供了切实有效的制度保障，为非国有博物馆的发展指明了方向。

三　北京地区非国有博物馆建设中存在的问题、困难及相应对策

北京地区非国有博物馆在取得丰硕成果并蓬勃发展的同时，多数面临与国内其他地区的非国有博物馆类似的困境和问题，主要体现在资金来源、博物馆管理、人才培养等方面。

（一）资金来源

非国有博物馆与国有博物馆一样，同属带有公益性质的非营利组织，多数为私人收藏的衍生产物，其创办和运营成本多半由创办者承担，虽然一些非国有博物馆有门票及文创产品的盈利收入，但多半入不敷出。大量的固定资产成本、场租成本、藏品管理与展览成本、人力成本等使许多非国有博物馆发展颇为艰难。

近年来，部分地方政府及相关部门虽意识到非国有博物馆的发展问题，并在场地建设、银行贷款、旅游开发、人才培养等方面给予大力支持，但仍未完全解决各地非国有博物馆普遍存在的资金短缺问题。北京地区仍有部分非国有博物馆的资金相关问题有待进一步缓解。同时，北京地区也有部分非国有博物馆背后有其他商业资本或社会影响力较大的名人支持，运营资金短

---

①　中华人民共和国国务院：《博物馆条例》（国务院令第 659 号），2015 年 2 月 9 日。

②　国家文物局：《关于印发〈非国有博物馆章程示范文本〉的通知》（文物博发〔2016〕29 号），2016 年 12 月 30 日。

③　国家文物局：《关于进一步推动非国有博物馆发展的意见》（文物博发〔2017〕16 号），2017 年 7 月 17 日。

缺的困难能够得到解决并能保证博物馆持续顺利运营。

吸引社会资金投入，提高社会影响力和知名度，合理开发周边旅游和文创等相关领域，积极获取政府优惠政策的支持等均为解决非国有博物馆资金短缺问题的可行对策。

（二）博物馆管理

博物馆的创建和管理，对硬件、软件条件均有较高的要求。如藏品的收藏鉴选、建档管理、维护保养，库房及展厅的环境条件，安保设置，展览内容与形式的设计，对藏品的研究和解读，博物馆的新闻宣传，文创开发等，均对非国有博物馆的管理者提出较高的要求，不仅需要管理者具备扎实的业务基础和丰富的文化底蕴，且要会经营、会管理、会宣传、会开发。而目前国内，包括北京地区的许多非国有博物馆管理者难以完全兼顾所有条件，因此需要该类博物馆的管理者通过学习不断自我提升，且能培养优秀的综合性人才，积极与管理较为成熟的博物馆加强业务交流，从而促使北京地区非国有博物馆整体的业务水平得到提升。

（三）人才培养

与国有博物馆相比，非国有博物馆专业人才队伍的建设面临更大的挑战。博物馆的藏品征集、藏品保管、展览策划、学术研究、宣传教育等工作，需要一支具有良好专业背景和经验的文博人才团队，并非一人之力可以胜任。而非国有博物馆囿于资金短缺、人才评价体系不完善等多方面原因，难以招到文博、历史等相关专业的高学历人才，更难长期留住人才，这在一定程度上影响了非国有博物馆的快速发展。北京地区的非国有博物馆如何在人才建设上取得较大进展，决定了非国有博物馆的发展水平和发展速度，是容易被忽视却十分关键的问题，应引起创办者和管理者的充分重视。

建立完善合理的评价、晋升体系，提高人才待遇，定期进行员工培训，提高现有工作人员的业务水平，提高非国有博物馆的影响力和吸引力等，均是解决人才问题的一些具体应对策略。

B.9
北京地区博物馆传播方式创新报告

顾莹 杨丹丹*

摘 要： 新媒体渠道在冲击传统传播方式的同时也给博物馆带来更多新机遇。北京地区博物馆打破传统思维，创新线下展览模式，利用新技术拓展线上传播方式，创新内容与形式，"让文物活起来"。今后博物馆的传播应注重发掘文物内涵，拓展全领域传播形式。北京地区博物馆志愿者逐渐向常态化、规范化、体系化的方向发展。今后将创新管理，发展特色文博志愿服务，努力实现队伍层次化、形式专业化、受众多元化，塑造品牌化的志愿文博项目，培养优秀的志愿文博个人。

关键词： 新媒体 传播方式 志愿者

网络与信息技术的迅速发展与应用，为社会带来巨大变革，在信息化时代的背景下，基于互联网技术、数字化技术和无线通信技术的新媒体正以强劲的气势冲击着传统的传播方式，也使得受众的文化需求日益多元化。近年来，地处首都文化中心的北京地区博物馆，通过转变自身角色，一方面利用新技术、开拓新思路、创新传统的线下传播方式，不断提升观众在场馆内外的现场体验感，将文物以更加鲜活的形式呈现给公众；另一方面迅速搭上新媒体的"快车"，在互联网上构建多平台的传播方式，通过多种网络传播手

---

* 顾莹，北京市古代钱币展览馆副馆长，北京博物馆学会社教专业委员会副主任，主要研究方向为博物馆学、货币金融史；杨丹丹，首都博物馆研究馆员，主要研究方向为博物馆公共教育。

段，创新博物馆文化的传播形式，扩展博物馆公众服务的范围，影响力和知
名度都有了较大幅度的提升。

一 博物馆传统传播方式的突破与创新

（一）博物馆传统展览形式变化带来传播模式的突破与创新

随着北京地区博物馆策展人员理念的提升，以及科技进步带来的新技术
在博物馆行业的应用，展览作为博物馆文化传播的传统方式，也在不断发生
改变和创新。传统展览形式的突破、线下展览中 VR、AR、MR 技术和沉浸
式体验的广泛运用以及线下数字展厅和馆外的传播等新形式不断出现。

2015 年，首都博物馆推出的"读城"系列展览在传播方式上打破了博
物馆传统展览的模式，以互动性展教结合的方式向公众提供展览。这一品牌
展教项目以传播北京历史文化为宗旨，包括系列主题展览、系列教育活动和
文化衍生品等方面。展览主要针对青少年群体，将青少年受众纳入展前、展
中和展后各个阶段，让他们可持续、完整地参与和体验整个展览过程。截至
2020 年，"读城"已推出了三期实体展览，从"追寻历史上的北京城池"、
"发现北京四合院之美"和"探秘北京中轴线"的不同视角，对北京城市历
史文化进行解读。自推出以来，受到青少年学生和观众的喜爱和支持。

2016～2019 年，"读城"系列展览以巡展的方式在新疆、甘肃和福建等
地区展出 11 次，展览场地累计面积近 4000 平方米，观展人数近 50 万人次，
展览天数近 600 天，组织主题活动次数近 30 次。通过选取具有不同地域特
点的城市，"读城"将巡展地城市历史的解读更多地融入展览中，更加贴近
当地观众的生活和感受。展览设置了较多互动环节，向中小学生征集所到之
地古代城池遗迹或城市遗迹的作品，录制讲述当地历史的口述史视频等。同
学们通过各种方式理解"读城"的内涵，用"读城"的方式达到"知家乡、
爱家乡、爱祖国"的教育目的。

2014 年 12 月，以中国国家博物馆为引领的数字展厅"乾隆南巡图"正式
对公众开放，开启了北京地区博物馆从线下实体文物展览向数字展览发展的

先例。2015 年 12 月，故宫博物院 1000 余平方米的端门数字馆对外开放，观众可以在实体展厅里通过数字技术的方式，近距离欣赏近百件珍贵的藏品、体验多项数字技术教育活动。2017 年 10 月，"发现·养心殿——主题数字体验展"在故宫博物院端门数字馆开展（见图 1）。2020 年 9 月 26 日，由国家文物局指导，腾讯主办、11 家文博单位合作支持的"互联网 + 中华文明"数字体验展在首都博物馆开幕。展览以"文物的时空漫游"为主题，首次以数字化形式结合创意互动玩法，共同呈现近百件著名文物。用数字技术为大众带来一场沉浸式体验的中华文明探索之旅，以创新手段传承中华传统文化。

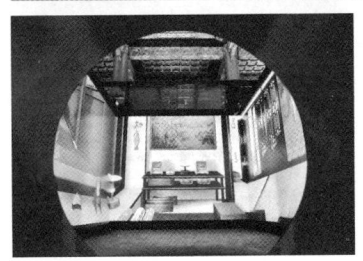

图 1　"发现·养心殿——主题数字体验展"

2019 年 11 月，为期 3 个月的"国博专列"亮相北京地铁一号线，吸引了许多乘客的目光。6 节车厢中，前 5 节车厢以四羊青铜方尊、彩绘陶兵马俑、三彩釉陶载乐骆驼、钧窑玫瑰紫釉花盆等代表性的中国国家博物馆馆藏文物元素串联起 5000 多年的中华文明。文物图案配有生动有趣的释文，通过支付宝"扫一扫"车厢内设置的隐藏彩蛋，就能"让文物活起来"，"说"出自己的故事。第 6 节主题车厢，则聚焦中国国家博物馆推出的重要展览。这种在博物馆外利用公共交通将博大精深的中华文明呈现给广大乘客的传播形式，极大地扩大了受众面和影响力（见图 2）。

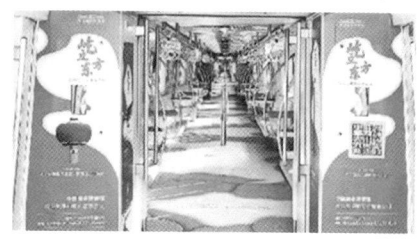

图2 "国博专列"的外观和内景

（二）博物馆与传统媒体深度合作探索新的传播方式

随着传统文化日益受到公众的关注，以中国中央电视台（以下简称"央视"）为代表的国家和地方电视台也把镜头对准了博物馆。一批视角独特、形式新颖的纪录片、综艺节目等纷纷亮相。节目播出形式也逐步从传统的电视屏幕向网站、移动端等多种新媒体模式扩展，多渠道运营传播。

2016年1月，央视拍摄的纪录片《我在故宫修文物》先在纪录频道播出，反响一般，却在B站一炮而红。该片用年轻的视角走进古老的故宫，第一次系统梳理了中国文物修复的历史源流，揭秘世界顶级文物"复活"技术。第一次近距离展现了这些国家级非物质文化遗产的技艺与传承人的日常工作。

《国家宝藏》是央视在2017年第四季度重磅推出的全新原创大型文博探索节目。该节目把纪录片和综艺两种创作手法融合应用，制作出全新创制的"纪录式综艺"，以文化的内核、综艺的外壳、纪录的气质，创造了一种全新的表达。节目首次将文博与大众综艺形态结合在一起，让更多的人开始关注文物、喜爱文物，并告诉我们历史不只是上下五千年的数字，而是对鲜活的人、事、物的构建；文物不再是相隔遥远的陌生物件，而是携带文化基因的密码。2019年成功播出第二季，2020年12月6日迎来第三季"挖藕季"。

2018年元旦，由中宣部、国家文物局、央视共同实施的国家涵养工程百集纪录片《如果国宝会说话》在央视纪录频道首播，每集5分钟讲述一件文物，这 100 件文物中就有北京地区的中国国家博物馆和故宫博物院的重量级藏品。该纪录片着重讲述国宝背后的传奇故事和曲折经历，使观众在跌宕起伏的故事中身临其境，以全新视角认识中华文化。短小精悍的分集设置，精致的微纪录小视频，更适应互联网时代的碎片化传播特征。

（三）自然科技类博物馆传播形式的创新

自然科技类博物馆以向公众特别是青少年群体传播科学知识为主要目的，根据青少年的特点，自然科技类博物馆也不断以趣味多样和身临其境的方式传播和普及科学知识。

中国科学技术馆的"中科馆大讲堂"以科普讲座为主，综合采用科学脱口秀、科普看片会、科普阅读会等形式新颖的科学传播方式。以科学秀《奇幻泡泡秀》《疯狂马戏团》《BONE BONE BONE》（见图 3）、京剧实验秀《新编霸王别姬》和古典音乐舞蹈科普剧《春江花月夜》等将馆内的经典实验与演员的舞台表现力、丰富的肢体动作相结合，利用多媒体技术与创新手段引导观众感受科学的趣味性、观赏性。

图 3 科学秀《奇幻泡泡秀》《疯狂马戏团》《BONE BONE BONE》

中国科学技术馆还针对青少年群体原创应急科普内容，如《抗击新冠肺炎》系列动画、《科普君的辟谣时间》系列短视频等；每日推出"云享科学"系列，打造"科技馆里的科学课""华夏科技学堂"等专栏；在全国116家科技馆虚拟漫游229个移动VR资源总传播量超22亿次；发起的"科学实验挑战赛"，全国参与场馆达357家，共有207家场馆提交作品，提交作品数量达14149个，大赛百度专题推广播放量超过5亿次。

北京自然博物馆推出的"环球自然日"主题系列活动中，就有青少年科学故事播讲赛，由参赛者以北京自然博物馆的展品或故事素材库提供的内容编写科学故事，将参与者变成科学的传播者。近年来，陆续推出了科普剧《恐龙乐园》《原来如此》《游园惊梦》，这种将科普知识、科学实验以表演剧的形式呈现给公众的传播方式给人留下的印象更深刻、更鲜活（见图4）。

图4 北京自然博物馆的原创科普剧

北京天文馆的A馆、B馆共有4个科普剧场，A馆天象厅是我国最大的地平式天象厅，也是目前世界上最好的球幕剧场之一，球幕上可以模拟出真实的自然星空、天象变幻、太阳系穿梭、宇宙探索等精彩的天文画面。B馆内有宇宙剧场、4D 剧场、3D 剧场，以逼真绚丽的立体效果为观众呈现科普知识，营造身临其境的奇妙科普体验。

二 互联网给博物馆传播方式带来更多的机遇和挑战

2016 年国家文物局等五个部门联合发布《"互联网＋中华文明"三年行动计划》，以互联网为基础，以中华文明为要素，推动文物与相关领域的融合创新。目的就是要将互联网的创新成果与文化的传承发展深度结合，发挥文物在经济社会发展中的独特价值。

该计划实施以来，北京地区博物馆文物"上网"基础不断夯实，为中华优秀传统文化创造性转化、创新性发展提供了海量资源。文物传播展示方式不断创新，各文博单位通过门户网站、微博、微信公众号、手机 App、抖音短视频平台等多种渠道讲好文物故事，文物蕴含的文化精髓和时代风采被深入挖掘和广泛传播。文物与互联网的相融相生，焕发了蓬勃生机与活力，形成以互联网和创新为基础要素的文物合理利用新形态，为满足人民群众对美好生活的需要，促进文化繁荣和经济社会发展做出了较大的贡献。

2019 年，国家发展和改革委员会、教育部、民政部、商务部、文化和旅游部、国家卫生健康委员会、国家体育总局 7 部门联合发布了《关于促进"互联网＋社会服务"发展的意见》，再次将博物馆纳入社会服务体系。该意见提出，在确保数据安全的基础上开发文化、教育等数字资源，提供网络化服务。鼓励发展虚拟博物馆，推动社会服务领域优质资源放大利用、共享复用。

（一）发挥官方网站和移动端 App 传播主渠道作用

博物馆网站是博物馆在互联网上的综合信息展示平台。博物馆网站集中呈现场馆介绍、藏品信息、展览资讯、教育活动、研究成果等信息，不仅是提供有效信息资讯的重要途径，也是广泛宣传、推广博物馆，打造博物馆品牌特色的重要方式。网站已经成为博物馆网络传播的主要途径。截至 2020年 6 月，北京地区博物馆中约有 70% 已经建立了自己的网站。

2020 年初暴发的新冠肺炎疫情，进一步促使北京地区各博物馆加快了推进文博数字产品上线的步伐。国家文物局应对疫情工作领导小组也鼓励各地文博机构因地制宜开展线上展览展示工作，利用已有文博数字资源酌情推出线上展览，向社会公众提供安全便捷的在线服务。中国国家博物馆、清华大学艺术博物馆、中国园林博物馆、中国人民革命军事博物馆、中国人民抗日战争纪念馆、故宫博物院、中国电影博物馆、中国妇女儿童博物馆等多家博物馆通过自己的官网上线了数量可观的数字展览（见图 5、图 6），说明北京地区部分博物馆对展览资源的数字化意识是超前的。中国科学技术馆更是单独建立了中国数字科技馆网站，内容丰富，以音视频、虚拟现实和直播等形式全方位呈现数字产品（见图 7）。故宫博物院还开设了青少年网站，推出的"上书房""故宫大冒险"等栏目非常适合青少年学习（见图 8）。

图 5　中国国家博物馆官网虚拟展览

图 6　清华大学艺术博物馆官网数字展览

图7　中国数字科技馆官网

图8　故宫博物院青少年网站

随着智能手机和 iPad 等移动终端设备的普及，人们逐渐习惯了使用 App 上网的方式。随着移动互联网的兴起，北京地区多家博物馆推出了自己的官方 App，如中国国家博物馆的智慧导览 App，首都博物馆、观复博物馆的官方 App 等。故宫博物院还推出了多款展览、藏品以及教育类专题 App，在北京地区博物馆出品的 App 中无论是数量还是内容均稳居首位（见图9）。

（二）发挥微博公开、实时与社交互动的话题传播力

微博是以"点对面"的传播方式为主的自媒体平台，具有便捷性、互动性、参与性等特点。近年来，北京地区博物馆积极发挥微博平台信息传播的

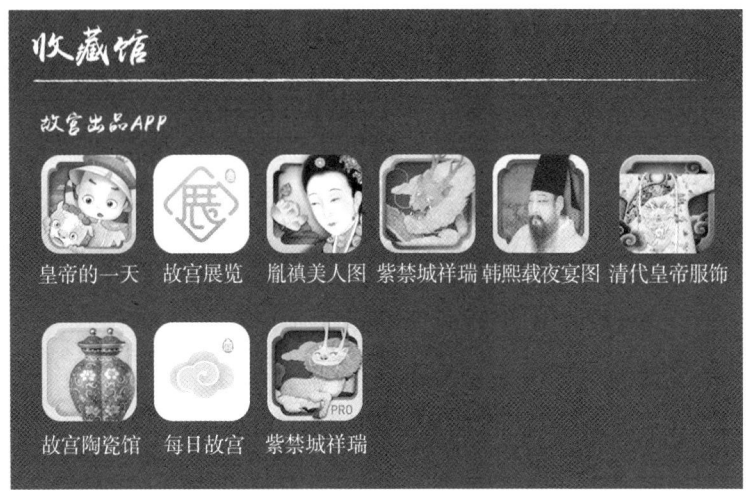

图9　故宫博物院出品的 App

优势，将博物馆微博打造为树立形象、信息公开、互动交流、传播文化的重要平台。据不完全统计，北京地区博物馆中目前约有一半开通了官方微博。故宫博物院和中国国家博物馆的官方微博在 2018 年和 2019 年连续两次获得"全国文博十大影响力官微"的冠亚军，首都博物馆的官方微博"首都博物馆的文化表情"获得"2018 年度文博十大创新力官微"，中国国家博物馆讲解员河森堡、故宫博物院古钟表修复师获得"2018 年度最具影响力文物代言人"，北京汽车博物馆的官方微博获得"2019 年度文博飞跃奖"。

长期以来，中国国家博物馆的官方微博"国家博物馆"都在倡导和宣传文明观展，但单纯发布倡议文字难以实现社会效益和传播效益的最大化。因此，中国国家博物馆积极参与微博上的热门话题，以此吸引大众更多的注意力，宣传教育与打造热点并行。例如参与"流浪地球造句大赛"话题，以"展品千千万，安全第一条，乱开闪光灯，国宝两行泪"宣传文明观展，拍照不开闪光灯。单条微博的阅读量达 228 万次，收到了很好的效果。

"首都博物馆的文化表情"作为首都博物馆的官方微博，一直秉承保护和传承人类社会的多元文化和多彩环境的宗旨，并用最真诚、最开放的态度面向公众。2019 年围绕展览创建了 10 余个话题，平均每个话题发布 20 余条信息，其中多个话题阅读量突破 48 万次，如"锦绣中华"话题阅读量为 158.9 万次；"江山如画"话题阅读量为 191.8 万次；"山宗·水源·路之冲——一带一路中的青海"话题阅读量为 294.6 万次，"望郡吉安"话题阅读量为 471.9 万次。并配合原创"走码观展"系列短视频，分别从介绍首博、展现征集过程、大展介绍等角度带领观众了解首都博物馆及其举办的展览。

微博短视频是微博文字内容很好的补充，随着规模的持续扩大，更加强调质量。2019 年，Vlog 悄然流行，与传统的图文相比，Vlog 的呈现形式更加生动、立体，而与抖音、快手等短视频平台上的短视频相比，Vlog 的内容更加完整。制作者可以通过 Vlog 给观众传达一种观点，或者给观众提供另一种生活方式，而他们对着镜头说话的方式，更像是另一种"直播"，使观众有很强的交流感。

北京汽车博物馆作为一座年轻的创新型博物馆，敢于尝试新鲜的内容形式，深入挖掘馆藏 IP，推出具有自身特色的系列 Vlog，原创视频以轻松愉快的形式，通过讲解员向游客展示博物馆背后的故事，拉近博物馆与游客间的距离，让博物馆更有温度。经统计，北京汽车博物馆的博文累计总阅读量为 463 万次，视频观看量为 101 万次，传播广泛，足见新的内容形式更易被广大用户接受和认可。

（三）发挥微信公众号一对多、信息达到率高的传播优势

随着互联网技术向移动终端的发展，越来越多的博物馆将微信公众号作为"标配"，在传播文化、服务观众的实践中取得了积极成效。截至 2020 年 6 月，已经开通微信公众号的北京地区博物馆的数量占开放博物馆总数的约 80%，其中部分博物馆还开设了多个微信公众号。2020 年新冠肺炎疫情暴发以来，各博物馆在纷纷闭馆的不利因素下，积极利用线上平台推出了形式多样的云看展、云直播等活动，"移动互联网＋博物馆"得到了公众空前的关注和认可。

各家博物馆微信公众号推送的内容除常规的博物馆信息资讯外，还有图文、音视频等工作动态，包括展览、藏品展示、教育活动等业务动态。这种方式对于目标用户的指向性更加精准、传播效率更高、传播效果也更好。中

国国家博物馆将微信公众号与官网后台链接，通过微信公众号可以直接进入官网在线观看的展览数量达 46 个；中国园林博物馆的"云园林"板块有 20个数字展览供公众观看；中国人民革命军事博物馆、中国妇女儿童博物馆、首都博物馆等都有一定数量的数字展览可以在微信公众号上免费观看。故宫博物院的"微故宫"还提供了全景游览故宫 8 个殿的线上内容。

此外，微信公众号里的小程序让展厅里的资源更有活力。中国电影博物馆对推荐的内容在展板上标注了"讲解编码"，观众在小程序中输入数字后就可以听到对应的讲解内容。中国国家博物馆则是引导观众安装智慧导览App，可以收听"复兴之路"等 6 个常设展览的讲解。不仅如此，该馆还把每层的平面图添加进来，方便观众快速找到展览和活动的举办场所，以及咨询台、饮水点等各类配套服务设施。

北京汽车博物馆微信公众号里还开设了"微官网"，下设的"微讲解"板块选取了指南车、劳斯莱斯银魅、切诺基等 20 部车辆，用语音详细讲述它们的研发过程、技术和工艺特点，并辅以展品说明、实物照片和展板图片。"汽车有文化"板块则是撷取了记里鼓车和北京 212 吉普等 11 部颇具代表性的车辆，以"专题文章＋语音讲解"的方式，为观众呈现藏品背后的故事。

（四）发挥音视频平台的放大效应，提升网络传播效果

随着融媒体时代的来临，媒介融合发展迅速，各类媒体优势互补，给博物馆传播历史文化和科学知识提供了更加广泛的空间。北京地区博物馆在拓宽网络传播渠道，利用各类音视频平台，不断推进博物馆文化传播效果上走在了全国前列。

近年来，打造"有声博物馆"也成为博物馆拥抱"互联网＋"的又一创新方式，为传播和沉淀文博文创内容提供了新思路。喜马拉雅作为国内规模最大的在线移动音频分享平台，总用户规模突破 6 亿人。目前，包括北京地区中国国家博物馆在内的全国 50 多家博物馆已入驻喜马拉雅。中国国家博物馆已上线包括"秦汉文明展"在内的音频专辑 11 个（见图 10）。一些

专业主持人也在喜马拉雅开设了个人电台，如央广文艺之声的主持人董彬开办的节目《热搜博物馆》，就是以北京地区博物馆举办的各类展览为主要介绍对象，目前已经推出44期。

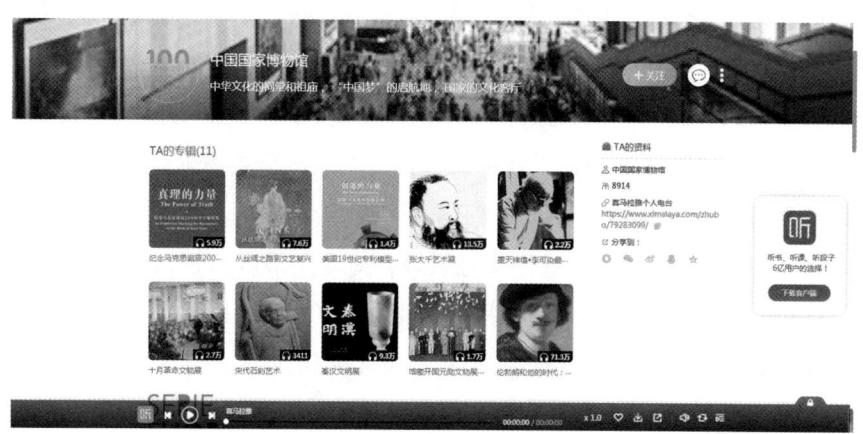

图10 喜马拉雅平台中国国家博物馆页面

如今，直播已经成为人们文化生活中的一部分，博物馆通过喜马拉雅也可以发布音频直播，带领听众走进博物馆。2020年5月18日，历史学家阎崇年与故宫学院院长单霁翔对谈"透视紫禁城六百年"、中国电影博物馆2020年开放首日联合央视电影频道打造《和三代电影人共同"云游光影"》，喜马拉雅同步进行了直播，跟随电影人一同走进中国电影博物馆，"云"游光影与梦想的世界。

相对于音频直播，视频直播的方式更为公众所关注和欢迎。2019年国庆节前夕，北京多家红色遗迹、博物馆参与了北京市人民政府新闻办公室、光明网联合推出的"70年我与新中国同行——史观北京"直播活动，阐释70年风雨历程中北京在政治、经济、文化等各方面的发展变化和取得的辉煌成就，共有1449.4万人次在线观看并参与了实时互动，"70年我与新中国同行"微博话题阅读量达到1.1亿次。这一直播活动与"献礼七十年——揭秘红色博物馆"系列直播和"热搜博物馆：五四运动出发地 走进北大红楼"专题节目在国家文物局指导、中国文物报社承办的"2019年

度文物好新闻"评选中被评为"文物好新闻"。

相对于长视频而言，短视频平台碎片化的传播特质更符合公众的接受度。近年来，短视频平台成为重要的传播媒介，用户群体快速增长。北京地区中国国家博物馆、中国紫檀博物馆、中国人民抗日战争纪念馆、北京汽车博物馆、北京天文馆、中国科学技术馆、观复博物馆、中国地质博物馆、中国钱币博物馆、孔庙和国子监博物馆等 12 家博物馆已经入驻抖音短视频平台。而清华大学艺术博物馆、首都博物馆、北京汽车博物馆、中国海关博物馆则是开通了官方 B 站账号。

"互联网＋中华文明"计划实施以来，对北京地区博物馆行业在传播方式上的创新起到了指导和促进的积极作用。2020 年 5 月 18 日，由中国文物报社联手央视新闻、B 站共同发起了"国宝讲述人（云讲国宝）——全国文博在线讲解直播推介活动"，共有来自 28 个省（区、市）的 242 家博物馆选派代表参赛，收到 1224 条参赛作品。其中北京汽车博物馆选手进入自然科技类专业赛道复赛，故宫博物院、中国古动物馆、中国科学技术馆、中国铁道博物馆等 7 家博物馆均入围专业赛道初评，占全部入围博物馆的 18.4%，显示了北京地区博物馆在短视频策划与制作方面的强劲实力。

2020 年 6 月 13 日，大型融媒活动"文物'潮'我看"由中央广播电视总台 5G 新媒体平台"央视频"和国家文物局政策法规司联合推出。3 个月时间内，以"短视频＋移动直播"的方式，展现祖国各地的文化遗产风貌、文物保护和文博工作背后的故事。其中就有北京地区博物馆的参与。

5G 技术促进了媒体深度融合，并不断推动文博传播综合延伸，受众参与度将更高，在深化文博"知识众筹"的同时，将进一步实现博物馆共建共享，比肩博物馆线下空间，进一步推动博物馆多元化传播。大数据也将被应用到更多领域，精准赋能多途径提升文博传播效能，推动智慧博物馆建设。博物馆资源优势更加明显，进一步打破行业壁垒，广泛链接大平台、大资本、大流量，推动构建全媒体生态。

应该看到，尽管博物馆已经搭上了互联网技术的快车，但在内容为王的前提下，博物馆更应该回归到深度挖掘自身传统文化资源的价值上来，发挥独特性的资源优势，跳出文物讲文物，注重与其他的文化资源充分结合，与现代时尚元素相融合，与热门影视综艺相叠加，与大众产品设计相呼应，通过"文博＋"实现传统文化的现代表达。在良好内容的基础上，博物馆与新兴科技如 VR、AR、MR 等相结合，按照新媒体传播规律，拉近与大众的距离，实现博物馆文化广泛有效的传播。对于博物馆微博、微信公众号的建设可以通过私信、转发、点赞、粉丝评论等直接互动方式，以及有奖问答、抽奖送门票、组织线下活动等间接互动方式，拓展文博交流新空间。

中共中央政治局于 2019 年 1 月 25 日在人民日报社就全媒体时代和媒体融合发展举行第十二次集体学习，习近平总书记强调，推动媒体融合发展、建设全媒体成为我们面临的一项紧迫课题。要运用信息革命成果，推动媒体融合向纵深发展，做大做强主流舆论，巩固全党全国人民团结奋斗的共同思想基础，为实现"两个一百年"奋斗目标、实现中华民族伟大复兴"中国梦"提供强大精神力量和舆论支持。

截至 2020 年底，北京地区正式备案注册博物馆 197 家，各博物馆无论是利用线下展览、传统媒体进行传播的传统方式，还是利用新兴的"互联网＋"模式的全媒体传播方式，都存在较大的差距，特别是一些中小型博物馆，需要转变观念，强化互联网思维，不断提升自身的创新和传播力，在 5G 和大数据背景下，迎接新的机遇和挑战。

博物馆一方面承担着"让文物活起来"的使命，用鲜活的形式拉近与年轻群体的距离；另一方面也要深入发掘文物的内涵，为人民群众提供丰厚的精神食粮，要将博物馆的文化传播放在国家文化自信建立的层面，加强公众对国家、民族的认同。正如 2020 年 3 月习近平总书记对陕西日报创刊 80 周年做出的重要指示中指出的，要紧跟时代步伐，坚持守正创新，推进融合发展，不断提升传播力、引导力、影响力、公信力，改进传播理念、内容、形式、方法，推动中华文化和科学知识传播全方位覆盖、全天候延伸、多领域拓展。更好服务新时代，追赶超越发展，讲好中国故事，为北京经济社会发展做出博物馆人应有的贡献。

三 北京地区博物馆志愿服务管理

北京地区博物馆志愿者工作依托优势的博物馆资源以及广泛的社会公众基础，从无到有，逐步完善和规范其志愿服务分类与管理；多年来，秉持奉献、服务、团结、创新的精神和理念，通过规范化的指导、专业化培训、全方位交流、多层次服务，建设高素质、高标准的博物馆志愿者队伍，突出打造特色服务并取得了良好的成绩，走在了全国的前列；一大批博物馆根据自身发展需求，本着规范发展的理念，在博物馆志愿服务领域进行了有益的尝试和探索。

（一）北京地区文博志愿服务概述

北京地区文博志愿服务工作起步较早，志愿者招募人数和服务时间均由各博物馆自行管理。大多数博物馆志愿者是以大专院校的学生为主，这是因为一方面大学生有服务的意愿和热情；另一方面大专院校对学生的社会实践有相关要求。当时社会人员特别是在职人员很少来博物馆从事志愿服务。

2010年10月开展的《北京地区博物馆志愿者队伍基础数据调查》，对北京市文物局博物馆处注册的160家博物馆（尚有2家正在申请过程中）中开展志愿者工作的33家（包含11月底刚刚通过注册，向公众开放的中国民航博物馆）进行数据调查，共收到28家博物馆提交的数据（5家未提交数据），累计在28家博物馆服务的志愿者达到近万人次，活跃在服务第一线的志愿者约为1000人。北京自然博物馆1986年便已尝试开始招募志愿者参与馆内服务，随后其他博物馆陆续开展该项工作。如北京鲁迅纪念馆自1997年起共招募志愿者55批次，共计1890人次，参与展览卫生保洁、社会问卷调查、志愿研究项目等工作。但博物馆志愿者真正在社会上引起广泛关注，是开始于中国国家博物馆2002年面向社会公开招募义务讲解员，随后故宫博物院、首都博物馆等陆续开始面向社会公开招募志愿者。

目前，北京地区已注册了 55 家博物馆志愿服务队，其中北京市文物局下属单位 17 家。签约志愿者总人数为 4579 名，累计志愿服务时长为744520.4 个小时，其中单人累计服务最长为 10270 个小时。

（二）文博志愿服务管理及存在的问题

2010 年 "5·18" 国际博物馆日之际，在北京市文物局、北京博物馆学会领导和专家的关注与指导下，北京博物馆学会志愿者专业委员会于 2010年 5 月在首都博物馆成立，作为北京博物馆学会的下设专业委员会，由北京地区从事博物馆志愿者服务、管理、指导和支持的单位和个人组成。其定位为打造两个平台：一是北京地区博物馆志愿者队伍学习交流平台；二是北京地区博物馆志愿者工作资源共享平台。目标是建设一支北京地区高素质、高标准、高水平的博物馆志愿者队伍。志愿者专业委员会的成立对加强北京地区博物馆志愿者队伍的交流学习，推动高素质、高标准、高水平博物馆志愿者队伍的建设具有重要的作用。志愿者专业委员会依托志愿服务平台申报社会项目，联动多馆的志愿服务，以项目带动志愿服务且凝聚团队。

2010 年 12 月 18 日，北京博物馆志愿服务总队成立。北京博物馆志愿服务总队是由北京市文物局直接领导的一支博物馆行业志愿服务机构，由北京市文物局博物馆处具体负责，北京文博交流馆开展具体工作。北京博物馆志愿服务总队于 2012 年 3 月 30 日在 "志愿北京" 网站注册为一级志愿服务团体，以促进北京地区博物馆志愿服务工作的开展、扩大博物馆志愿者的社会影响力、做好博物馆志愿者专业队伍建设为宗旨。主要职责是协助北京地区博物馆在 "志愿北京" 网站注册，成为总队下级团队；审核各服务队发布的志愿服务项目；开展志愿服务培训，为各服务队做好服务；接受北京志愿服务联合会安排的相关工作；定期开展北京地区博物馆志愿服务培训；评选表彰十佳博物馆志愿服务队和十佳博物馆志愿者。

博物馆志愿者队伍从最初的任意性、自由性、开放性的服务，逐渐向常态化、规范化、体系化的方向发展，其队伍逐步扩大、服务项目逐步丰富、志愿者来源逐步稳定、志愿者队伍逐步规范。在以志愿者为主体的自我管理

团队的作用发挥方面，既呈现志愿服务管理创新的一面，又存在尚待解决的问题。

1. 创新的表现

部分志愿者工作较为成熟的博物馆开始尝试志愿者自我管理，成立了志愿者委员会，将一部分招募、培训、组织、管理的职能实现由社会教育部门直接管理向志愿者委员会间接管理的转变。一方面，充分挖掘了志愿者自身的人力资源优势，调动了个人的积极性和主动性，更好地形成了有效的团队凝聚作用；另一方面，作为联系志愿者个人与馆方管理者之间的桥梁，实现了更加有效的互动和沟通。同时，尚有两方面的表现值得关注：其一，各馆基本上均建立了志愿者的管理、考核制度，明确了双方的权利义务关系，但仅有少数博物馆通过签署协议的方式将之确定下来，将各项制度要求、志愿者保障等在开始年度服务的时候便已明示，此举在一定程度上为思考博物馆志愿者在服务中的权利义务提供了一个窗口；其二，部分博物馆已经着手志愿者在服务期间的权利保障工作，如购买人身意外伤害保险等，既是对志愿者的保护，在某种程度上也是在明确双方权利义务关系下对馆方管理者的保护。

志愿服务有以下三个方面的表现。其一，志愿者总体流失率偏高。如某博物馆累计招募志愿者 3 批，共计 160 人，但如今在册服务的志愿者仅为80 人。这既与志愿者的个人选择有很大关系，也与社会公众对志愿者的认识有着密切的联系，缺少一种身为志愿者的责任感和使命感。其二，志愿服务人员组成方面主要有两个年龄段，即 18 岁至 24 岁的大学生和 50 岁以上的离退休人员。以上述某博物馆为例，大学生占到志愿者总数的 40%，离退休人员占到 35%。但也有个别博物馆根据自己的实际需求，着眼于便于管理、人员稳定等方面的考虑，通过馆校合作的方式，以大学生来满足志愿者队伍的需要；也有个别行业博物馆，在大学生志愿者的基础上，也吸纳了行业内的职工参与其中。其三，志愿者在志愿服务方向上主要是以义务讲解的形式参与，少数博物馆招募的志愿者会进行咨询、引导、维护等工作。近年来，各馆志愿服务项目不断丰富，如摄影、专项策划、标本制作等。

志愿服务有积极的作用。首先，志愿者之间的交流明显增加，有效增强了志愿者之间的互动性；其次，博物馆建立了与其他志愿者组织的合作关系，使博物馆志愿者在北京整体志愿服务的队伍中体现出一定的特色，如与北京志愿者联合会、西城区志愿者联合会等组织的沟通和互动，在活动开展方面也进行了富有成果的创新；最后，各馆基本建立了与相关学校的合作关系，签署了合作协议，一方面有效保证了志愿者队伍的充实，另一方面对在大学生中推广博物馆起到了有效的促进作用。特别值得一提的是，大钟寺古钟博物馆等与合作院校开展的义务讲解员大赛等项目，已在北京高校中形成了一定的品牌效应。

2. 尚待解决的问题

（1）服务项目多样化

现阶段，博物馆志愿者服务项目比较单一，主要集中在义务讲解上，未能完全发挥志愿者有效的人力资源优势，但也不能急于盲目借鉴国外的经验，将志愿服务扩展到博物馆管理、研究、服务等各个方面。摆在我们面前的问题是，如何在社会教育功能有效发挥的大框架下更好地激发志愿者的热情，围绕博物馆的展览创新志愿服务的形式，从而使各博物馆在自身馆藏、研究、教育特色的基础上，形成具有一定社会影响力和关注度的博物馆志愿服务项目。

（2）建立规范化服务管理模式

基于志愿者流动性、自发性的特点，在管理的规范化方面如何把握平衡的尺度，是值得我们思考的。这里的规范化不仅体现在各馆自身管理方面，或者是结合志愿者自我管理团队而形成的规范化管理体系，或者是直接由管理部门出具的一系列规章制度而形成的规范化管理体系，也体现在各馆之间在某些管理规范方面的标准化问题。

（3）科学完善的数据统筹

很多从事志愿服务时间较长的志愿者，服务的单位并不是一家博物馆，而是两家甚至三家，因此在数据汇总方面，就会出现重复性的问题，体现在更深层面的就是北京地区博物馆志愿者身份认证的问题。建立统一的资格认证，明确其注册单位，但是可以根据自己的时间安排等来选择多点进行考核以后的执业服务，以实现对北京地区博物馆志愿者队伍整体情况的动态化掌握。

（4）搭建有效的交流平台

如何搭建有效的交流平台，使博物馆志愿者队伍整体素质在相互交流促进中有所提升，是值得思考的。我们的目标是通过各博物馆的共同努力，也通过每一位志愿者的共同努力，在博物馆志愿服务方面，形成一个经得起考验且得到广大观众认可的"北京模式"，为和谐社会的发展做出应有的贡献。我们坚信，这样的目标在不远的将来一定能够实现。

（三）特色文博志愿服务

各博物馆根据自身的性质、观众定位群体等情况，逐步形成了具有自身特色的博物馆志愿服务工作，极大地丰富和创新了博物馆的社会教育服务方式。

2012年，北京博物馆学会志愿者专业委员会策划并启动了"魅力北京·百场讲述"项目，组织博物馆志愿者深入学校、社区、企业等，以主题宣讲的方式，分享中华优秀传统文化，弘扬社会主义核心价值观，为庆祝北京地区博物馆事业百年纪念献礼，为弘扬北京精神创造新的宣传和实践形式（见图11）。从队伍构成、表现形式、受众反馈来说，项目主要体现出"三化"。

图11　北京博物馆志愿者文化讲述团首场汇报

1. 队伍层次化

项目启动后，有近 40 余家博物馆参与，共 121 名志愿者及博物馆从业人员报名，经过严格选拔及专业培训，最终确定 100 名讲述团成员，其中 20 余名核心成员，集中呈现了北京地区文博志愿服务的专业水准。

2. 形式专业化

为确保讲述内容的专业性、讲述方式的针对性等，志愿者专业委员会先后组织四场专业培训。在培训工作完成后，讲述团分为不同的小组，走进企业、社区、学校等开展讲述活动，讲述形式呈现多样化的特点。

（1）丰富的讲述内容更加贴近群众需求

讲述内容以在博物馆视角下讲述北京的魅力为中心，经过专家研讨，最终确定了以革命战争题材为主的红色北京、以城市变迁题材为主的大城北京、以皇城演变为主的皇城北京、以历史进程为主的历史北京、以艺术展览为主的艺术北京、以科技成果为主的科技北京、以自然风貌为主的自然北京、以人文故居为主的人文北京、以北京风俗为主的民俗北京等 9 个小组，将不同博物馆的志愿者根据讲述题目和内容的区别编入不同的小组，按照所联系企业、社区和学校的需要，有针对性地开展讲述，更加贴近群众需求。

（2）灵活的讲述方式更吸引公众

各博物馆类型不同、展览类型不同、受众群体不同，对讲述方式提出了更加细致和深入的要求。为此各讲述团成员积极调整，以灵活的讲述方式来吸引普通公众的参与，如北京自然博物馆的志愿者现场与观众和孩子们一起做保护自然的健康操、中国科学技术馆的志愿者现场就血液问题与观众问答互动等，使此项活动在观众当中引起强烈反响。西城德胜门外街道社区的讲述活动后，很多老人直至饭点仍不愿离去，又在北京古钱币博物馆的热情组织下参观展览，使社区居民与博物馆的联系更加紧密。

3. 受众多元化

在各博物馆的支持下，项目先后组织 100 余场讲述，覆盖群体中既有中小学生也有社区居民，既有郊区县百姓也有企业白领等，体现了受众的多元化。

（1）与不同组织之间搭建有效平台

活动推进过程中，得到了有关单位和部门的大力支持，将讲述团的活动通过更加有效和多样的渠道推广。如在怀柔区委宣传部的邀请和组织下，在怀柔区图书馆为当地干部和百姓进行讲述；在东华门社区的邀请和组织下，故宫博物院组织皇城北京小组为居民进行讲述等。通过诸多平台作用的发挥，讲述活动取得了良好的效果。

（2）以创新方式服务受众

一是打破馆际壁垒，集中组织。围绕"魅力北京"选取多题材、多角度、多家博物馆志愿者共同参与的专场讲述活动。二是针对目标受众的需求，由各博物馆牵头组织讲述活动。如故宫博物院、中国妇女儿童博物馆、首都博物馆、文化和旅游部恭王府博物馆、北京自然博物馆、中国人民抗日战争纪念馆等博物馆围绕本馆主题或独立组团或邀请相关博物馆志愿者共同参与讲述，走进校园、走进社区、走进军营、走进远郊区县。

（3）延伸文博平台，扩大志愿讲述团的影响

2013年，北京博物馆学会志愿者专业委员会还充分发挥讲述团的交流优势，先后应邀组织讲述团赴福建厦门、浙江宁波等地开展主题分享活动，不仅展示了北京地区博物馆志愿者的风采，更加强了与当地博物馆志愿者的学习交流（见图12、图13）。2014年，北京博物馆学会志愿者专业委员会将讲述团成员的100份稿件进行集中修订并选取部分稿件编辑出版《魅力北京·百场讲述集锦》一书，讲述团活动不仅体现在北京地区博物馆教育资源的整合上，更体现在今后的博物馆发展中。2015年，在国家大力推动京津冀协同发展的背景下，首都博物馆举办了"地域一体·文化一脉——京津冀历史文化展"；北京博物馆学会志愿者专业委员会又联合天津和河北两地博物馆及文博志愿者专业委员会，开展京津冀三地的志愿者分享交流活动，引起了热烈的反响。

北京作为全国的政治文化中心，北京地区博物馆志愿服务必须突出北京地区文博志愿服务的特质，凝聚北京地区文博志愿组织与多方资源的合力，拓展志愿文博服务范围，助力社会发展、文明进步，建立起独具特色的志愿

文博交流平台，展示北京地区文博志愿者的魅力与风采，增进国内外文博志愿服务的业务交流，塑造品牌化的志愿文博项目，培养优秀的志愿文博个人。

图 12　北京博物馆志愿者宣讲团赴宁波博物馆汇报交流

图 13　北京博物馆志愿者文化讲述团在集美大学的讲述现场

B.10
北京地区博物馆促进新时代外交研究报告

彭晓云*

摘　要： 博物馆是一座城市的名片，是地域性文明的标志和形象。北京作为中国首都，在国内城市中具有独特地位，拥有历史悠久的中华传统文化遗产、优秀的革命文化传统和蓬勃发展的社会主义先进文化。北京地区的博物馆在外交方面发挥着重要作用，扮演着重要角色。近年来，北京地区博物馆配合国家外交政策，担当"文化客厅"角色，为推动新时代外交发展、促进中国文化的对外传播发挥着积极的作用。

关键词： 文化交流　"文化客厅"　国际博物馆联盟　"一带一路"

一　国家政治外交的"文化客厅"

从近年来北京地区博物馆所承担的"文化客厅"作用看，博物馆基于自身的场地设施和文化展示属性，不断提供文化外交场地及独特的文化服务活动，形成内容丰富的文化交流空间。典型方式为配合外事活动，中外双方政要共同参观博物馆，包括参观展览、体验传统文化活动、观看传统艺术表演、互赠博物馆文创纪念品等。

2014年11月，国家主席习近平的夫人彭丽媛邀请来华出席加强互联互

＊ 彭晓云，中国国家博物馆副研究馆员，北京博物馆学会学术委员会秘书长，硕士研究生，主要研究方向为中国古代陶瓷和文物博物馆。

通伙伴关系对话会的部分外方政要的夫人参观首都博物馆，彭丽媛和来宾们一起参观"古都北京·历史文化篇"展览，并欣赏中国传统民乐，通过参观博物馆展览、体验相关文化活动，形象地展示了北京这座城市悠久的历史文化和灿烂的古都文明。①

2017 年 11 月 8 日，国家主席习近平和夫人彭丽媛在故宫博物院接待来华进行国事访问的美国总统特朗普和夫人梅拉尼娅，两国元首夫妇在宝蕴楼进行会谈、品茗赏画，随后参观了太和殿、中和殿、保和殿、畅音阁等宫宇遗迹以及故宫文物医院，观看了古书画临摹复制，青铜器、古代钟表修复等中国传统文物修复技艺，欣赏了国粹京剧表演等。② 党的十八大以来，中央领导人在故宫博物院接待了多国政要，为国家外交发展、实践文化自信、传播中华文化做出了积极贡献。

根据中国国家博物馆官网公布，2018 年国博共接待外国来访团组 183 批次，③ 2019 年接待外国来访团组 280 批次。④ 另如北京地区的孔庙和国子监博物馆、中国航天博物馆、中国化工博物馆、中国体育博物馆等，每年均承担了大量接待外国政要、专家访团参观交流的重要工作。

党的十八大以来，中国对外合作交流方式已从传统的以政治、经济为主，逐渐向"政治、经济、文化"三方推动的趋势发展。北京地区博物馆举办的对外交流项目中，除了举办展览等传统方式外，活动内容和形式趋于多元，文物修复、文物保管、学术科研、文创产业等均发挥了重要作用。一方面，当今博物馆发展更加全面与成熟，管理更加科学有序，业务职能划分更加细化，人员专业技术更加精专，因此可供选择的文化服务和文化体验项目愈加

---

① 郝亚琳：《彭丽媛邀请出席加强互联互通伙伴关系对话会的部分外方政要夫人参观首都博物馆》，人民网，2014 年 11 月 11 日，http：//world．people．com．cn/n/2014/1111/c1002 - 26005679．html。

② 李忠发、谭晶晶、潘洁：《穿越时空的握手——习近平主席夫妇同特朗普总统夫妇参观故宫侧记》，新华网，2017 年 11 月 9 日，http：//www．xinhuanet．com/2017 -11/09/c_ 1121932390．htm。

③ 中国国家博物馆：《2018 年度中国国家博物馆数据报告》，中国国家博物馆官网，2019 年 2 月 28 日，http：//www．chnmuseum．cn/zx/gbxw/201903/t20190307_ 79990．shtml。

④ 中国国家博物馆：《2019 年度中国国家博物馆数据报告》，中国国家博物馆官网，2020 年 1 月 21 日，http：//www．chnmuseum．cn/zx/gbxw/202001/t20200123_ 191603．shtml。

丰富多样，为提供多元化的文化艺术活动奠定了基础；另一方面，随着中国在国际舞台上扮演着愈加重要的角色，越来越多的外国来宾对中国文化和中国的博物馆产生了浓厚的兴趣，且具备良好的基础认知，不再满足于简单的展览介绍，而对博物馆历史与博物馆藏品有着更加明确的兴趣点及指向性。

北京地区的博物馆在承担国际"文化客厅"的社会职能中，除了提供具体的场地、活动项目外，近年来还配合重要的外交活动，推出了具有可持续发展的长期规划项目。

2018年5月，太湖世界文化论坛与故宫博物院签署战略合作协议，宣布共同创建"中华文化客厅"项目，打造《中华文化客厅文化名录》，包括建立"文化体验""文创项目""健康养生""价值传播"板块，计划开展戏曲表演、国学讲座、美食茶艺、中医药养生等多方位的体验项目，力图整合故宫博物院与太湖世界文化论坛双方资源，共创"文化客厅"服务，展示中华优秀文化。①该合作开启了北京乃至全国范围内博物馆"文化客厅"功能更多可能性的探索，充分利用了博物馆特有的文化优势，具有一定的开拓性和创见性，为国内博物馆如何更好地承担国际"文化客厅"角色，提供了值得参考的范例。

二　国际博物馆联盟与国际论坛

近年来，北京充分发挥全国政治、文化中心作用，多家博物馆牵头或作为主要参与方积极促进中外博物馆共建联盟、搭建博物馆界合作交流平台，为推进国际博物馆的交流与发展做出了积极贡献。

（一）"丝绸之路国际博物馆联盟"、"全球博物馆馆长论坛"和《北京宣言》

2013年，国家主席习近平在出访中亚和东南亚国家期间，先后提出了

---

① 应妮：《太湖世界文化论坛与故宫博物院联合打造"中华文化客厅"》，中国新闻网，2018年5月5日，https：//www.chinanews.com/gn/2018/05－05/8506806.shtml。

共建"丝绸之路经济带"和"21世纪海上丝绸之路"的战略构想,提倡"和平合作、开放包容、互学互鉴、互利共赢"和"共商、共建、共享"的原则。2017年5月14日,习近平主席在"一带一路"国际合作高峰论坛开幕式上发表《携手推进"一带一路"建设》的演讲,明确指出:"我们要将'一带一路'建成文明之路。'一带一路'建设要以文明交流超越文明隔阂、文明互鉴超越文明冲突、文明共存超越文明优越,推动各国相互理解、相互尊重、相互信任。"①

共建"一带一路"国家和地区的博物馆收藏有丰富的见证丝路发展的古今重要藏品,在这些国家和地区间建立起博物馆联盟对共建"一带一路"文明体系意义深远。

2017年5月,"丝绸之路国际博物馆联盟"由中国博物馆协会丝绸之路沿线博物馆专业委员会联合"国际丝路之绸研究联盟"和"丝绸之路国际博物馆友好联盟"3个组织以及巴基斯坦和坦桑尼亚的2个博物馆机构共同发起成立。现有成员共计161个单位,其中包括国际机构50个,国内机构111个。②2018年11月,首届"丝绸之路国际博物馆联盟大会"在福建福州海峡国际会展中心开幕,来自12个国家的17家机构共同签署了展览合作框架协议。③2019年12月,丝绸之路国际博物馆联盟第二次执行理事会会议在中国国家博物馆召开,主要针对丝绸之路沿线国家和地区博物馆之间的合作与发展展开探讨,同期,举办"文明的交流与互鉴"主题展览。④

为进一步探讨"一带一路"博物馆文明共建发展,2019年4月,由中

① 习近平:《携手推进"一带一路"建设——在"一带一路"国际合作高峰论坛开幕式上的演讲》,新华网,2017年5月14日,http://www.xinhuanet.com/world/2017-05/14/c_1120969677.htm。

② 《联盟概况》,丝绸之路国际博物馆联盟官网,http://www.musesilkroad.com/?c=abouts&a=index。

③ 《丝路帆远创新篇——首届丝绸之路国际博物馆联盟大会在福州召开》,中国国家博物馆官网,2018年11月25日,http://www.chnmuseum.cn/zx/gbxw/201811/t20181125_2130.shtml。

④ 《丝绸之路国际博物馆联盟第二次执行理事会会议在中国国家博物馆召开》,中国国家博物馆官网,2019年12月5日,http://www.chnmuseum.cn/zx/gbxw/201912/t20191205_177698.shtml。

国国家博物馆主办的"全球博物馆馆长论坛"在北京召开,① 论坛以"丝绸之路国家博物馆的功能与使命"为主题,围绕"丝绸之路国家博物馆藏品与展览交流""智慧博物馆建设""展览的多样性呈现"等分议题深入研讨,并达成《国博共识》等成果性文件(见图1)。

图1 "全球博物馆馆长论坛"在中国国家博物馆举行

同样为配合国家"一带一路"倡议,2017年11月由中国自然科学博物馆协会主办、中国科学技术馆和上海科技馆承办的首届"一带一路"科普场馆发展国际研讨会在北京召开,"一带一路"沿线22个国家的24家科普场馆和机构参会,会议围绕丝路沿线国家自然科学博物馆之间的合作展开,并正式发布了《北京宣言》。该宣言以"协同共享、场馆互惠、共建科学传播丝绸之路"为主题,对未来进一步的协同合作计划进行了具体的可持续发展式的讨论,为促进共建"一带一路"国家科普工作的共同发展做出进一步努力。②

---

① 《全球博物馆馆长论坛在中国国家博物馆开幕》,中国国家博物馆官网,2019年4月11日,http://www.chnmuseum.cn/zx/gbxw/201904/t20190411_105759.shtml。

② 《北京宣言》(2017年11月28日首届"一带一路"科普场馆发展国际研讨会通过),《自然科学博物馆研究》2018年第1期。

以上在北京地区举行或召开的"一带一路"博物馆相关合作活动及会议，均体现了以博物馆为载体的丝绸之路沿线地区的文化向心力，为践行共建"一带一路"国家和地区文化的交流互鉴、弘扬我国优秀的丝路历史文化具有十分重要的作用。

（二）金砖国家博物馆联盟

党的十八大以来，我国举办了一系列主场外交活动，如亚太经合组织领导人非正式会议、二十国集团领导人峰会等。金砖国家领导人厦门会晤无疑是中国特色大国外交的又一次成功实践，[1] 不仅进一步加强了金砖国家之间的友好关系，拓展和深化了五国新兴市场的合作规划，且充分体现了中国智慧和中国格局。2015 年 6 月首届金砖国家文化部长会议在俄罗斯莫斯科举行。2017 年 7 月第二届金砖国家文化部长会议在天津举行，会议在推动的一系列文化领域合作计划中，包括成立博物馆联盟等相关内容。[2]

2018 年 10 月，来自巴西博物学院、俄罗斯国家历史博物馆、印度国家博物馆、南非迪宗博物馆的代表们齐聚中国国家博物馆，重点讨论了联盟成立宣言及备忘录、章程，正式建立了金砖国家博物馆联盟。同期，首届金砖国家博物馆联盟学术论坛在中国国家博物馆举行，与会代表围绕"智慧博物馆建设——机遇与挑战""全球化与逆全球化并存形势下金砖国家博物馆的功能与使命"两大议题进行了深入交流。未来合作将包括联合举办展览、专业人员学术交流、探讨开设联盟门户网站等内容。[3]

金砖五国均拥有十分悠久的历史文化，各国博物馆拥有得天独厚的国家文化、文物资源，金砖国家博物馆联盟的成立，为各国博物馆的未来发展开辟了新的道路，形成资源共享，促进交流互鉴。促进认识各国之间相似的发

---

① 王毅：《金砖合作扬帆未来　中国外交阔步前行》，《求是》2017 年第 9 期。

② 邱小玲：《推动中国文化国际传播的"金砖之路"》，《求知》2018 年第 11 期。

③ 《金砖国家博物馆联盟成立　中国国家博物馆馆长担任首届主席》，中国国家博物馆官网，2018 年 10 月 25 日，http：//www.chnmuseum.cn/zx/gbxw/201810/t20181025_2095.shtml。

展背景和共同的发展愿景，充分利用各国博物馆资源优势，为深化金砖伙伴关系的密切发展做出持续努力。

（三）中日韩博物馆国际学术研讨会

东亚中日韩三国拥有历史悠久的文化渊源，相较西方文明，东亚国家对彼此的文化历史也更加熟悉和包容，文化领域的交流向来密切。2018 年 8 月，第 17 届中日韩博物馆国际学术研讨会在首都博物馆举行，来自北京首都博物馆、沈阳故宫博物院、日本东京都江户东京博物馆和韩国首尔历史博物馆的与会代表参加了本次研讨会（见图 2）。会议围绕"资源共享与学术联合——'首都学'语境下的博物馆'超级连接'"展开讨论，在此基础上，达成《2018 中日韩博物馆国际学术研讨会馆长圆桌会议声明》。同期，由首都博物馆和江户东京博物馆联合主办的展览"都市·生活——18 世纪的东京与北京"开幕。①

图 2　第 17 届中日韩博物馆国际学术研讨会在首都博物馆举办

---

① 《第十七届中日韩博物馆国际学术研讨会在首博召开》，首都博物馆官网，2018 年 8 月 17 日，http：//www. capitalmuseum. org. cn/zjsb/content/2018－08/17/content_ 64512. htm。

中日韩博物馆国际学术研讨会的持续开展，展示了亚洲地区博物馆在人才培养、学术合作、共办展览、文化传播等方面深化合作交流的局面，为推动亚洲地区文化发展做出了一定的贡献。

三 展览建立国际文化桥梁，诠释人类命运共同体

展览作为博物馆文化输出的核心产品，是国际范围内博物馆交流互鉴的重点合作内容之一，通过展览展示各国的多元文化内涵、诠释文化价值导向，仍是国际文化交流的重要方式，是推动各国友好发展、促进各国文明互鉴的桥梁和纽带。进入新时代，北京地区博物馆举办的国际性展览更加频繁、内容更加深化。博物馆通过展览，进一步践行文化"走出去、引进来"的战略思想。

（一）北京地区博物馆举办国际交流展览的类型

根据展览内容、主题等的不同，北京地区博物馆近年来举办的国际交流展览可大致分为博物馆引进的国外展览、博物馆举办的出国展览、中外博物馆共同策划的文化交流展览、海外回流文物展览等类型。

1. 博物馆引进的国外展览

此类展览主要与国外博物馆或相关收藏机构合作，以介绍国外历史文化为目的，通过引进国外博物馆或文化机构藏品并举办展览，展示全球文化风貌，帮助国内观众了解不同国家的文明特色和历史变革，提高国民的全球化意识。如中国国家博物馆于2018年1月举办"学院与沙龙——法国国家造型艺术中心 巴黎国立高等美术学院珍藏展"，11月举办"平民情怀——平山郁夫藏丝路文物展"；故宫博物院于2016年举办"梵天东土 并蒂莲华：公元400—700年印度与中国雕塑艺术展"，2017年举办"浴火重光——来自阿富汗国家博物馆的宝藏"；首都博物馆于2015年举办"水路城市，首尔：清溪川的变迁"，2018年举办"重生：巴洛克时期的西里西亚——波兰弗罗茨瓦夫国立博物馆馆藏精品展"等。专题博物馆、高校博物馆推出的

类似展览如 2009 年 5 月由中国科学院规划战略局、科学技术部政策法规司和中国科协科普部共同主办的"纪念《物种起源》发表 150 周年暨达尔文诞辰 200 周年展"在国家动物博物馆举办；又如清华大学艺术博物馆举办的"从莫奈到苏拉热：西方现代绘画之路（1800—1980）""西方绘画 500年——东京富士美术馆馆藏作品展""器服物佩好无疆——东西文明交汇的阿富汗国家宝藏展"等。

此类展览主题一般由展览举办方与国外博物馆或相关收藏机构合作拟定，藏品由对方提供，我方博物馆主要负责提供场地和布展设施、展览的宣传、配合展览内容的策划等。

2. 博物馆举办的出国展览

北京地区博物馆积极向国外推广中国专题展，以向海外人民展示中华优秀传统文化为目的，以博物馆自身藏品为主体，通过展览"走出去"，让国外观众充分认识到中华文明悠久的历史渊源、丰富的文化内涵、多元的艺术形式和快速发展的现代科学技术。

北京地区如 2016 年 6 月北京市文物局、大钟寺古钟博物馆和俄罗斯国立圣彼得堡历史博物馆共同举办的"北京古钟拓片艺术展"；故宫博物院于 2017 年赴芬兰坦佩雷市博物馆举办"永膺福庆——清代宫廷的辉煌"展，2018 年赴葡萄牙阿茹达宫举办"东风西韵——紫禁城与海上丝绸之路"展；2017 年 6 月至 10 月中国古动物馆在英国诺丁汉举办"中国恐龙：从陆地霸主到飞天精灵"展等。

此类展览将中国优秀的传统文化、先进的科技成果介绍给国外人民，以展览和展品"讲好中国故事"，进一步加强中国文化软实力、提升国际影响力。

3. 中外博物馆共同策划的文化交流展览

另有一些由中外双方博物馆或文化机构共同策划的交流展览，展品由两家或两家以上博物馆或文化机构的藏品共同组成，以阐释中外历史文化的相互交流和互鉴、诠释世界文化交融为目的。此类展览涉及多元文化、交叉学科的比较研究和阐释，筹备和策划相对更加复杂，通过对中外藏品联合展示、相互比较，宏观地展示跨地域文明的融合和发展。如 2019 年 5 月，为配合亚洲文明对话大会，由文化和旅游部、国家文物局主办，中国国家博物馆、中国文化交流中心承办的"大美亚细亚——亚洲文明展"，汇集中国国家博物馆、洛阳博物馆、印度新德里国家博物馆、新加坡亚洲文明博物馆等亚洲 47 国及希腊、埃及两个文明古国的珍贵文物，展示了各国长期以来紧密团结、携手与共的珍贵历史（见图 3）。另如北京自然博物馆于 2014 年 9 月与挪威弗拉姆博物馆共同主办的"探索北极——过去、现在和未来"科普展等。

图 3 "大美亚细亚——亚洲文明展"

4. 海外回流文物展览

自新中国成立以来，陆续有海外文物回流并入藏国内各博物馆，是我国综合国力增强、国际影响力进一步提升的具体表现。北京地区博物馆近年来举办了多次回流文物展览，以 2019 年 9 月由文化和旅游部、国家文物局主办，中国国家博物馆、中国文物交流中心承办的"回归之路——新中国成立七十周年流失文物回归成果展"较有代表性，该展览汇集了来自 13 个省区市 18 家文博单位的 600 余件回归文物，较为集中地展示了新中国成立以来海外流失文物回归的历史性成就。另如 2019 年 4 月中国国家博物馆举办的"归来——意大利返还中国流失文物展"，展示了 2019 年 3 月在中国国

家主席习近平、意大利总理孔特共同见证下，意大利向中国返还的796件中国流失文物。

此类展览通过展示、讲述中国文物从流失海外到回归国家的历史进程，体现了我国政府促进海外流失文物回归的艰辛历程，以及中外各国在打击文物走私、非法贸易和追索流失文物、推进国际立法等方面的共同努力。

（二）北京地区博物馆举办国际交流展览的特点和趋势

1. 密切配合国家外事活动

北京作为首都，其博物馆更大程度地承担着配合国家重大外交事务举办各种文化展览的工作。近年来，由文化和旅游部等国家部委主办的国际交流展览较多，具有中国对外友好邦交的政治背景。相较于其他地区，北京地区博物馆举办的国际交流展览数量和内容更加丰富，主要集中于一级综合类博物馆和部分专题类博物馆。

2. 策划更具专业性、学术性

从内容上看，北京地区博物馆近年来举办的国际交流展览呈现出更加专业、学术性更强的趋势，不再局限于藏品的罗列、对历史的简单叙述，而是吸收了不少学术前沿观点，深度挖掘跨地域文化的共性和延展性。

3. 展览数量更多、主题更鲜明

不管是"引进来"还是"走出去"，北京地区博物馆国际交流展览的数量呈增长趋势，一些展览规模较大，如"回归之路——新中国成立七十周年流失文物回归成果展"共展出600余件藏品，"大美亚细亚——亚洲文明展"共展出400余件藏品等。展览主题中多有涉及"一带一路""亚洲文明对话"等重要主题。

四　知识、技术搭建国际业务共享平台

在全球化时代，博物馆发展不仅需要提高国际展览水平，更需要在专业

技能、学术研究、社会教育等多项业务领域全面提升，在交流互鉴中相互取长补短。北京地区博物馆在具体业务发展方面积极与国外博物馆合作，包括组织国际博物馆专业人员培训、推进博物馆人员相互考察交流、合作发行学术出版物、合作举办相关活动等。

（一）国际博物馆专业人员培训

2013 年 7 月，由国际博协、中国博协和故宫博物院合作建立的国际博协培训中心（ICOM－ITC）在故宫博物院正式成立，该机构是国际博协设立的重要博物馆专业培训机构，以博物馆管理、藏品、教育与展览为 4 个基本主题循环举办培训，授课者主要为中外博物馆界各领域的著名专家学者，课程以课堂教学和实地考察交流为主，有效促进了博物馆专业人员互相学习和交流。[①]

2013 年 11 月，由文化部主办、中央文化管理干部学院承办的"中非博物馆馆长论坛暨非洲博物馆馆长研修班"在北京举办。来自埃塞俄比亚、津巴布韦等 15 个非洲国家的博物馆馆长参加。培训涉及博物馆管理、博物馆公共教育、文物修复、新兴技术应用等方面，中国 9 个省区市 13 位博物馆馆长与此次来华的非洲博物馆馆长共同探讨了中非博物馆界的合作与发展，为中非博物馆之间的深化合作提供了交流平台。[②]

以上述两个培训活动为例，北京地区博物馆在培养和提高国际博物馆专业人员的业务能力、促进中外博物馆交流互鉴方面做出了较大努力。

（二）业务交流与合作

博物馆除了承担展览、公共教育服务等工作以外，还包括学术研究方面的业务工作。北京地区博物馆通过推进中外博物馆人员相互考察交流、合作

[①] 《国际博协培训中心》，故宫博物院官网，https：//www.dpm.org.cn/singles_detail/237713.html。
[②] 《非洲博物馆馆长研究班在京开幕》，中华人民共和国国务院新闻办公室官网，2013 年 11 月 12 日，http：//www.scio.gov.cn/zhzc/35353/35354/Document/1505214/1505214.htm。

发行学术出版物、联合考古发掘等方式与国外博物馆密切合作。

北京地区博物馆专业人员的考察交流项目较丰富。如中国国家博物馆于 2010 年与德国柏林国家博物馆、德累斯顿国家艺术收藏馆和慕尼黑巴伐利亚国家绘画收藏馆签署了馆际人员交流备忘录，此后各馆多次开展人员交流，后期加入了中国美术馆、上海博物馆和广东美术馆，从一对三的交流变为四对三的交流，此次交流简称 MEEP。此类交流通过专业人员赴对方博物馆考察学习，深入学习和了解国外博物馆的基础设施、管理、展览、学术情况等，有效地拓宽了博物馆业务工作者的视野和工作思路。①

世界各国博物馆均有各自独特的藏品资源优势，中外博物馆共同合作、对博物馆藏品进行出版研究，是推进博物馆文化宣传教育、学术共进的一种有效方式。北京地区博物馆如中国国家博物馆推出较大规模的国际出版项目《海外藏中国古代文物精粹》系列丛书，由双方博物馆专家共同整理、撰稿，兼具较高的艺术与学术价值。此类出版物对双方博物馆的藏品展示、宣传教育、学术研究等方面均发挥着重要作用。

北京地区博物馆其他业务方面的国际合作还包括举办博物馆相关的国际学术研讨会、与国外博物馆或高校联合组织考古发掘等，从各方面综合促进国际博物馆界业务水平的发展。

（三）宣传教育活动

除了举办展览以外，中外博物馆之间还通过举办各种文化活动促进互相了解。如 2016 年 7 月中国化工博物馆组织的"分子共和国"化学主题日活动在蓝星国际夏令营举办，来自法国、挪威、澳大利亚、美国、英国、德国等 11 个国家的营员与中国营员共同参与，通过一系列化学主题活动，让中外营员切身体会到化学知识的作用和魅力，增进了青少年对自然科学的浓厚

---

① 郑烨：《博物馆专业人员国际交流项目的策划——以中国国家博物馆与德国博物馆人员交流为例》，《中国国家博物馆馆刊》2017 年第 7 期。

兴趣，给中外青少年提供了彼此了解交流的平台。①

　　此类活动以寓教于乐的方式，实践了博物馆宣传教育工作的多样性，通过组织丰富多彩的社会活动，进行自然、人文知识的科普工作。

---

① 《"分子共和国"化学主题日活动成功举办》，中国化工学会官网，2016 年 7 月 29 日，http：//www. ciesc. cn/news/popular/a383. html。

专 题 篇

Special Topics

B.11
北京地区博物馆智慧博物馆发展报告

张全礼*

摘　要： 智慧博物馆使传统博物馆的运行管理、数据资源、传播方式、科学教育等方式发生了变革。本报告探讨了智慧博物馆的概念与基本模型、北京地区智慧博物馆的体系建设与现代信息技术的结合、新科技给智慧博物馆建设带来的机遇以及建立智慧博物馆技术指标体系的发展趋势，构建文博领域管理利用的新模式和新形态，推进文博事业的创新与发展。

关键词： ROAD 模型　智慧服务　智慧管理　智慧保护

---

* 张全礼，首都博物馆文博馆员，硕士研究生，主要研究方向为文物与博物馆学。

博物馆收集和保藏着具有人类文明印记的物证，是保护和传承人类文明的殿堂。随着新的理念和技术的发展，博物馆与新技术的融合已经成为博物馆建设的新方向，在 2012 年印发的《博物馆事业中长期发展规划纲要（2011—2020 年）》中已指出"推进数字化博物馆建设"的目标规划。2016年 11 月 10 日，刘延东副总理在联合国教科文组织国际博物馆高级别论坛的发言中明确指出："建设智慧博物馆，让藏品跨越时空，飞入寻常百姓家。"智慧博物馆理念是博物馆创新发展的一种新思维，为人们认识博物馆、发展博物馆提供了新视角。北京地区的博物馆建设，把近年来兴起的新技术如物联网、云计算、5G、大数据、人工智能等，应用到智慧博物馆的建设中，以立体、多元、全方位的信息化手段，不断提高博物馆管理的现代化水平，让博物馆融入人们的日常生活。

一 智慧博物馆概念与北京地区智慧博物馆建设的核心内容

智慧博物馆是博物馆领域的一次革新，以博物馆业务需求为核心，突破了博物馆传统的发展模式，推动了博物馆工作模式的变革。博物馆将极大地提升服务、保护和管理等核心业务水平与观众的体验感受，这种提升不仅是技术的更新与利用，也是一种新的解读方式，是重构文化体系的过程。

（一）智慧博物馆的概念

智慧博物馆是科技进步而产生的新生事物。最初的博物馆是实体博物馆，后来发展成数字博物馆。2013 年，陈刚首次提出了"智慧博物馆＝数字博物馆＋物联网＋云计算"的发展模式。[①] 数字博物馆是对博物馆"采、管、用"全面流程的信息化，建立以文物数字化为基础，对文物职能业务进行信息化管理工作记录，能采用多媒体、放映厅、网站、出版等各种技术

---

① 陈刚：《智慧博物馆——数字博物馆发展新趋势》，《中国博物馆》2013 年第 4 期。

和展现形式进行多模态感知"数据"的应用。目前认为世界上最早的数字博物馆实践是美国于 1990 年启动的"美国记忆"计划。故宫博物院在 20 世纪 90 年代开始利用信息技术进行藏品数字化著录的尝试，建立了计算机藏品信息管理系统。2015 年，国家文物局副局长宋新潮指出智慧博物馆的定义，阐述了智慧博物的四个维度和智慧博物馆的特征模型，即 ROAD 模型（见图 1），同时指出智慧博物馆在服务、保护和管理三个方面发展的基本模式。① 由智慧博物馆的概念和模型可知其核心是"以人为本"的信息传递模式，联合博物馆的各种相关要素，加强协同发展，使各要素之间的联系真正达到智慧化融合。故宫博物院于 2014 年便已探索智慧博物馆的建设与实践，是国家文物局的首批试点单位，为智慧博物馆的建设积累了经验，提供了可以借鉴和参考的案例。

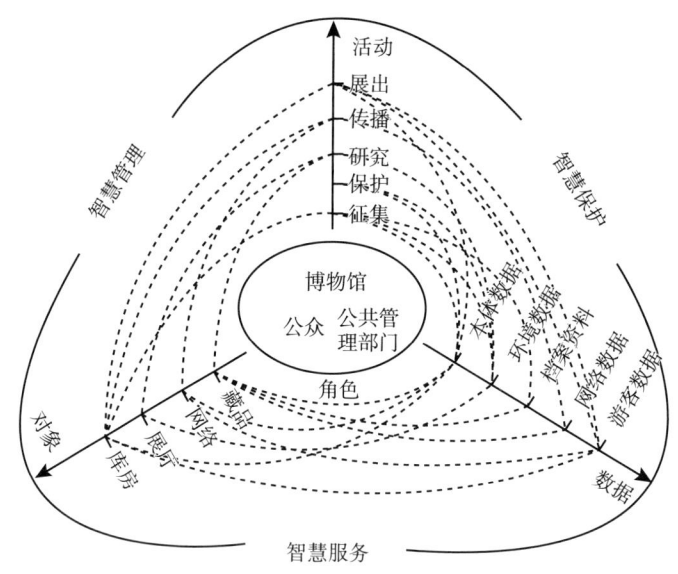

图 1　智慧博物馆特征的 ROAD 模型

资料来源：宋新潮：《关于智慧博物馆体系建设的思考》，《中国博物馆》2015 年第 2 期。

---

① 宋新潮：《关于智慧博物馆体系建设的思考》，《中国博物馆》2015 年第 2 期。

（二）北京地区智慧博物馆建设的核心内容

智慧博物馆建设突破了博物馆传统模式的制约，其核心内容是智慧服务、智慧保护、智慧管理体系的建设。随着"以人为本"理念的深入发展和信息技术的普及，博物馆将从传统单一的形象逐渐向多元化的方向发展。北京地区的博物馆在服务、保护、管理等方面与现代信息技术的深度融合，极大地丰富和深化了传统实体博物馆的信息交流与文化传播功能。

1. 智慧服务体系

智慧服务体系建设在教育与研究方面，系统深入地研究博物馆藏品的价值和信息，以公众终身教育为目标，推动研究与宣教。在分享与传播方面，提供互动结果"一键分享"和个性化信息实时推送的智能分享与传播，使藏品主动向目标观众群提供知识和文化信息，增强社会大众对历史文化的识读能力；在展示与体验方面，打破传统博物馆的时空界限，拓展博物馆公众服务的广度和深度。北京地区博物馆在智慧服务方面，提升教育与研究、分享与传播、展示与体验等服务功能，结合现代信息科技手段，为公众提供了一个与文物、与历史对话的创意平台。

早在 2012 年故宫博物院已开始探索基于智能移动设备的 App——"故宫出品"系列。2016 年，故宫博物院将端门这座木结构的建筑，整体用作数字展厅，这在世界范围内尚属首次，为观众打开了一扇深入了解故宫博物院的数字之门。2018 年，中国国家博物馆开启了"智慧国博"项目，其中的智慧服务建设，主要通过建立会话式观众平台、应用智能感知与识别技术，使藏品智能化和实现多场景沉浸式体验等（见图 2）。[①]

2. 智慧保护体系

智慧保护体系建设一方面要求对文物本体和文物所在的环境进行保护，包括文物本体健康状态、变化规律和发展趋势的健康评测，及时掌握博物馆环境质量并分析了解其变化规律；另一方面也需要对文物保存的数

---

① 王鹏远：《中国国家博物馆智慧国博建设的思考》，《中国博物馆》2019 年第 2 期。

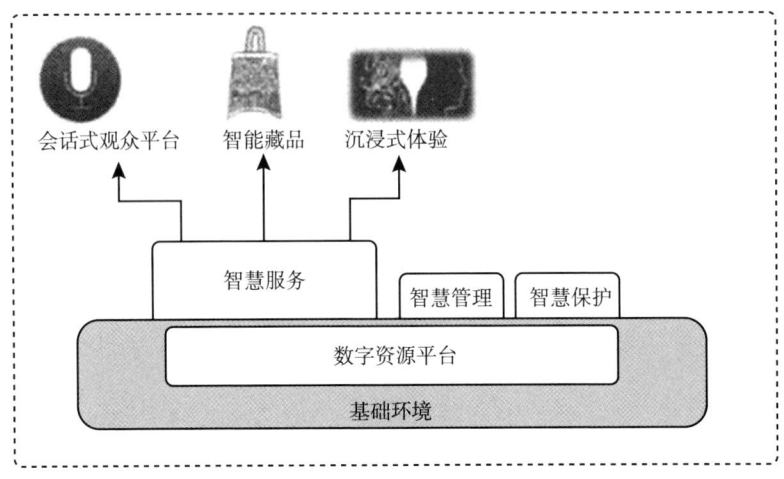

图 2　中国国家博物馆智慧服务

资料来源：王鹏远：《中国国家博物馆智慧国博建设的思考》，《中国博物馆》
2019 年第 2 期。

据和数字资源进行保护，要创建文物数字化保存与虚拟三维重建的科研辅
助与智能修复，分析关联数据、构建文物风险动态感知预警模型。《国家
文物保护科学和技术发展"十二五"规划（2011—2015 年）》将"研发馆
藏文物微环境高效调控技术及博物馆环境监测系统解决方案，初步建立博
物馆环境质量评估、监测和调控技术支撑体系"作为主要任务。北京地区
博物馆在智慧保护方面，对文物的本体及其所在环境以及文物数字资源的
保护上，均高效地开展了文物风险预控和预防性保护工作，提升了文物保
护利用的水平。

　　如"智慧国博"项目中智慧保护的建设，对藏品实物利用 RFID 技
术，实现藏品信息的获取与关联，并通过平面、3D 扫描和音视频等方式，
对藏品进行数字化采集，同时在藏品的保存环境方面也安设了智能安防系
统，并利用区块链技术实现藏品数据的共享、安全保障和受控状态下的有
效利用（见图 3）。[1]

---

[1]　王鹏远：《中国国家博物馆智慧国博建设的思考》，《中国博物馆》2019 年第 2 期。

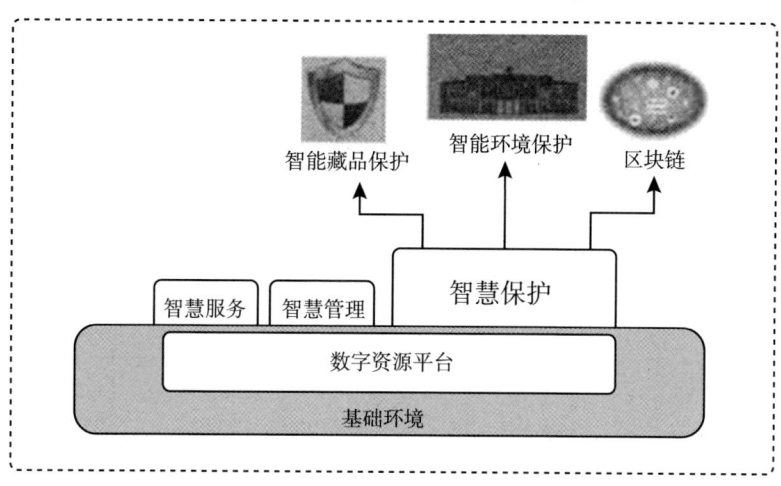

图 3　中国国家博物馆智慧保护

资料来源：王鹏远：《中国国家博物馆智慧国博建设的思考》，《中国博物馆》2019 年第 2 期。

首都博物馆在 2018 年 3 月至 2019 年 3 月开展了对临时展厅文物展陈环境状况及展柜微环境的监测分析，利用无线传感监测系统，委托有相关资质的单位以样品检测等方法对文物展陈环境进行了监测，监测参数为温湿度、挥发性有机物（VOC）、二氧化硫、二氧化碳等。监测数据结果显示，展厅温度在 16～24℃，相对湿度在 35%～65%；展柜温度在 18～24℃，相对湿度根据文物材质不同分别调控；展厅、展柜内二氧化硫浓度值偏高；VOC在展览初期浓度值偏高（见图 4）；二氧化碳浓度受参观人数影响（见图5）。[1] 监测结果为提高文物预防性保护提供了科学的数据，为文物的科学保护提供了判断的根据。

3. 智慧管理体系

智慧管理体系建设一方面要围绕博物馆内部业务板块和博物馆运行管理展开，另一方面要围绕博物馆观众及活动展开。近年来，北京地区的博物馆

---

[1]　邵芳：《临时展厅文物展陈环境质量监测分析》，《首都博物馆论丛》第 33 辑，北京燕山出版社，2019，第 441 页。

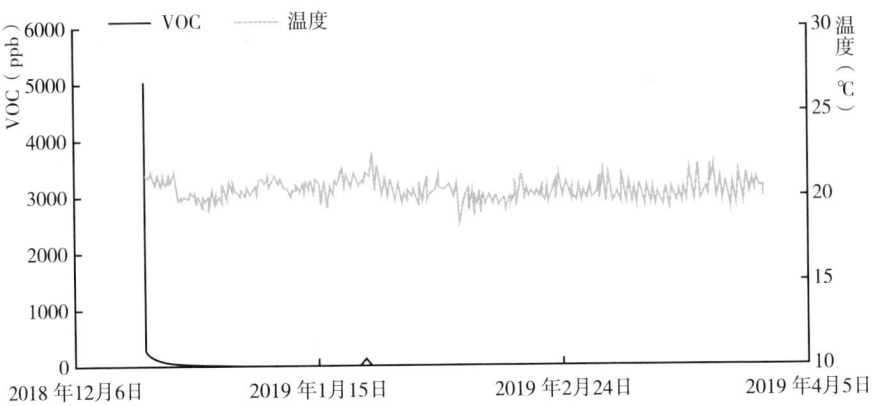

图4 首都博物馆临时展厅挥发性有机物（VOC）浓度的监测数据曲线

资料来源：邵芳：《临时展厅文物展陈环境质量监测分析》，《首都博物馆论丛》第33辑，第446页。

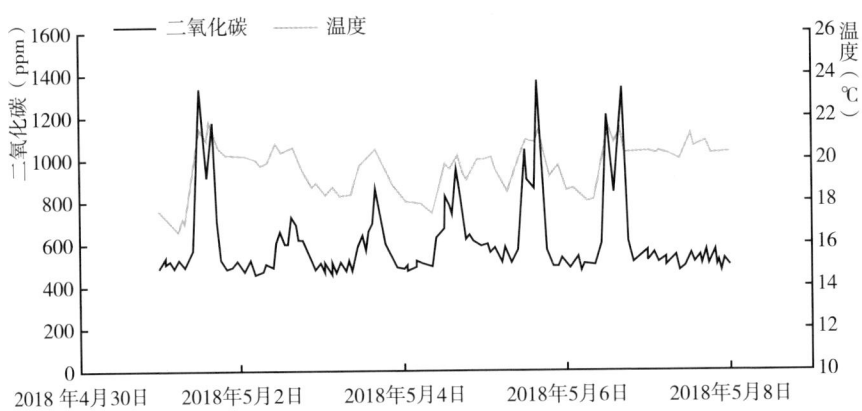

图5 首都博物馆临时展厅2018年5月初二氧化碳浓度的监测数据曲线

资料来源：邵芳：《临时展厅文物展陈环境质量监测分析》，《首都博物馆论丛》第33辑，第447页。

在智慧管理方面对内部资源和外部资源进行精细管理、多层次广泛全面整合，使管理工作更为科学、智能、高效。

如"智慧国博"中的智慧管理，建立了事件驱动模式和辅助决策系统。事件驱动模式的优势是事件的过程都按预先设置的流程自动进行。辅助决策系统依托大数据资源，为重大的、突发的、特殊的、临时的事务和工作向管理者提供实时数据和方案，帮助管理者进行决策（见图6）。①

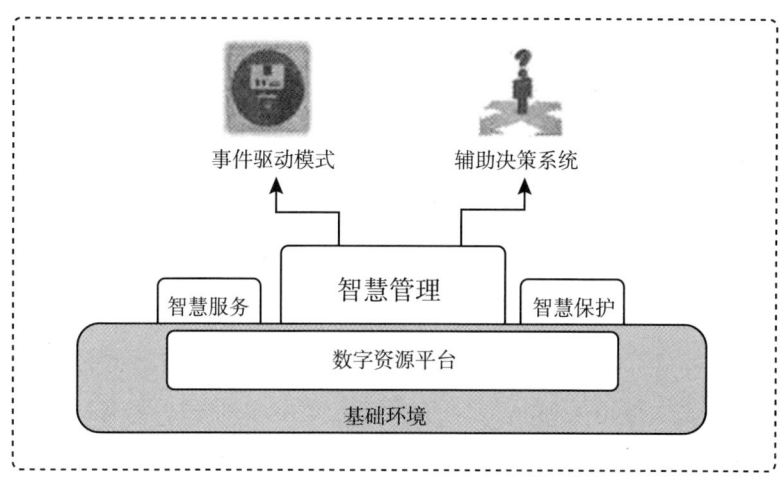

图6 中国国家博物馆智慧管理

资料来源：王鹏远：《中国国家博物馆智慧国博建设的思考》，《中国博物馆》2019年第2期。

二 新技术给智慧博物馆建设带来的机遇

随着人类对新技术研究的深入，特别是对物联网、云计算、5G、大数据、人工智能等的发展和利用，智慧博物馆的发展迎来了新的机遇。2011年工业和信息化部印发的《物联网"十二五"发展规划》、2013年国务院印发的《国务院关于推进物联网有序健康发展的指导意见》、2015年国务院印发的《促进大数据发展行动纲要》、2017年工业和信息化部印发的《物联网发展规划（2016—2020年）》和《促进新一代人工智能产业发展三年行动计划（2018—2020年）》等一系列重要的法规性文件，对智慧博物馆的建设具有重要的指引和推动作用。近年来，北京地区的智慧博物馆建设运用新

① 王鹏远：《中国国家博物馆智慧国博建设的思考》，《中国博物馆》2019年第2期。

技术，开拓创新，实现博物馆业务的智能化，使北京地区博物馆的智慧化程度提高到一个新的台阶。

（一）物联网

物联网是新一代信息技术的高度集成和综合运用。2011 年工业和信息化部发布《物联网"十二五"发展规划》；2013 年国务院办公厅发布《国务院关于推进物联网有序健康发展的指导意见》；2017 年工业和信息化部发布《信息通信行业发展规划物联网分册（2016—2020 年)》，都推进了物联网的应用和发展，有利于促进生产生活和社会管理方式向精细化、网络化转变。北京地区近年来在智慧博物馆建设中，通过互联网联结博物馆的藏品与相关的物体，进行信息交换和通信，实现对物品的智能化识别、定位、跟踪、监控和管理，[1] 在博物馆的智慧管理中发挥了重要作用。

如 2017 年首都博物馆基于物联网技术，尝试用定制的 PAD 作展厅的导览，这个定制的 PAD，内嵌 RFID 模块、语音模块、加密模块，实现了"人—藏品—教育"三者相融合的、新的博物馆管理运行模式（见图 7)。[2] 国家典籍博物馆基于物联网技术设计了展陈专用智能陈列照明系统，如基于 DALI（数字可寻址照明接口技术）的一种智能照明系统（见图 8)。[3] 这种 DALI 技术结合高显色性 LED 光源的照明灯具，能通过网络与控制终端进行实时的通信，并且可以对每一个智能终端进行管理，具有节约能源、节约人力成本、促进文物保护等优势。

---

[1] 陈刚：《从数字博物馆到智慧博物馆的发展趋势与挑战》，《融合・创新・发展：数字博物馆推动文化强国建设——2013 年北京数字博物馆研讨会论文集》，中国传媒大学出版社，2014，第 278 页。

[2] 刘绍南：《智慧博物馆支撑技术应用探讨》，《首都博物馆论丛》第 31 辑，北京燕山出版社，2017，第 368 页。

[3] 刘畅：《物联网时代博物馆智慧化初探——以国家典籍博物馆为例》，《中国管理信息化》2018 年第 8 期。

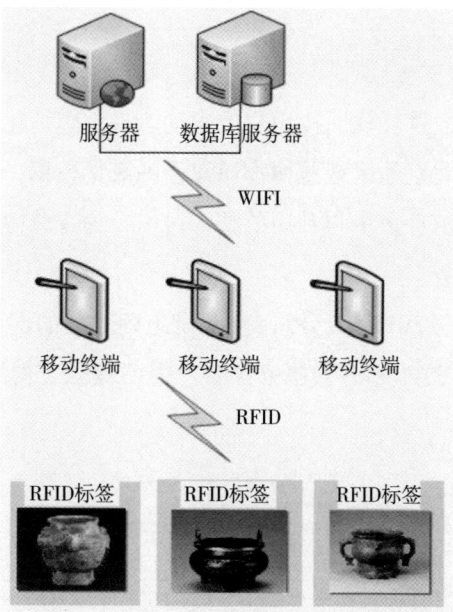

图7 首都博物馆 RFID 展厅导览应用

资料来源：刘绍南：《智慧博物馆支撑技术应用探讨》，《首都博物馆论丛》第31辑，第372页。

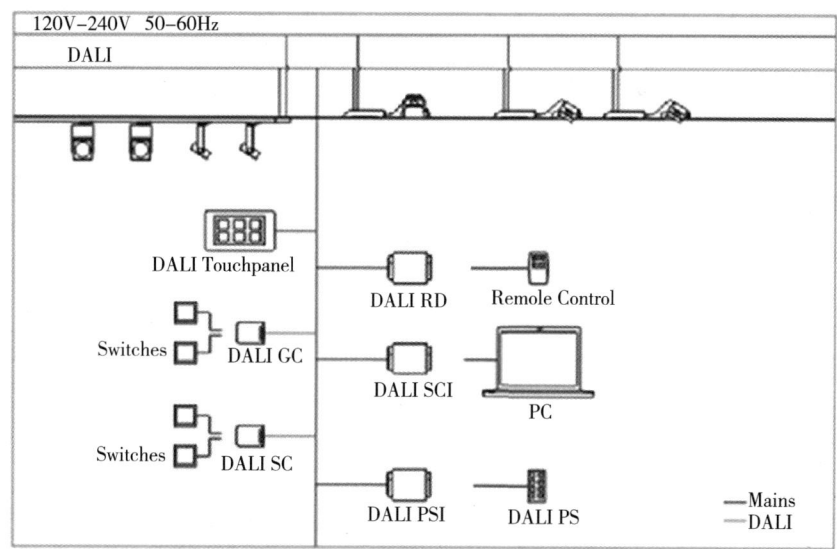

图8 国家典籍博物馆 DALI 系统

资料来源：刘畅：《物联网时代博物馆智慧化初探——以国家典籍博物馆为例》，《中国管理信息化》2018年第8期。

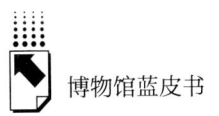

（二）云计算

云计算是一种通过互联网按用户要求动态提供虚拟化的、可伸缩的计算资源的服务模式。北京地区智慧博物馆建设的海量数据，就是利用云计算提供解决方案，贯穿信息采集与利用的整个过程，为智慧博物馆建设提供全方位的技术支撑与服务。

如首都博物馆于2017年已经在基础设施即服务的层面构建了私有云服务平台（见图9）。这个私有云服务平台，为"智慧首博"的发展打下了较好的基础。[①]

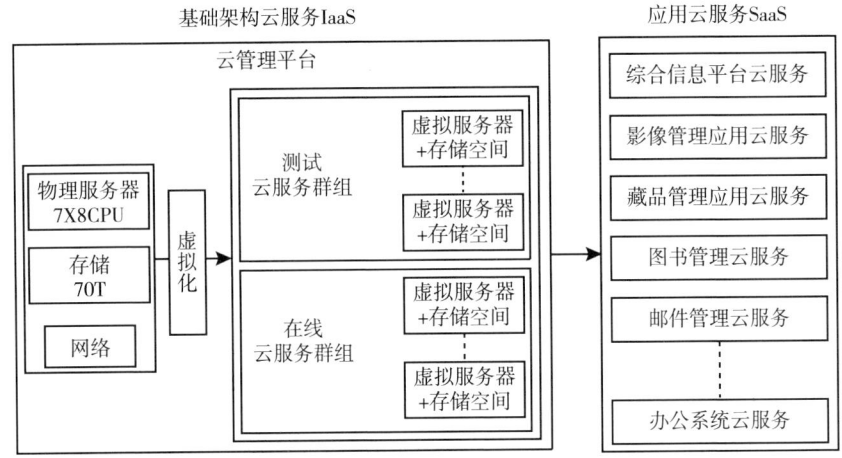

图9 首都博物馆云服务平台示意图

资料来源：刘绍南：《智慧博物馆支撑技术应用探讨》，《首都博物馆论丛》第31辑，第371页。

（三）5G

5G即第五代移动通信技术（5th generation mobile networks、5th

---

① 刘绍南：《智慧博物馆支撑技术应用探讨》，《首都博物馆论丛》第31辑，第368页。

generation wireless systems 或 5th-Generation，简称 5G 或 5G 技术），是在 2G、3G 和 4G 之后发展的新一代通信技术，信息通信能力大大增强。5G 峰值传输速度比 4G 传输速度快数十倍，能达到 Gbit 级，可以给用户带来更高的带宽速率、更低更可靠的时延和更大容量的网络连接，网络互通互联，资源共享，能为智慧博物馆发展提供多种服务。5G 时代的来临，进一步推动了北京地区的智慧博物馆建设，改变了博物馆系统和相关人员、机构之间的信息互动方式，为智慧博物馆的研究和发展提供了广阔的前景。

2019 年 3 月 15 日，故宫博物院和华为签署战略合作协议，共同打造"5G 智慧故宫"，未来将有望让远在世界各地的观众都能以身临其境般的体验参观故宫博物院；让每位现场来到故宫博物院的观众享受更高速的网络服务和高清视频内容，瞬间获取眼前古建筑、文物的服务设施信息；提升故宫文物保护和研究的技术水平。5G 为游客和网络观众提供大带宽、短时延的全方位数字服务，开始真正与智慧博物馆建设结合起来。

（四）大数据

大数据（Big Data）是指数据体量巨大（达到 PB 级），冗余数据多，数据价值密度低，要求处理速度快（做到秒级）的数据。[①] 2015 年国务院通过了《促进大数据发展行动纲要》。大数据需要一套与之相适应的处理方法，大数据处理平台应运而生（见图 10）。[②] 大数据在博物馆的利用是非常广泛的，近年来北京地区的智慧博物馆建设将自身现有数据与其他相关的数据资源进行整合，并对其进行分析挖掘，通过对数据的关联与组织，让博物馆从基于数据的应用转变为基于知识的应用。

如首都博物馆的大数据资源在设计与规划层面，善于从内外收集数据与信息反馈，充分考量具有巨大潜在价值的数据资源对象，从数据源开始，融入互联网外部数据，保留利用过程数据，通过对数据的分析利

---

① 陈刚：《从数字博物馆到智慧博物馆的发展趋势与挑战》，《融合·创新·发展：数字博物馆推动文化强国建设——2013 年北京数字博物馆研讨会论文集》，第 279 页。
② 林新宇：《大数据背景下智慧博物馆数据源探析》，《首都博物馆论丛》第 33 辑，第 456 页。

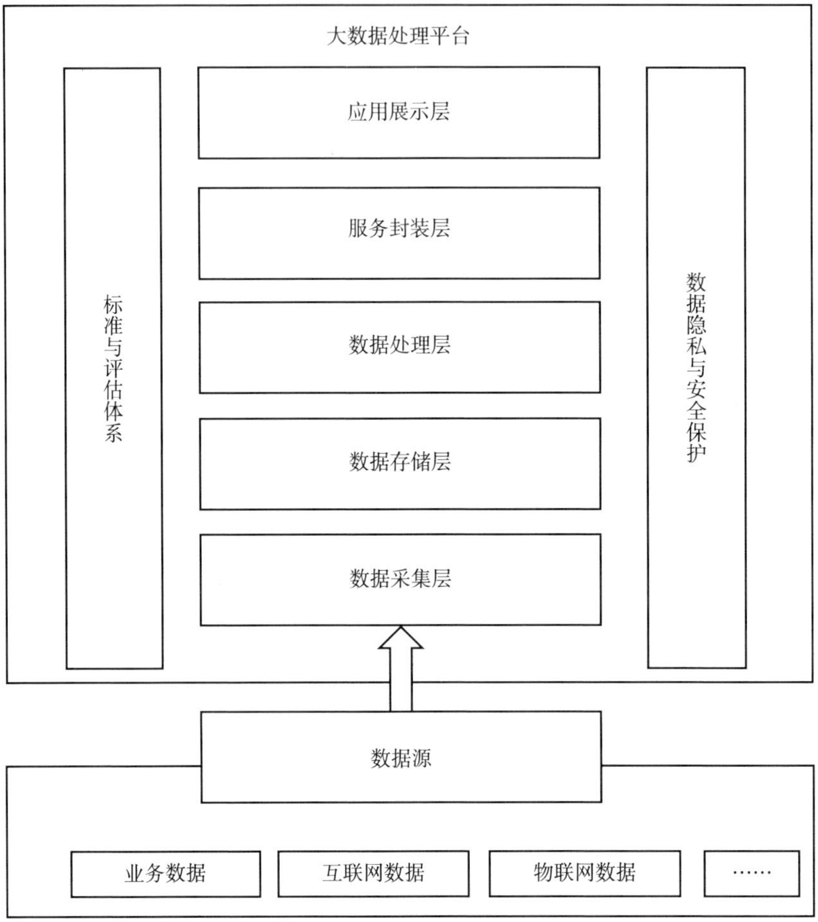

大数据处理平台

应用展示层

服务封装层

数据处理层

数据存储层

数据采集层

标准与评估体系

数据隐私与安全保护

数据源

业务数据　　互联网数据　　物联网数据　　……

图 10　大数据处理平台

资料来源：林新宇：《大数据背景下智慧博物馆数据源探析》，《首都博物馆论丛》第 33 辑，第 461 页。

用，让博物馆在实体空间和网络空间都能与观众形成闭环信息互动（见表 1）。①

---

① 林新宇：《大数据背景下智慧博物馆数据源探析》，《首都博物馆论丛》第 33 辑，第 460 页。

表 1 首都博物馆现有数据及可用于采集的数据

	生成方式	内部数据	外部数据
现有数据	人工制作、采集与记录	藏品信息、文物征集、修复信息、展陈大纲、布展方案、文创、开放社交信息、影像信息、办公会议、物业记录、安全记录等	博物馆观众提供的内容话题、社会调查、展览效果反馈等
	感知终端或计算机采集生成	展厅、库房文物环境监测、智能楼宇运行数据、安防监控、数字化业务系统平台运行日志等	博物馆微信、微博、App、网站中的用户访问记录等
可以纳入采集的数据	感知终端或计算机采集生成	文物研究、展陈布展制作者知识图谱、影像环境信息、文物修复实验数据等	观众互联网信息行为、博物馆间数据集、田野考古GIS信息、不可移动文物信息等

资料来源：林新宇：《大数据背景下智慧博物馆数据源探析》，《首都博物馆论丛》第 33 辑，第 458 页。

（五）人工智能

人工智能（Artificial Intelligence，简称 AI）是计算机科学的一个分支。自 2017 年以来，习近平总书记的讲话中多次提到了人工智能，国家有关部门也出台了《新一代人工智能发展规划》和《促进新一代人工智能产业发展三年行动计划（2018—2020 年)》等文件，并将人工智能写入党的十九大报告，且多次写入政府工作报告。[①] 这些重要的法规和文件推动互联网、大数据、人工智能和实体经济深度融合。近年来北京地区的智慧博物馆建设，利用 AI 技术，在智能搜索、智慧地图、图像识别、语音交互导览、机器翻译、AI 教育等方面，丰富了观众的体验，充分发挥了博物馆的社会价值。

故宫博物院端门数字馆是一座运用 VR、AI 技术，让清宫的皇家贵胄"活过来"的体验馆，数字馆特别设置了"召见大臣""朱批奏折""亲制御膳"等体验皇帝生活的智能互动活动。如"召见大臣"对话式交互节目，

---

① 李姣：《智慧博物馆与 AI 博物馆——人工智能时代博物馆发展新机遇》，《博物院》2019 年第 4 期。

是用户使用小程序与大屏幕上的大臣进行问答对话，引入了智能客服机器人系统，通过 AI 技术把"召见大臣"这款 AI 产品打造成用户黏着性较强的工具性产品，除闲聊外，用户提问有关宫殿、宫廷历史、文物等方面的问题，均能获得准确回答。而智能客服机器人能识别用户语音提问，支持语音回答；能支持除文字外的图片、带缩略图的链接等多媒体回复形式；能理解上下文，支持多轮交互对话；能构建故宫知识体系的知识图谱；能通过深度学习实现自主回复。通过智能客服机器人与 VR 技术，实现了真实的交互场景，实现了穿越一般的身临其境。

2019 年，故宫博物院三大主题性综合文创项目之一"金榜题名"互动式展览中，打造了"国子监祭孔""号舍考生相"两个新颖的"AI + 文化"互动体验项目，让观众体验穿越古今的奇妙。

三 智慧博物馆建设的发展趋势

智慧博物馆不是简单地建立一些应用系统和多媒体展示，而是需要有一套完整、翔实的智慧博物馆行业信息技术标准规范体系和具体的技术操作规程。标准化有利于合理利用资源、节约能源，并结合各自博物馆的实际，在创新发展和资源开放共享中有序、高效地推广新技术、新方法。目前国际上尚未出现成熟的、系统性的智慧博物馆建设案例，没有形成系统的解决方案，也缺乏广泛认可的智慧博物馆建设标准。由于缺乏统一、可行的标准或规范，人们难以对相关的应用技术和材料进行科学的评价，从而无法将已有的成果在较大范围内推广普及，这在很大程度上影响和制约了智慧博物馆事业的发展，因此，当前智慧博物馆建设迫切需要有一套完善、开放的技术指标体系。

目前，很多文博机构通过标准化的方式来彼此联合，合作建设相关规范，例如已经起草的《智慧博物馆技术参考模型》《智慧博物馆设计方案编写规范》《智慧博物馆数据交换规范》《馆藏文物三维数据采集规则与技术要求》《馆藏文物保存环境监测系统监测终端应用要求》《馆藏文物保存环境监测系统数据库应用要求》《馆藏文物保存环境监测系统网络通信应用要求》等。① 近年来，北京地区的博物馆在智慧博物馆行业信息技术标准规范体系和具体的技术操作规程亦有相关的探索和实践。如2018～2020年，由故宫博物院牵头，联合首都博物馆、北京市文物局信息中心等单位参与的"文物数字化技术规范——器物"科研课题，此课题的成果对器物类文物的数字化工作具有一定的规范和指导作用。目前，尚有国家文物局主持、北京地区博物馆参与的"智慧博物馆展陈与导览数字化技术要求"和"智慧博物馆运营服务评价模型与指标体系"两项课题在研，将来的成果对博物馆的智慧管理、智慧服务等核心内容建设应具有规范和指导意义。通过制定一系列的智慧博物馆建设的技术标准，形成智慧博物馆建设的指导性文件，可有效规范智慧博物馆建设的流程和数据，实现各类应用系统互联互通、信息共享、业务协同、安全可靠的运行，保障和促进智慧博物馆建设有序、健康、可持续的发展。

四　结语

在新的时代背景下，传统意义理解的博物馆运行管理、数据资源、传播方式、科学教育等方式将会发生变革，从而使人们的知识体系、认识能力、思想观念等诸多方面发生深刻变化。智慧博物馆的诞生，标志着博物馆进入了一个新的时代，它将不受时空的限制与人们产生"交流"，博物馆的角色从经验型转向学术型，从传统型转向现代型，博物馆也朝着智慧化的智能生态系统迈进。智慧博物馆建设是一个长期的进程，是涵盖学术、技术、业务等领域的综合性任务，需要持续关注国内外博物馆智慧化研究的动态和实践效果，总结符合我国国情的智慧博物馆建设方法，构建文博领域管理利用的新模式和新形态，推进文博事业的创新与发展。

---

① 文物保护领域物联网建设技术创新联盟编著《智慧博物馆案例》第1辑，文物出版社，2017，第11页。

B.12
北京地区博物馆文创发展报告

左远波*

摘　要： 北京地区博物馆数量众多，类别齐全。近年来，各馆纷纷依托自身的藏品资源优势进行文创产品开发，尤其是部分大型综合博物馆与特色博物馆，已形成一批具有影响力的文创品牌。不过，在亮点频出的背后也存在一些不容忽视的问题。需要适时总结经验，规避不足，在广泛凝聚共识的基础上，促进这一新兴产业的良性发展。

关键词： 文创产品　文创产业　文化符号　守正创新

近年来，我国文化创意产业快速发展，已成为经济和文化新的增长点。文化创意作为文化、文物、博物馆行业的重要内容，正在成为业内共识；保护和利用文物资源，尤其是利用好博物馆资源进行优秀传统文化的创造性转化和创新性发展，则是博物馆工作的重要目标。经过多年来的积极探索，北京地区博物馆行业在文化创意方面取得了一定的成果和经验，同时也面临着一些问题和困惑，需要适时总结经验，拓展思路，在广泛凝聚共识的基础上，促进这一新兴产业的良性发展。

一　政策引导　统筹谋划

相对于欧美、日韩等国家和地区而言，我国博物馆文化创意产业起步较

---

* 左远波，故宫博物院编审，主要研究方向为明清史及相关文物。

晚。随着文化产业逐渐被纳入国家发展战略，增强文化软实力，提升文化发展活力，将中国丰富的传统文化进行现代转换，已成为博物馆行业面临的重大课题。从宏观上看，中国社会正处于转型升级阶段，公众对高品质生活和精神文化的需求日益增强，也为文创产业的发展提供了巨大的需求与机遇。

2014年3月27日，习近平主席在联合国教科文组织总部演讲时指出："中国人民在实现中国梦的进程中，将按照时代的新进步，推动中华文明创造性转化和创新性发展，激活其生命力，把跨越时空、超越国度、富有永恒魅力、具有当代价值的文化精神弘扬起来，让收藏在博物馆里的文物、陈列在广阔大地上的遗产、书写在古籍里的文字都活起来，让中华文明同世界各国人民创造的丰富多彩的文明一道，为人类提供正确的精神指引和强大的精神动力。"① 这为我们在保护好文物的同时更好地发挥文物的作用，提供了重要的指导。"让文物活起来"，具体措施之一就是要开发好文创产品，使文物的文化基因传布到千家万户。

2015年3月实施的《博物馆条例》，针对博物馆文创产品开发做出规定："国家鼓励博物馆挖掘藏品内涵，与文化创意、旅游等产业相结合，开发衍生产品，增强博物馆发展能力。"博物馆就其功能而言，在于收藏、研究、保护、传播人类历史上各个时期曾经出现的特有文化现象，对于馆藏的文物进行开发具有天然优势。随着文创经济在全世界范围的蓬勃发展，中国博物馆自然不能继续沿袭文物展陈这一单一性的社会服务方式，对历史文物资源的开发迫在眉睫。

2016年3月，国务院发布《关于进一步加强文物工作的指导意见》，明确大力发展文博创意产业，培育新型文化业态。5月，国务院办公厅转发文化部、国家发展改革委、财政部、国家文物局《关于推动文化文物单位文化创意产品开发的若干意见》，提出推动各类博物馆、美术馆、图书馆等文化文物单位发掘馆藏文化资源，开发文化创意产品，要求

---

① 《习近平在联合国教科文组织总部的演讲》，人民网，2014年3月28日，http：//world. people. com. cn/n/2014/0328/c1002 - 24761811. html。

"要始终把社会效益放在首位，实现社会效益和经济效益相统一；要在履行好公益服务职能、确保文化资源保护传承的前提下，调动文化文物单位积极性，加强文化资源系统梳理和合理开发利用；要鼓励和引导社会力量参与，促进优秀文化资源实现传承、传播和共享；要充分运用创意和科技手段，注意与产业发展相结合，推动文化资源与现代生产生活相融合，既传播文化，又发展产业、增加效益，实现文化价值和实用价值的有机统一。力争到 2020 年，逐步形成形式多样、特色鲜明、富有创意、竞争力强的文化创意产品体系，满足广大人民群众日益增长、不断升级和个性化的物质和精神文化需求"，并具体提出了 7 项主要任务、6 项支持政策和保障措施。

2017 年 1 月，文化部、国家文物局再度发文，先后确定或备案了 154 家试点单位；4 月，财政部进一步发布的《关于申报 2017 年度文化产业发展专项资金的通知》，明确对试点单位予以优先支持。

早在 2006 年，北京市就在全国率先提出发展文化创意产业，并颁布首部该产业类别划分的地方标准《文化创意产业分类标准》，将文化创意产业分为 9 个大类、27 个中类、88 个小类。按照其标准定义，文化创意产业是指"以创作、创造、创新为根本手段，以文化内容和创意成果为核心价值，以知识产权实现或消费为交易特征，为社会公众提供文化体验的具有内在联系的产业集群"。此后 10 余年间，北京文创产业一直保持高速增长，成为首都经济发展的重要引擎。

2018 年，为加快文创产业转型升级，北京市委、市政府又正式印发《关于推进文化创意产业创新发展的意见》，明确回答了新时期北京应当发展什么样的文创产业，构建了由"两大主攻方向"和"九大重点领域环节"组成的文创"高精尖"内容体系。"两大主攻方向"指数字创意和内容版权，前者强调科技创新的功能支撑，后者突出文化内容的价值引领。在明确主攻方向的基础上，提出重点打造创意设计、媒体融合、广播影视、出版发行、动漫游戏、演艺娱乐、文博非遗、艺术品交易和文创智库等"九大重点领域环节"。从文化空间拓展、重点企业扶持、重大项目引导、文化消费提升、文化贸易促进、文化金融创新、文化品牌集成、服务平台共享以及文创人才兴业等方面，提出各类激励引导措施，为文创产业的高质量发展提供全方位支撑。其中，"文博非遗"被纳入重点打造的内容之一。

同年9月，为落实中央和北京市一系列政策文件精神，由北京市文物局搭建的文博衍生品创新孵化中心平台正式上线。它的主要功能在于聚集与深入挖掘北京地区文博资源，推动在京文博单位文创产品开发和博物馆文创产业发展。平台还努力疏通资金与人才的保障渠道，通过政策引导、设计开发、版权保护、授权生产以及营销管理等，助推文博单位文化衍生品的开发实现高端化和集约化，突出文化价值引领，实现文博资源为北京的文化中心建设提供更多的公共文化产品。经过积极探索，平台已在文创产品的创造性发展、创新性转化等方面初步形成重要成果，为打造北京文博文创全产业链奠定了基础。

也是从2018年开始，一年一度的"北京文化创意大赛"设立文博产品设计赛区，为社会各方力量投身文博文创注入了动力。在此过程中，文博衍生品创新孵化中心平台为文博产品设计赛区提供了渠道、政策和资源支持，文博产品设计赛区又反过来推动了文博衍生品创新孵化中心平台功能的完善。

二　特色大馆　引领风潮

截至2020年底，北京地区拥有登记备案博物馆197家，免费开放的博物馆、纪念馆88家，分属行业众多，类别十分齐全，这在全国是得天独厚的。在国家政策引领下，各博物馆纷纷开发特色产品，在注重产品文化属性的同时强调创意性，通过公众期望与文化创意产品升级的互动，使人们真实感受和正确理解产品传递的文化信息。尤其是部分大型综合博物馆与特色博物馆，充分利用自己的优势资源，已经形成了一批有影响力的品牌，对整个博物馆文创事业的发展具有风向标的作用。

（一）故宫博物院

故宫是中国传统文化的宝库和著名的世界文化遗产，拥有明清两代600年历史的宫殿建筑群，收藏着186万多件（套）珍贵的历史文物。深厚的历史文化底蕴是开拓文化创意产品的源泉，也为文创产品的发展带来无限的创造空间。截至2019年底，故宫文化产品超过了1.3万个品种，形成了文具类、书画陈列、趣味生活等多个系列。种类繁多、形式各样的故宫文创，在市场上受到人们的热捧。

故宫文创之所以"火爆"，主要在于开发设计与传播推广两个方面都做得比较成功。

1. 开发设计

一是精确的用户定位。目前故宫博物院拥有4家文创网络经营主体，分别是主打年轻人的故宫淘宝（见图1）、面向大众的故宫商城、线下线上销售的故宫博物院文化创意馆、售卖较为古典庄重产品的故宫博物院文创旗舰店。可根据目标消费群体的不同，以受众的需求为导向，实现产品设计风格的多元化、精准化，并在不同群体间实现互补。如故宫淘宝以俏皮卖萌的形式推出卡通化的"故宫娃娃"，充满宫廷元素、有趣且实用的"文具手账"用品等，深受年轻人的喜爱。

二是结合传统文化的创新设计。设计团队积极挖掘藏品资源，将传统文化与现代创意相融合。如2017年发布的皇宫换装游戏《奇迹暖暖》，以清代皇后朝服和《雍正十二美人图》为主题，使消费者在有趣的游戏过程中领略清朝服饰的形式与内涵。

三是实用化与质量保障。将设计创意与产品的实用性、趣味性相结合，在每个环节都精益求精，拉近古老的故宫与现代人生活的距离。如"朕就是这样汉子"折扇、"奉旨旅行"行李牌、宫门箱包、故宫日历、朝珠耳机等，都与人们的生活需求相对接。产品工艺精益求精，2018年推出的故宫口红，在研发过程中仅外观设计稿就修改了1000多次（见图2）。

四是数字化产品的开发。除了实体产品外，故宫文创基于移动化、智能

图 1　故宫淘宝体验馆

图 2　故宫口红

化、场景化的产品设计理念，设计了口语化和形象化的产品语言，上线了多个 App，如"皇帝的一天""每日故宫""故宫社区""故宫陶瓷馆""清代皇帝服饰""紫禁城祥瑞 PRO"等，为受众提供兼具文化意味和娱乐功用的复合产品。

2. 传播推广

一是线上、线下并重。在互联网已广泛普及的背景下，故宫博物院的 4 家文创经营主体均采用线上销售的模式，使消费者随时随地都可以进入故宫"商城"，选购自己心仪的商品。其中，故宫博物院文化创意馆采用线下实体店与线上销售相结合的模式，满足消费者不同的需求。

二是充分利用新媒体。互联网思维下的新媒体、自媒体，如微信、抖音、微博、博客、论坛等发展强势，为传统文化的传播提供了契机。2014 年元旦，故宫博物院推出中国第一个微信公众号旅游平台，人们可以随时随地在线上全方位游览故宫、观看展览、逛故宫文创馆和微店，足不出户地与故宫"零距离"接触。故宫淘宝以幽默、亲切的语言在微博平台上发布新产品的推文，与粉丝交流互动，增强了受众对产品的认知。无论是故宫博物院的电子商务平台、App、微信小程序、端门数字馆、游戏、主题漫画，还是官网、微博、微信的推广内容，都更加亲民、更趋大众化。

三是以纪录片为传播载体。近年来故宫博物院与电视台等单位合作，制作和播出了多部以故宫文化为核心主题的纪录片，通过优秀传统文化资源的大众化传播，在潜移默化中扩大了故宫品牌的影响力，进而促进了文创产品的推广。

（二）中国国家博物馆

中国国家博物馆是集收藏、展览、研究、考古、公共教育、文化交流于一体的大型公益类博物馆。文物资源囊括从史前文化至各个历史时期的传世品与考古发掘品，现有藏品 140 余万件（套）。2012 年，中国国家博物馆成立经营与开发部，坚持自主经营原则和"适应市场，引导消费"的开发理念，通过授权合作、联合开发等手段，探索符合本馆特点的文化创意产业发展路径。

1. 设计开发理念

国博文创在发展之初，就明确了设计开发理念，主要有以下四个方面。

一是"把中华文明带回家"。文创产品设计以馆藏文物为基础，深入挖掘藏品的文化内涵，使产品承载的中华文明的信息走入市场，走入千家万户，成为馆藏和展览功能及教育功能的延伸。

二是充分尊重国宝。中华文物承载了辉煌的历史文化，传至今日弥足珍贵，必须坚持在开发中学习和创新，将其中蕴含的历史性和艺术性开发出来，绝不哗众取宠，恶搞文物。

三是突出自身特色和人性化。在产品设计上凸显自身特点，在材质选择上确保安全性和环保性，并充分考虑产品的运输收纳和使用中的便捷性。

四是适应市场并引导消费。在市场调研的基础上开发民众需求较大的商品，同时把自主创新和令人耳目一新作为引导消费的关键，使人们在消费中提升生活品质，增长文化知识，享受艺术之美。

截至 2019 年底，中国国家博物馆自主开发的文创产品有近 5000 款，包括创意家居、办公用品、文具、服装配饰、邮品、玩具、电子产品、商务礼品等 12 个大类。既包括稀世藏品的复制品，如"四羊方尊"茶叶罐、"东汉击鼓说唱陶俑"音箱（见图 3）、"杏林春燕图"手机壳等，也包括各类邮品、书签、钥匙链、胶带等日常生活用品，可满足不同消费层次人群的需求。如最新款的"长乐未央"红手绳，将中国传统汉字元素与现代银饰工艺相结合，取汉代"长乐未央"瓦当上的 4 个字，字体处于篆隶之间，集时尚与吉祥寓意于一体，彰显中国传统文化内涵与东方美学品位；佩戴轻松简约，圆融敦厚的外观设计尽显娴静气质，充盈古意（见图 4）。

2. 全面开拓创新

目前，中国国家博物馆已拥有多个实体店（纪念品店、博文斋、名人名家店、国博茶艺馆等）和 10 多个销售点。同时，授权国博（北京）文化产业发展中心全权开拓文创板块的业务，自 2016 年 1 月，开始进行博物馆"馆藏 IP + 互联网"的深度融合探索。2016 年 1 月 28 日，以"中国国家博物馆旗舰店"入驻"天猫商城"为起点，中国国家博物馆开始与众多优质

图3　中国国家博物馆"东汉击鼓说唱陶俑"音箱

图4　中国国家博物馆"长乐未央"红手绳

的社会力量开展合作。一方面，深挖博物馆 IP 资源和文创产品设计开发的潜力，畅通从文物 IP 到原创设计、投资生产、线上销售的全产业渠道，形成文化资源与产业资源的无缝对接；另一方面，利用其特有的馆藏文物资源、学术支撑，与众多行业领军品牌进行授权合作，为品牌赋能，在增强品牌文化附加值的同时，为古老的文化遗产走进大众生活提供了新的思路。产品开发与品牌授权双头并举，开拓了博物馆文创产业合作发展的新模式。

（三）首都博物馆

首都博物馆是北京地区的大型综合性博物馆，集收藏、展览、研究、考古、公共教育、文化交流于一体，内涵丰富，功能完善，收藏和陈列着北京地区及全国的文物瑰宝 12.4 万件（套）。2016 年，被评为文化文物单位文化创意产品开发试点单位。

1. 经营开发

一是企业化经营。1988 年 8 月，北京首博文化发展有限公司由北京市文物局批准成立，2002 年改制成为有限公司，2005 年起全面承担首都博物馆的文化创意产品研发及经营、品牌及资源授权、休闲餐饮服务、博览会展示与宣传等各项工作。首都博物馆的文创开发经营、品牌及资源授权等工作，从此走上良性发展之路。

二是立足京城文化。北京有约 70 万年的人居史、3000 多年的城市史、800 余年的都城史，首都博物馆即是北京文化的代表。其文创产品的开发，始终立足于馆藏文物及北京传统文化的精髓，深入挖掘其中蕴含的文化理念和艺术内涵，并遵循"把博物馆带回家"的宗旨。截至 2018 年底，首都博物馆开发的各类文创产品有 673 种，主要包括文化用品、生活用品、工艺品、饰品、服饰、电子产品、贵金属、文玩等，受到了业界的认可和公众的喜爱。

三是"点带面"的设计理念。近年来，首博文创设计围绕"点带面"的理念，即以一个主题、系列化产品的形式，相继推出多个系列产品。馆藏的松石绿地粉彩蕃莲纹多穆壶，整体风格是以华丽的金色勾勒壶身，蕃莲纹金光闪耀，以壶身的蕃莲纹为主轴设计的系列产品，代表富贵、高雅、华丽。

还有运用丝绸及珐琅等中国传统工艺的表现形式，开发出的一系列精美大众生活用品。珐琅彩紫地富贵瓶原系宫廷用品，采用渲染接色的技巧突出立体感，充分体现了乾隆时期珐琅彩华丽繁缛的风格，文创设计者提取其中的"富贵"因素，分别开发出文具、家居生活和旅行3个系列主题功能的现代衍生品。"鸳鸯和合"系列饰品的灵感来自玉雕鸳鸯圆盒子。鸳鸯雌雄共居，从不分离，古称"匹鸟"，即成双成对的鸟，象征夫妻恩爱，不离不弃。所有饰品均采用925银，镶嵌宝石为彩色锆石和珍珠，凸显华贵气息。"趣味寻宝图"选材于该馆"1420：从南京到北京"展览，产品以明代迁都北京的历史故事为主线，通过寻宝、探索、填色、连线4种形式在8张图上得以呈现，用趣味寻宝的方式寓教于乐，让孩子们在玩耍的过程中了解相关历史（见图5）。

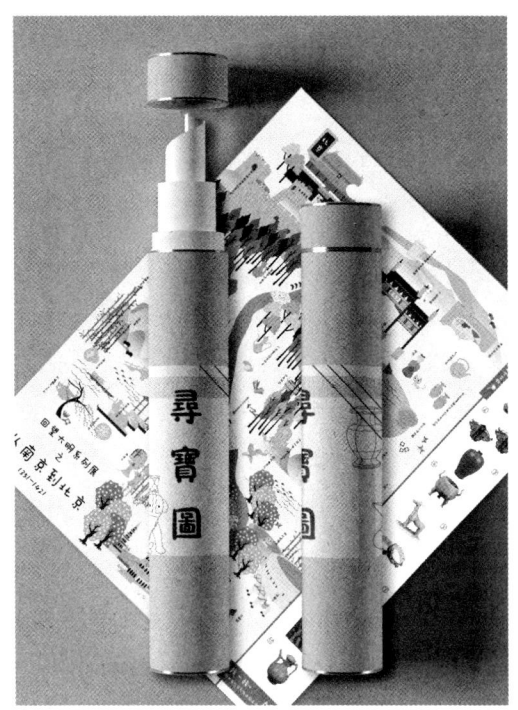

图5　首都博物馆"趣味寻宝图"

2. 宣传推广

从2012年开始，首都博物馆每年参加北京旅游商品博览会、义乌文交会、厦门文博会、深圳文博会、北京博博会等众多业内外展会 6 至 8 次，累计共参加相关展会 52 次，获得相关奖项 31 个。

从 2019 年开始，依托馆内展陈展览和专业人才资源，首都博物馆开展读城探秘、民俗解析、文物鉴赏、非遗手工体验等课程近百场，将文创从产品扩展到文化活动，收到良好的社会效益和经济效益。其中读城探秘课程和非遗手工体验课程"兔爷换新装"以周末和夜场形式推出，成为首都博物馆夜经济活动的一大亮点，也拉开了北京地区众多博物馆夜场的序幕。

（四）文化和旅游部恭王府博物馆

恭王府是保存最为完整、目前唯一向社会开放的清代王府建筑群。近年来，文化和旅游部恭王府博物馆（以下简称"恭王府博物馆"）打出了"四张名片"，即以和珅一生传奇经历为背景的旅游牌、以恭亲王奕䜣为代表的清代王府文化的历史牌、以《红楼梦》与恭王府关系为核心的文化牌、以"福"文化为体现的民俗牌。2016 年，恭王府博物馆被文化部批准为文创产品开发试点单位，并入选首批十个"全国博物馆文化创意示范单位"。

1. 品牌开发

一是强化经营管理。2015 年，成立恭王府文化创意办公室，负责文化创意组织协调等相关工作。此后逐渐确立"创意是核心、模式是关键、市场是根本、管理是基础"的文创理念，制定了创意产品开发、人才共享、品牌建设以及吸引社会力量参与产品研发和生产经营等四个方面的措施，采取引进、合作、授权等形式，加强与院校、企业及相关机构的合作，打开了恭王府博物馆文创工作新局面。

二是加大研发力度。通过梳理"四张名片"蕴含的文化资源，恭王府博物馆采取文化授权及合作等方式，广泛利用社会资源，加大文创产品开发力度。同时建立准入退出机制，采用末位淘汰制，确保在售文创商品的良性循环，激发文创产品的创新活力。目前已形成"福系列""阿狸系列""红楼梦系列""建筑系列""其他系列"等五大产品系列，文创产品数量已达 2000 多种。

其中，"福系列"产品是最大的亮点，也是恭王府博物馆精心打造的品牌。"福系列"主要源于府内的一块康熙帝御题"福"字碑,据考证,此字原系康熙帝赠其祖母孝庄太后六十大寿的贺礼,笔法考究,写法上暗合"子、才、田、福、寿"的字形,取"多子、多才、多田、多寿、多福"五重寓意,因此被称为"天下第一福"。此外,隐藏在王府花园窗格、环廊各处蝙蝠造型中的"福",可以数到9999个,加上那块"福"字碑正好1万个"福"字,因此恭王府又有"万福园"之称。"福"文化作为重要的民俗文化,在民众心中有着广泛基础和深厚渊源,也是恭王府博物馆的核心文化符号。

多年来,恭王府博物馆一直在"福"文化上大做文章,产品深受消费者喜爱。例如,2019年春节推出的"恭王府天下第一福礼",以御笔"天下第一福"为主体,结合中华民族千百年来独特的文化艺术形式和非物质文化遗产元素精心打造。10个单品、6个套系组合,除了常规的王府春联、"天下第一福"字、纳福红包等单品外,更设计了纳福相框台历、惜福毛毡灯笼、百福笔记本等明星单品。而且售价要远远低于市面同类产品,更拉近了文化与生活的距离。目前,恭王府博物馆通过对自身"福"文化IP进行深度开发与利用,已推出的文创产品包含茶具、香具、文房用品、餐具等10余个品类。如"单人福茶壶杯组",寓意美好,底蕴深厚,又象征着鸿运当头,福寿延年。茶杯采用釉上贴花工艺,骨瓷杯工艺精湛,修饰精美,高雅的描金古典不失轻奢,展现了强烈的艺术气息(见图6)。

2. 品牌提升与推广

一是品牌保护。恭王府博物馆非常重视自有文化资源的保护和相关知识产权的布局,已集中整合注册了一批商标,为文创产品开发、文化活动开展和经营打下了良好基础。包括"恭王""恭亲王""恭王府""福""康熙御笔之宝""天下第一福"等12种138类服务商标,涵盖服装、饮料、烟酒、化妆品、艺术品、出版物、文房用品、演出、旅游等。恭王府博物馆主动出击,加大对侵权的打击力度,已有100余家侵权商家受到了淘宝电商平台产品下架、封店等不同程度的惩罚。

二是品牌提升。恭王府博物馆申报的"恭王府文创品牌提升计划2.0"项目,计划用时5年,总投资3000万元,以恭王府历史文化为基础,以"福"

图6 恭王府博物馆描金珐琅彩骨瓷福杯

文化为依托，打造知名文化品牌，提升文创产品的品质。

三是品牌延伸。延伸品牌文化活动，打造恭王府文化新IP。对"海棠雅集""良辰美景""中秋寄唱"等一系列精彩纷呈又影响较大的文化活动进行梳理，在"恭王府""天下第一福"基础上形成恭王府的新IP品牌，并进行注册保护。配合活动研发配套衍生文创品的"文化活动＋文创产品"模式，成为恭王府博物馆文创发展的新亮点。

四是品牌宣传。为提升恭王府博物馆总体形象，充分运用新媒体，开启"内容＋渠道"模式。将馆内"祈福大典""非遗演出周""红楼书院"等文化活动，在"新浪网""今日头条"等网络平台进行直播，对树立品牌形象起到了良好的作用。同时积极参与文化创意产业博览会等各类展会活动，展示恭王府文化及文创产品，进行市场调研，寻找合作伙伴，学习先进经验。

上述四大博物馆各具特色，以中国国家博物馆为代表的中华文化、以首都博物馆为代表的北京文化、以故宫博物院为代表的皇家文化、以恭王府博

物馆为代表的王府与民俗文化，其文创产品的开发已成为北京地区博物馆文创发展的主流，对区域乃至全国博物馆具有很强的引领与示范作用。

三　众馆跟进　各具千秋

近年来，在政策引导与先行者的示范效应下，北京地区的博物馆无论规模大小、行业所属，大多依托自身的藏品资源进行文创产品的研发生产，通过多样化的产品形式和比较亲民的产品定位，将博物馆文化体验融入消费者的日常生活中。"把博物馆带回家"，成为业内追求的风尚。

下面将这些博物馆归纳为三类，简要介绍其中的部分特色文创产品。

（一）行业博物馆

1. 历史文化类

北京古代建筑博物馆设计开发了含有古建要素的文创产品百余种。如彩画特色系列：行李牌、钥匙扣、穗子书签、便签本、磁性书签、荷叶墩 U 盘、丝巾、铅笔；民居特色系列：门鼓石转笔刀、泰山石敢当铜书签、门环冰箱贴、四合院鼠标垫等。再如，以鎏金铜铺首为原形，设计开发了两种不同颜色的手机支架；选用唐代彩画元素，设计制作了两款彩画化妆镜。由该馆设计制作的宋代和清代两套斗栱模型，工艺要求严格，建筑构件准确美观，是具有教学意义的科普文创产品。

北京石刻艺术博物馆深入挖掘馆藏文物资源，设计开发了众多具有本馆特色的文创产品。如"云路鹏程""美石美刻""正气歌""知足常乐""不负初心"等系列文具、玩具、时尚生活用品，种类丰富，特色浓郁，具有原创性、艺术性和实用性。

中国钱币博物馆近年来开发的文创产品大体分为两类。一是实物鉴赏系列，包括"品泉"系列之"五帝钱""崇宁宝钱""福寿双至　十泉十美""喜庆开元""中国古钱币鉴赏"等，皆为真品实物，限量装帧，具有珍贵的文化内涵和收藏价值。二是以古钱币为素材开发的产品，如提取"北周三品"之首的"永通万国"古钱币中的要素,设计出解压玩物指尖陀螺、融古钱文化和书法艺术于一体的冰箱贴、"见钱眼开"眼罩、金属书签、钥匙扣,以及取材于古代压胜钱的"平安吉庆"行李牌等,均结合现代表现手法,保留藏品精神内涵的神韵,具有很高的艺术性和实用性。

北京市古代钱币展览馆挖掘自身的文化资源,配合多项临时展览,开发出以古钱币、老北京城门城墙为元素的系列文创产品,如笔记本、文件夹、U盘、手提袋、围巾、磁贴、明信片等;利用德胜门的"军门"特色,开发出弩机、炮车、云梯车和抛石机4款以攻守城器械为元素的古兵器系列模型;结合本馆资源,开发出纸币雕版印刷、套色财神雕版印刷、钱币铸造技术的巧克力铸币等,形成寓教于乐的文创产品。

清华大学艺术博物馆积极扩大自主文创产品的设计和生产,IP品牌性逐步建立,已上市产品28种170款,荣获"2018北京国际图书博览会优秀产品奖"、"2018北京文化创意大赛文博产品设计赛区第三名"和"2018北京文化创意大赛全国文创百强"等称号。其文创产品别有新意,如将清华大学第一教学楼之北的纪念碑碑拓改装为折页,并对漫漶处略加修饰,同时配套优选毛笔,将"金榜题名、连中三元"等文化内涵赋予毛笔设计中,以期打造优质文房系列。"尺素情怀"系列产品,则通过选取清华学人信札、手稿中的精彩片段,制作出日历、笔记本、信笺、胶带等,将大师的只言片语转化成文创元素(见图7)。

中国海关博物馆以馆藏文物为依托,以海关文化为内容,陆续开发多个系列文创产品。如"古关物桌面系列",将老子、尹喜、张骞等古关历史人物形象卡通化,并与生活中的手机座、笔筒、生态盆栽、便签夹等实用小物相结合,既是桌面上有实用价值的装饰摆件,又普及了与古关有渊源的人物知识,传播了海关历史文化(见图8);"丝路关系列"中的"丝路通关棋",以中国海关货运申报为蓝本,在此基础上进行简化和趣味性变通,可使人们通过游戏了解海关报关与通关的顺序和相关知识;"文物钥匙扣系列"则分别以馆藏九江关碗、大杆秤、银锭、印章、银币等与海关征税、查验等业务息息相关的文物为蓝本,设计制作了经济、实用、便携的钥匙扣。

图 7　清华大学艺术博物馆 "尺素情怀" 系列产品

图 8　中国海关博物馆 "古关物桌面系列" 产品

北京艺术博物馆提取馆址万寿寺及馆藏文物的文化元素，进行相关文创产品的开发。如"祥云伞"系通过对万寿寺山门券顶《洪福齐天图》及明清时期其他蝙蝠流云图案结构进行分析，提取具有万寿寺特点的标志性图案段落进行整合重构，具有鲜明的文化特色。"五彩小鱼"U盘，灵感源自馆藏晚清明黄缎绣梧桐鹤竹万寿挂片，以五彩祥云为装饰图案，色彩明快，含有"吉祥有余"的美好寓意。"长乐宫山水"系列产品包含丝巾、笔记本、明信片、便签纸、书签、纸胶带等，图案出自馆藏清惇郡王《长乐宫青绿山水图》，将文化艺术元素应用于实用产品中，兼具展览宣传和文化推广的作用。

民族文化宫博物馆依托馆藏资源，通过展交会等手段，不断丰富文创产品品类。目前已推出"苗家花语""如意云纹""向阳锦簇""团结进步"等系列30余款产品。其中，"苗家花语"系列之"床旗""如意云纹真丝围巾"，获第12届中国（义乌）文化产品交易会"创新设计奖"。

中国妇女儿童博物馆于2013年启动开发特色文创工作，截至2018年底共计开发产品120余种，涵盖文具、玩具、服饰、日用品等多个品类。在开发模式上，从最初的自主设计开发到与多家文创公司进行良好的沟通与合作，并启动授权方式扩大开发。在全国文博单位文化创意产品联展相关评选活动中，产品"锦绣前程·油纸伞"获得"文博传承奖"。

中国人民抗日战争纪念馆推出的"国际二战博物馆协会纪念徽章"，在设计上融入了协会的logo、象征和平的橄榄枝、太阳光芒的元素，并使用了中、英、俄三种文字，表达了国际二战博物馆协会追求人类和平的愿景。

2. 自然科技类

北京自然博物馆馆藏的30余万件自然类藏品，为开发科普文创产品奠定了基础。自2013年开始，该馆聘用专业开发人员尝试开发科普文创产品，积累了丰富经验。如围绕馆内明星展品之一的马门溪龙骨架化石，开发了浮雕水杯、按扣文件袋、晴雨伞、青铜摆件等；以新生代时期的古象猛犸象为蓝本，开发出卡通猛犸象行李牌；结合馆内"神奇的非洲"展厅中犀牛、疣猪、丛林豹和狞猫等动物形象，设计了一套非洲丛林动物木雕笔。2020

年，文创新主题"HELLO LIFE"首款产品双面丝巾正式面世，这款文创以灭绝动物为开发元素进行创作，打开"黑胶唱片"包装，就能"聆听"这首"一面赏心悦目，一面触目惊心"的难忘悲歌。

中国农业博物馆结合馆藏特色，开发出农民画晴雨伞、镜框画、创意名片盒、微缩农具、二十四节气小青柑、十二生肖全形拓画等6大类文创产品。这些不同风格、不同形式的产品，用农业情怀和创新设计彰显了农业农村艺术新的态度。

中国科学技术馆作为全国唯一一家科技馆类的文创试点单位，一直致力于科普类文创产品的开发。其文创产品"科技环游旅行证"，将展馆内诸多科学知识融入旅行证中，包含铜版画创作、徽章设计、插画设计、新材料应用、光学知识等，通过参观者尤其是儿童在展厅前收集印章、打卡的形式，引导观众完整全面地参观全部展示项目。"科技馆系列徽章"中的"三叶扭结"纪念徽章，灵感来自馆内标志性展品"三叶扭结"，代表着科学没有国界、各种科学之间没有边界、科学与艺术相互连通；"中国科学技术馆"纪念徽章，以中国科学技术馆的建筑外形为主体，蕴含"解锁""探秘"的寓意；"玉兔月球车"纪念徽章，以月球为背景，搭配俏皮的兔子（见图9）。

北京天文馆的文创产品致力于普及天文知识。如"北京古观象台书签套装"，以古观象台的台体形象制作便签本，八枚铜制古天文仪器书签排列其上，可配合便签本记录读书所感；"磁力纸书签套装"，对北京天文馆的标志物形象进行卡通化处理，包括傅科摆、天球仪、古仪、望远镜、主体建筑等，纸制书签轻便耐用；"魁星点斗T恤"，将"魁星点斗"图案进行卡通化处理，采用纯棉材质，热烈的红色鼓舞学子士气，反映中国考试文化。

中国铁道博物馆以馆藏特色文物为依托，创新开发系列铁路主题文创产品，强化文化资源与市场的深度融合。目前，共推出馆藏文物、京张铁路文化、铁路老建筑及其他系列共11个品类50款产品，初步打通文化元素梳理、创意形成、设计生产、展示传播、销售等各个环节，拥有一批较

图9　中国科学技术馆"科技馆系列徽章"

为固定的设计制作合作伙伴和较为稳定的经营场所。2017 年，中国铁道博物馆为"京张铁路四季书签"等 30 款文化创意产品申请了国家外观设计专利，产品的形状、图案、色彩等设计得到法律保护，产品价值大幅度提升。该馆联合北京百创文化传播有限公司共同开发的"复兴号"多功能镇纸，获得第十四届北京礼物旅游商品大赛优秀奖。2018 年，"铁路机车系列 3D 纸膜""机车方向牌开瓶器"入选《全国博物馆文化创意产品目录汇编》。

北京汽车博物馆作为国家公益性汽车主题博物馆，该馆文创着眼于"科学、技术、社会"。如"汽车梦系列"产品，包括护照夹及行李牌套装、藏品车徽章、停车号码牌等，共分"少年梦""奋斗梦""重拾青春梦"3个主题，图案选用的车型全部来自馆藏车辆，融入博物馆建筑、展览等元素，并结合北京历史建筑、交通安全知识等元素，选用环保材质，传播汽车

文化及"人、车、城"相结合的理念。再如汽车主题画面书包，以车型演变过程中具有代表意义的6款车型为素材，以创意的手法碎拼成画，时尚美观，贴近日常生活，诠释了汽车演变对人类生活的深远影响。

（二）旧址类博物馆

北京市西周燕都遗址博物馆在深入挖掘遗址内涵的基础上，从2013年开始便陆续开发了"鼎天鬲地"和"燕国达人"两个系列文创产品，在业内享有较高的知名度，目前两个品牌进行了商标注册。此外利用3D打印技术开发的克盉、克罍造型的加湿器和台灯兼具美观和实用性。随着文创产品种类的不断丰富，展馆序厅的一部分已改造成"燕国达人"文创产品展示和互动活动区。

大钟寺古钟博物馆自2015年开始文创产品的开发与经营，本着"有特色、深内涵、高质量"的理念，累计投入80余万元自有资金，设计制作了7大类20种文创产品，涉及办公用品、家居、玩具、书籍、音像制品、服装和饰品等方面。产品包含文件夹、梵文化妆镜、吉祥物、《心经》折页、钟韵文化衫、文化手提袋以及各类文化创意丝巾等。该馆还策划了"元旦鸣钟祈福""中秋闻钟赏月"文化品牌活动。

北京鲁迅博物馆（北京新文化运动纪念馆）的文创开发起步虽晚，但由于充分挖掘馆藏鲁迅及新文化运动文物资源，成绩较为显著。截至2020年5月，共开发6大系列200余种文创产品，受到公众热捧。如"鲁迅漫像"系列文创产品（尺子、行李牌、书签），以日本画家堀尾纯一为鲁迅画的漫画像为底本进行创意设计，保留漫画像中的鲁迅神态，设计出4个色彩鲜明、亲和可爱的鲁迅卡通形象，象征读书、演讲、行路、战斗，再配上鲁迅箴言，既有趣味性又蕴含哲理。"艺术鲁迅"系列产品（茶杯、茶具套装、丝巾），以馆藏黑白鲁迅手摹外文书籍纹样为元素，结合传统装饰图案色彩进行设计和创意涂色，最大限度地保留鲁迅手绘纹样的轮廓与细节，创作出一幅新的图案画，并应用到包、化妆镜、钥匙扣、茶杯等载体上（见图10）。"新青年"笔记本，则将珍贵的史料与翔实的文字穿插在笔记本内页中，讲述了《新青年》杂志从创刊到发展的历程，不仅具有知识性与实用性，还具有史料价值，是一款将研究成果转化普及的文创产品。

图10　"艺术鲁迅"系列文创产品

（三）非国有博物馆

近年来，在博物馆文创开发、推广活动中，非国有博物馆的成果令人瞩目。这类博物馆发挥机制优势，文创亮点突出。

观复博物馆从2008年起即集合优秀的设计团队和研发人才，将馆藏品中具有中国传统文化特色的纹饰和象征符号与现代商业相结合，设计研发并生产了具有自身特色的文创产品。目前的产品类型有瓷器类、服饰类、家居用品类、石塑类、办公用品类、艺术复制品类、饰品类等逾千款，取

得产品著作权 34 项、产品包装专利 1 项、产品外观专利 3 项，正在申请外观专利 1 项，获得全国和北京市级设计研发类奖项 11 次。依靠独特的创意设计、高品质的创意产品和极具竞争力的产品定价，从产品内容、材料选择、包装设计到质量监督等环节提供一条龙服务，已拥有一批稳定的消费客户，企业和个人专属定制服务量逐年增加。观复博物馆分别在天猫、淘宝开设了旗舰店，并开设了博物馆微店。2016 年 5 月 18 日国际博物馆日当天，观复博物馆在"全国博物馆文化产品示范单位"评选活动中获得殊荣。

北京百年世界老电话博物馆成立于 2006 年，是中国唯一一家电话机专业博物馆，也是世界上唯一一家收藏世界电话的博物馆，收藏电话发明百年以来 50 多个国家的上百个品牌、8000 多款电话和珍贵图文史料，此外还收藏了一批益智玩具以及招贴画。十年多来，文创产品的开发、销售收入，是维持博物馆经营发展的重要来源。该馆的文创开发主要有两个方面：一是以历史上各国经典老电话为原型，开发符合现代电路原理的电话机，外观高度相似，每部电话机均配有原机型的档案资料，使用者可根据相应的历史背景选择一部自己需要的电话机，既传承了历史，又美化了生活；二是对馆藏传统益智玩具进行创新性开发，以景泰蓝、雕刻、木版年画等多种非遗技艺，开发九连环、鲁班锁、七巧板等传统益智玩具，通过"打造爷爷玩过的玩具"的设计理念，让承载着中国非遗技艺和中国智慧的玩具走向世界。

四　总结经验　凝聚共识

总体而言，北京地区博物馆依托自身的文化底蕴与藏品资源，文创产业已呈迅猛发展之势，多样化的产品形式和贴近消费者的产品定位，已开始将博物馆的文化体验融入大众的日常生活，为文创产品的进一步开发提供了比较广阔的前景。不过，在亮点频出的背后也存在一些不容忽视的问题，其中既有产业本身的诸多瓶颈，也有人们认知方面的偏差。

（一）主要问题

1. 发展不平衡

北京地区的博物馆虽然数量众多，门类齐全，风格各异，但文创产业开发呈现出明显的不平衡现象。

一是各博物馆间的资源不平衡。文创产品开发的前提在于文化资源，但像故宫博物院、中国国家博物馆、首都博物馆和恭王府博物馆这类特色鲜明、拥有先天优势的博物馆毕竟只是少数，大多数主题博物馆专业性较强，但社会认知度不是很高，文创产品的研发鲜有成功案例。特别是一些小众化博物馆，平日游人稀少，既缺资金又乏人才，文创开发更是裹足不前。

二是自然科技类博物馆的文创开发相对滞后。这类博物馆在科学普及与科技传播方面具有突出优势，文创产品市场前景广阔。如何依托丰富的馆藏资源开发适销对路的产品，进一步增强其"科教强国"的社会功能，应该成为人们思考的重要问题。

2. 产品同质化

一般而言，文创产品都以特定的藏品为创作依据，融入某些新颖的创作元素，进而表现出独特的产品价值。目前博物馆文创可谓遍地开花，但在研发上还有着明显的局限性，产品缺乏自身的文化内涵，难以突破已有的创意思路。同行间相互模仿，市场上一旦出现比较成功的产品，便成为各家争相仿制的对象，致使同质化现象比较严重。

文创产品种类相似，只是在图案、造型上有所创新，且多为手机壳、钥匙扣、杯子、T恤、冰箱贴、胶带之类的小型商品。产品没有开发难度，印刷图案即可，而且周期短、销量大。这样的产品多了，品牌化占比便日益减少。

3. 机制有待创新

目前，博物馆大都属于公益类的事业单位，主要职责是提供公共文化服务。国家政策明确规定，文博单位文创开发的主体原则上是企业，而大部分博物馆并无企业。对有企业的单位来说，企业法人与本单位没有从属关系，

管理上存在一定风险。

博物馆文创产品开发均以馆藏为核心，目前多按照合作、授权、监制等方式与社会力量共同开展，或者文博单位原有的企业继续从事文创产品开发。但博物馆取得的文创收入，如果不能与单位及个人发生关联，相关人员便会失去积极性，影响文创事业的继续开展。

4. 认知存在偏差

部分博物馆从业人员和研究者，对文创活动的理解存在偏差，将"文化事业"与"文化产业"对立起来，将"公益活动"与"经营活动"对立起来，将"不以营利为目的"等同于"不追求利润"。有的博物馆文创活动开展得风生水起，营业额十分庞大，实际利润则微乎其微。

文创产品必然具有文化和商品两重属性，二者相辅相成，不可偏废。文化讲求社会效益，要求传播正能量，满足人们的精神需求；商品则势必追求经济效益，需要在市场经济中形成良性循环。所谓"不以营利为目的"，实际是要求在文创开发与经营活动中，遵循社会主义市场规律，把社会效益放在首位，两个效益一起抓。片面强调其中的任何一点，都不利于这一新兴产业的健康发展。

（二）凝聚共识

1. 守正创新

2020 年 9 月 17 日，习近平总书记在湖南长沙马栏山视频文创产业园考察调研时强调："要坚持把社会效益放在首位，牢牢把握正确导向，守正创新，大力弘扬和培育社会主义核心价值观，努力实现社会效益和经济效益有机统一，确保文化产业持续健康发展。"①

北京地区博物馆的文化创意工作，也必须牢固坚持守正创新，保持文化敬畏，寻找和提取文物或藏品蕴含的优秀文化基因，通过创意产品的设计与

---

① 《马栏山视频文创产业园：坚持守正创新　弄潮文化产业》，人民网，2020 年 9 月 19 日，http：//hn. people. com. cn/n2/2020/0919/c195194 - 34303684. html。

开发，推动文物价值的深层次转化。在此过程中，要坚持社会主义核心价值观的引领，通过文创产品播种文物背后的中华优秀传统文化、艺术造诣与时代精神，引导大众树立文化自信。

2. 多元开发

目前，北京地区博物馆的文创产品开发同其他地区一样，主要存在 4 种行之有效的模式：自主开发、委托研发、引进开发和艺术授权。

自主开发是指博物馆自身拥有专职设计团队，负责从主题选定到产品设计的前期环节，然后交由制作厂商进行批量生产；委托研发是指博物馆委托社会力量进行设计，经博物馆审核后交厂商生产，销售收入按约定比例分成；引进开发是指博物馆通过其他途径，引进与本馆文化品牌匹配的产品进行销售；艺术授权则是指博物馆授权制作厂商或社会力量，利用藏品版权设计、开发、制作、生产、销售相关产品，博物馆主要参与审核环节并在此过程中收取授权费用。

各博物馆可根据自身需要，采用其中一种或多种模式。在此过程中，必须坚持博物馆对文创工作的主导地位，正确把握产品的文化与商品属性，逐渐确立自己的品牌形象。

3. 能者先行

各博物馆的文化资源不同，文创产品的开发能力与潜力差异性很大，不能仅对其他博物馆的成功模式进行简单复制，必须选择适合自身发展的路径，既不应无所作为，也不能一窝蜂式地追求产品数量，在文创开发上急功近利。有关主管部门要防止不切实际地把文创开发指标化，而应择优突破，让能者先行，以成效显著的博物馆为龙头，在政策上松绑，切实赋予其开发经营的自主权。

4. 合作运营

从全国范围看，各类以地域、专业等为纽带的博物馆联盟纷纷建立，联合开展文创产品的市场调研、标准制定，或许不失为一条值得探索的道路。如由宋庆龄故居、北京李大钊故居、北京鲁迅博物馆、郭沫若纪念馆、茅盾故居、老舍纪念馆、徐悲鸿纪念馆、梅兰芳纪念馆 8 家博物馆组

成的"名人故居联盟",可以集合资源,营造名人效应,尝试在文创开发上有所突破。充分运用市场机制,进一步完善北京文博衍生品创新孵化平台的服务功能,加强文博创意产业的开发及运营,以期形成良好稳定的商业运作模式。

总体而言,北京地区博物馆文创发展势头良好,已形成初步繁荣的可喜局面。目前虽然存在一定的问题,但属于发展过程中难以避免的。相信在已有成绩的基础上加强顶层设计,适时总结经验,规避不足,这一新兴产业必将逐步做大做强,走上良性发展的健康之路。

B.13
北京地区名人故居纪念馆发展报告

覃 琛*

摘　要： 本报告收集了北京地区 2019 年被认定为博物馆的 11 家名人
故居纪念馆的资料，从藏品研究、陈列展览、社会教育、文
创开发四个方面进行分析与研究。藏品研究工作以"名人名
物"为原则，为讲好名人故事奠定了重要基础；陈列展览工
作以"原状性"为核心，以"延伸性"提升活力，"联合性"
成为重要发展趋势；社会教育活动在服务社区、青少年教育、
特色化品牌发展方面具有突出特点；文创产品开发则为名人
故居纪念馆的发展注入了新活力。

关键词： 名人故居　纪念馆　展览　社会教育　文创开发

一　名人故居纪念馆的定位与功能

名人故居是纪念馆的重要内容，在博物馆分类中具有明显特征，具有纪
念意义、政治意义、宣传意义，是为社会及公众提供缅怀先贤、情感寄托、
教育大众、传承文化的场所和载体。普遍意义上的"名人"概念，是指社
会名流、知名人士、杰出人物、显要人物、著名人物等。1957 年，国家文
物局举办了第一次全国纪念性博物馆工作座谈会，时任文化部文物局局长王
冶秋认为，纪念性博物馆"是以历史上重大事件或杰出人物的有关遗址、

---

* 覃琛，中国体育博物馆馆员，硕士研究生，主要研究方向为博物馆与文化遗产。

建筑物等作为基础，恢复历史面貌，来纪念这一事件、这一人物的纪念馆，并通过它来向广大群众进行历史的、革命斗争的以及其他方面的传统教育"。① 北京市政协曾专门做过名人故居调研工作，将"名人"界定为"在历史上，特别是在近现代历史上做出过重大贡献，在某方面产生过较大影响，具有较高知名度，'文革'结束前去世的各领域知名人士"。② 根据学者研究分析，认为名人纪念馆应包含四个要素：一是同时具备纪念性和博物馆属性特征；二是建筑主体一般是纪念对象去世后建造的；三是纪念性是建馆的目的之一；四是具有记忆性的功能，不拘泥于是否在原址上进行建造。③

纪念馆的主体是社会历史、政治、文化名人，且纪念馆多为历史建筑，与城市整体风貌相互映衬，形成了综合性的文化表达。纪念馆本身承载的文化内涵是多重的，既承载纪念人物的个人成长、生活经历和成就，也与社会历史、政治、文化发展的重大事件背景息息相关，最重要的是故居建筑文化中体现的古建筑文化和民俗文化传统是城市文化价值的缩影和见证。故居纪念馆具有不可再生的文化属性，保护性功能尤为突出，同时还兼具博物馆的收藏、展示、研究、教育功能。

二 北京地区名人故居纪念馆情况综述

北京作为中国政治、经济、文化中心，在历史发展和城市建设进程中，留下了无数历史名人的足迹，许多政治家、革命家、文学家、艺术家在北京诞生和成长，与北京城市风貌变迁、民风民俗、文化底蕴、历史内涵相伴，互为滋养。据统计，目前北京已认定的名人故居有92处，已挂牌列入国家级、市级、区级文化保护单位的有35处。其中，有6处被列入国家重点保

① 王冶秋：《在纪念性博物馆工作座谈会上的发言（提纲）》，《文物参考资料》1957年第5期。
② 邢志远：《有关名人纪念馆管理与发展的探讨》，《文物春秋》2012年第3期。
③ 王越：《纪念地与纪念性博物馆比较研究——以纪念对象主体周恩来为例》，《中国博物馆》2017年第1期。

护单位，有 17 处被列为市级文保单位，有 12 处被列为区级保护单位。

据国家文物局《2019 年度全国博物馆名录》，2019 年在北京市文物局登记、认定为博物馆的名人故居有 11 家（见表 1）。在 2020 年底北京地区 197 家备案博物馆中占比 5.6%。其中，北京鲁迅博物馆（北京新文化运动纪念馆）被评为国家一级博物馆，詹天佑纪念馆被评为三级博物馆，其余 9 家名人故居纪念馆未定级。藏品数量方面，拥有藏品数量最多的为北京鲁迅博物馆（北京新文化运动纪念馆），共有藏品 3.7 万余件/套，其中珍贵文物超过 3.5 万件/套。2019 年名人故居纪念馆共举办陈列展览 84 个、教育活动 512 次，参观人数超 176 万人次。

表 1   2019 年北京地区 11 家名人故居纪念馆名录

序号	博物馆名称	质量等级	免费开放	藏品数量（件/套）	珍贵文物（件/套）	陈列展览（个）	教育活动（次）	参观人数（万人次）
1	北京鲁迅博物馆(北京新文化运动纪念馆)	一级	是	37772	35778	19	130	51.30
2	宋庆龄故居	未定级	否	20360	96	5	60	6.00
3	徐悲鸿纪念馆	未定级	是	2416	1889	2	22	6.70
4	郭沫若纪念馆	未定级	否	9569	62	7	15	8.00
5	梅兰芳纪念馆	未定级	否	35000	—	15	10	8.50
6	詹天佑纪念馆	三级	否	1784	60	2	16	2.40
7	郭守敬纪念馆	未定级	是	0	0	15	61	11.00
8	茅盾故居	未定级	是	5900	—	1	150	9.96
9	曹雪芹纪念馆	未定级	是	7163	0	2	20	61.32
10	老舍纪念馆	未定级	是	1557	191	12	5	5.40
11	北京李大钊故居	未定级	否	—	—	4	23	6.30

资料来源：国家文物局《2019 年度全国博物馆名录》。

（一）隶属及管理

北京地区名人故居纪念馆隶属于不同的部门，有隶属于文物部门管理的，如北京鲁迅博物馆隶属于国家文物局（2014 年与北京新文化运动

纪念馆合并）、徐悲鸿纪念馆、老舍纪念馆隶属于北京市文物局；有隶属于国家部委及相关机构管理的，如梅兰芳纪念馆隶属于文化和旅游部，郭沫若纪念馆隶属于中国社会科学院，宋庆龄故居隶属于中国宋庆龄基金会；有隶属于博物馆机构的，如茅盾故居为中国现代文学馆下属机构，詹天佑纪念馆为中国铁道博物馆所属机构；有纳入区一级政府管理的，如北京李大钊故居、郭守敬纪念馆为北京市西城区文化委员会直属管理机构等。

因隶属关系不同，名人故居纪念馆在古建保护、藏品管理、展示、宣传教育等方面各有特色。整体来看，北京地区名人故居纪念馆近年来在展览与巡展、讲座与宣传、学术研究、志愿服务、学生社会实践方面活跃度较强，内容丰富，凸显了名人故居在传承优秀传统文化、弘扬社会主义核心价值观、发挥社会教育功能、推动社会文明进步等方面的重要作用。

（二）馆舍及建筑

根据北京市文物局 2014 年科研课题报告《名人故居的保护与管理调研报告》，已完成修缮、现状良好且无安全隐患、历史环境和格局未改变的名人故居共计 22 家，占比 26.5%；文物建筑和环境基本保存，继续修缮的共计 23 家，占比 27.7%，建筑濒危、缺失或被拆除的共计 38 家，占比 45.8%。整体来看，名人故居古建保护现状不容乐观。

名人故居是北京历史文化的缩影见证，首要任务是科学性保护。由于城市发展迅速，原本承载着北京人文内涵与文化氛围的名人故居正在遭受威胁，冯骥才曾指出："历史巨人的故居被推土机一个个夷平，城市失去了自己这种灵魂性确凿的存在，泯灭掉一份份珍贵的遗存，城市因之一点点减少它历史积淀的厚重。"以博物馆的形式保护、利用名人故居，是全球通行的做法。在政策法规层面，1982 年 11 月颁布的《中华人民共和国文物保护法》经过多次修订，对名人故居提出了明确的保护内容；北京市政府颁布的《北京历史文化名城保护条例》是现行北京地区名人故居保护工作的指导性文件，但是在名人故居保护的具体要求、认定机制、管理机构、资金来源等方面未有具体要求，对名人故居的保护也无专门机构。北京地区名人故居纪念馆多数位于旧城区，除徐悲鸿纪念馆因城市建设需要已拆除迁址后建成新馆外，北京鲁迅博物馆（北京新文化运动纪念馆）、宋庆龄故居、郭沫若纪念馆、梅兰芳纪念馆为全国重点文物保护单位，老舍纪念馆、北京李大钊故居、茅盾故居为北京市重点文物保护单位。在古建修缮、设施改造等方面，各单位资金投入参差不齐。据资料显示，2018年，宋庆龄故居申请国家文物局专项经费，对古建进行了第一次全面修缮；郭沫若纪念馆的上级管理部门中国社会科学院也拨款对纪念馆进行了水电改造、展厅修缮维修、消防提升改造等工程，整体改善了古建主体建筑和基础设施。其他名人故居纪念馆每年针对局部情况开展维修和改造、监控系统安装与升级、定期进行消防演练等，保障了古建安全，纪念馆公众服务能力得到了提升。北京地区 11 家名人故居纪念馆的建筑情况见表2。其现状如图 1～图 11 所示。

表 2   北京地区 11 家名人故居纪念馆建筑情况一览

单位：平方米

序号	名称	建筑类型	建筑面积	占地面积
1	北京鲁迅博物馆（北京新文化运动纪念馆）	全国重点文物保护单位	8623.2	12604.54
2	宋庆龄故居	全国重点文物保护单位	8170	22848
3	徐悲鸿纪念馆	现代建筑	10885	5363.235
4	郭沫若纪念馆	全国重点文物保护单位	2279	7000
5	梅兰芳纪念馆	全国重点文物保护单位	716	1050
6	詹天佑纪念馆	现代建筑	6533	9340
7	郭守敬纪念馆	重建仿古建筑	462.58	
8	茅盾故居	北京市文物保护单位	572	850
9	曹雪芹纪念馆	重建仿古建筑	300	3000
10	老舍纪念馆	北京市文物保护单位	300	400
11	北京李大钊故居	北京市文物保护单位		550

资料来源：据相关资料统计。

图1　北京鲁迅博物馆（北京新文化运动纪念馆）中的鲁迅故居

图2　宋庆龄故居主楼

图 3　徐悲鸿纪念馆外景

图 4　郭沫若纪念馆正门

图5 梅兰芳纪念馆正门

图6 詹天佑纪念馆正门

图 7　郭守敬纪念馆建筑全景

图 8　茅盾故居庭院

图 9 曹雪芹纪念馆正门

图 10 老舍纪念馆庭院

图11　北京李大钊故居

（三）业务机构设置及人才队伍建设

博物馆业务机构设置反映了博物馆的建设宗旨和主要业务特点。名人故居纪念馆主要围绕"名人"开展各项博物馆业务研究和教育工作，在机构设置上，业务部门将研究方向重点放在"名人"研究上，如北京鲁迅博物馆设置鲁迅研究室、梅兰芳纪念馆设置梅兰芳研究中心，中国郭沫若研究会挂靠在郭沫若纪念馆等。名人故居纪念馆在文学、艺术等领域的研究中积累了丰富的成果，引领、带动文学、艺术等领域的学术发展和社会影响力。

人才队伍建设是博物馆事业发展的基础和保障。近年来，随着博物馆学科发展和高校人才培养制度的提升和完善，博物馆人才队伍建设不断加强，管理、研究水平显著提高，博物馆社会影响力不断扩大。对比2012年和2018年北京地区部分名人故居纪念馆从业人员数量、从业人员中高级职称数量及从业人员学历等数据，可以发现，近年来名人故居纪念馆专业人员比例不断提升，业务人员职称、学历不断提升，这是名人故居纪念馆业务能力不断提升的动力内核（见表3）。

表3 2012年和2018年北京地区部分名人故居纪念馆人才结构

单位：人

序号	名称	分类	2012年	2018年
1	北京鲁迅博物馆	从业人员数量	66	91
		高级职称	9	15
		中级职称	16	26
		博士	8	6
		硕士		16
		本科	28	48
2	宋庆龄故居	从业人员数量	41	29
		高级职称	2	3
		中级职称	4	5
		博士	4	1
		硕士		5
		本科	4	23
3	郭沫若纪念馆	从业人员数量	22	24
		高级职称	2	4
		中级职称	2	5
		博士	4	3
		硕士		5
		本科		
4	徐悲鸿纪念馆	从业人员数量	24	32
		高级职称	1	4
		中级职称	2	7
		博士	2	2
		硕士		6
		本科	19	22
5	梅兰芳纪念馆	从业人员数量	22	18
		高级职称	2	2
		中级职称	8	8
		博士	5	3
		硕士		5
		本科	8	5
6	老舍纪念馆	从业人员数量	13	13
		高级职称		
		中级职称	1	4
		博士	1	
		硕士		2
		本科	2	6

序号	名称	分类	2012 年	2018 年
7	茅盾故居	从业人员数量	3	3
		高级职称	1	1
		中级职称		
		博士	1	1
		硕士		
		本科	1	1
8	詹天佑纪念馆	从业人员数量	16	25
		高级职称		2
		中级职称	3	5
		博士	2	
		硕士		8
		本科	7	17

注：北京鲁迅博物馆与北京新文化运动纪念馆合并，数据仅供参考。
资料来源：据相关资料统计。

三 "名物"与"名人"：讲好藏品故事
活化名人精神

（一）科学管理"名物"可持续发展

藏品是博物馆一切工作开展的基础，名人故居纪念馆作为系统记录和纪念名人经历及成就的博物馆，宗旨为尽可能地保存好与纪念人物直接或间接相关的所有物品。名人故居纪念馆的藏品包含了可移动和不可移动两个方面，大到古建本身，小到手记草稿，其藏品体系种类繁多，如家具、服装、书画作品、艺术品、信函、图书、手稿等（见图12、图13、图14），有些甚至包括纪念人物本人的收藏品。这对各馆的藏品保护、研究与利用工作提出了更高的要求。2015年开展的全国第一次可移动文物普查工作，对名人故居纪念馆的藏品情况做了详细梳理和统计，为各馆开展藏品科学保管和安全维护奠定了重要基础。

图 12　梅兰芳纪念馆藏《霸王别姬》戏服

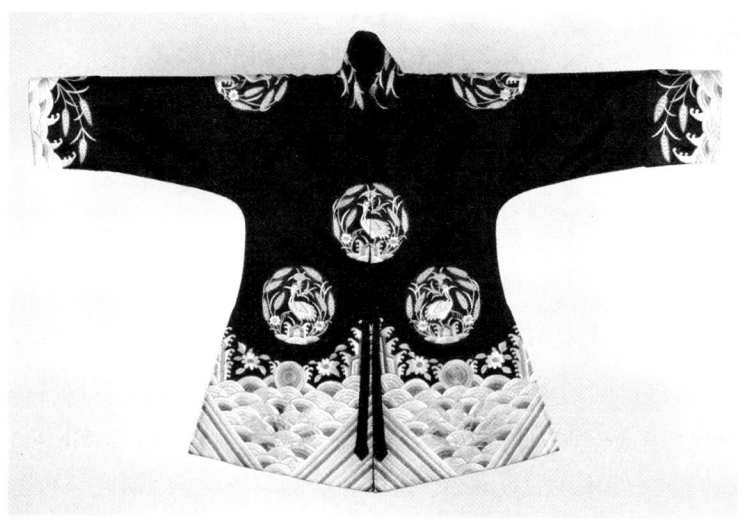

图 13　宋庆龄故居藏绣服上衣

图 14　徐悲鸿纪念馆藏《奔马图》

在藏品保护方面，从 2015 年起，各馆对文物藏品的科学保管更加重视。宋庆龄故居积极购置保障藏品安全的设备设施，如恒温恒湿柜、除湿机等，进行库房除虫、除霉处理，增添文物存放柜，改善文物存放环境；郭沫若纪念馆根据藏品的不同类别制定具体的防护措施，并利用新技术手段，将文物文献资料数字化，有效解决保存与利用的矛盾；徐悲鸿纪念馆完成了现代化文物库房建设工程，根据该馆文物类型及数量，共建成了油画储藏区、轴画储藏区、图书资料储藏区、素描储藏区、遗物开放展示区、鉴赏区及机动区7 个库房区域，实现了文物的分区分类规范化管理，同时开展库房恒湿恒温空调系统运行监测，达到了现代化文物库房智慧化管理标准；梅兰芳纪念馆自 2016 年起开展了藏品信息化建设，对部分馆藏文件、信件进行扫描建档，对部分藏品开展复制和建立影像档案。

在藏品征集方面，虽然名人已逝，但其身后留下的巨大精神财富值得社会永铭，名人故居纪念馆的藏品征集工作近年来仍未间断，各馆征集工作的情况有所不同。通过梳理研究，征集工作思路主要有以下几个方面：一是按照藏品体系要求征集，如北京鲁迅博物馆以版画及作品为征集重点，郭沫若纪念馆以文学作品、手稿为征集重点；二是围绕展览进行征集，配合本馆展览工作开展相关藏品征集工作；三是积极拓宽门类，面向社会接受捐赠，如宋庆龄故居自 2013 年至 2018 年征集和受赠文物 36 件/套，其中有 2014 年

马海德之子周幼马捐赠的蔡司相机、美国友人科布捐赠的宋庆龄信件，2018年宋庆龄表侄女牛恩美捐赠宋庆龄所赠瑞士手表、其祖母倪珪金用过的狐皮围脖等7件珍贵文物等。

（二）学术研究活化"名人"故事

北京地区名人故居纪念馆注重学术研究工作，围绕"名物"整理、挖掘"名人"故事，开展学术研究工作，为展览、社教、公众服务、文化传播等提供了有力的学术支撑。各馆的学术研究工作有四个平台及维度。

一是依托本馆主办学术刊物，为名人研究成果提供交流平台。如北京鲁迅博物馆主办的《鲁迅研究月刊》被中国社会科学评价中心评为文学核心期刊，集中展示鲁迅研究新成果，现已出版400余期（见图15）；梅兰芳纪念馆自2018年起出版专业学术刊物《梅兰芳学刊》，推动馆藏文物文献成为全社会的共享学术研究资源。

图15 《鲁迅研究月刊》

二是聚集专业研究人员加强对馆藏文物的研究，为展览策划、宣传教育活动提供有力学术支持。如宋庆龄故居将馆藏的录音和录像带整理为50万字的口述历史文字资料陆续出版；郭沫若纪念馆在对馆藏的郭沫若先生手稿、著作等研究的基础上，出版了《郭沫若研究》《郭沫若研究年鉴》等研究成果（见图16）；北京鲁迅博物馆在加强对馆藏鲁迅文物研究的基础上，对馆藏鲁迅藏书、鲁迅辑校的古籍、鲁迅藏汉画像拓片、同时代人鲁迅研究作品和馆藏胡风及其友人书信进行了整理和研究，编辑出版了《北京鲁迅博物馆藏中国近现代名人手札大系》等；徐悲鸿纪念馆开展的研究课题"徐悲鸿纪念馆馆藏研究"的研究成果提升了本馆展览、社教活动及各项公共服务工作水平；梅兰芳纪念馆针对馆藏开展"梅兰芳纪念馆藏文献文物总目"专项研究，对馆藏文物文献进行全面清点并设置目录，牵头开展国家社会科学基金艺术学重大项目"梅兰芳表演艺术体系及相关文献收集整理与研究"，在世界梅兰芳艺术研究领域尚属首次。

图16　郭沫若纪念馆的研究成果

三是积极申请专项课题对名人及名人成就领域进行专项研究，出版系列研究著作、理论文集等。如北京鲁迅博物馆承担的国家社科基金项目"鲁迅的新文学收藏研究"、国家社科基金后期资助项目"鲁迅北京交游研究"、国家社科基金项目"国内六家鲁迅纪念馆的历史和现状研究（1951—

2016)"等；詹天佑纪念馆的课题项目"京张铁路文化研究——以青龙桥车站为例"对青龙桥车站百年历史进行了全面梳理和系统考证，保存了详细珍贵的口述历史影像资料，为京张铁路整体的文化研究奠定了基础。

四是举办高规格的学术研讨会和高质量的学术讲座，为名人研究及名人文化领域学术研究工作提供理论研究的最高平台。如梅兰芳纪念馆 2017 年开始举办学术讲座"兰芳讲坛"，面向公众免费开放，为专家与公众搭建了文化普及的良好平台。中国郭沫若研究会挂靠在郭沫若纪念馆，每年举办全国性的学术研讨会、青年论坛等活动，为郭沫若研究者，特别是青年学者提供了学术交流平台。

"8 +"名人故居纪念馆联盟成立后，更加注重学术读物的编撰和出版，坚持将文化知识普及和纪念馆特色文化相结合，自 2015 年起，每年出版文化读本，内容包括博物馆理论研究、社会各界人士对名人故居感受的文章、历史名人文化内涵阐释解读等。如 2015 年出版的《大家风范　中国精神——北京八家名人故居联合活动十五年》，2016 年出版的《文化名人与民族精神——2015 年北京八家名人故居纪念馆活动纪实》《时代之音——读名家名言　听文物故事》，2017 年出版的《文化名人与文化景观——2016 年北京八家名人故居纪念馆活动纪实》，2018 年出版的《名人　名作　名物——2017 年"8 +"名人故居纪念馆活动纪实》等。这些出版物打破了名人故居纪念馆封闭的运转模式，将其馆藏、理论、研究及各项业务工作展现在公众面前，使更多的人参与到名人故居纪念馆的文化建设中。

四　可持续发展的展陈活力

展览是博物馆最直观的内容呈现，是对博物馆"物"的活化利用。名人故居纪念馆的展览体系特色突出，将人物、故事、环境、历史、记忆有机结合，通过不同的方式还原一个"真实的人物"。可以说，名人故居纪念馆的展览，是将人物的"个体记忆"转化成"公众记忆"的平台，搭建了历史"名人"和现代社会"观众"之间沟通的桥梁。

（一）"原状性"是特色核心

名人故居纪念馆在建立过程中，对原建筑的利用方式不尽相同，因此在展览方式上存在一定的差异。名人故居纪念馆有三种建筑利用方式：一是对故居空间的直接利用，如宋庆龄故居、郭沫若纪念馆、老舍纪念馆、北京李大钊故居（见图17、图18），在展览方式上以原状陈列为主；二是改扩建原故居，如北京鲁迅博物馆扩建了纪念馆，与故居空间相互利用，进行原状陈列，并利用新建馆设置了人物生平展，提升了博物馆空间的利用水平；三是故居的迁址和改扩建，如徐悲鸿纪念馆因市政规划拆除后迁址重建，新建了现代化博物馆，在展厅中通过复原展厅进行人物生平展览。

可以看出，故居的建筑和环境是博物馆不可分割的一部分，与名人之"物"共同构成了名人故居纪念馆的核心资源，因此，"体验式"的原状陈列是名人故居纪念馆独有的核心展览模式。参观名人故居纪念馆的观众，抱有对"名人"的未知探索性，参观过程本身就具备一定的仪式感，观众在故居原有的生活化场景中、在时空对比下、在历史空间中感受名人的成长经历，了解名人思想形成的历史背景，理解名人在思想政治、文学艺术等方面的成就。这种"体验式""主动式""探索式"的参观视角，更适用于名人故居纪念馆，这也正是新博物馆学理论中的由以"物"为核心转向以"人"为核心的实践表达，是呈现"真实的人物"最有效的方式，是将"物"还原到原生环境中，又用展陈方式和诠释手段加深了观众的理解和认同，回到了"让文物活起来"的初衷。

原状陈列赋予了"物"更为深厚的情感和价值，故居中的一砖一瓦、一杯一盏、一草一木，都仿佛打上了时代的烙印，具有独特的生命力。如北京鲁迅博物馆中的"枣树"，郭沫若纪念馆中的"银杏妈妈树"，宋庆龄故居中的"盆景"，原本只是普通的对象，在原生场景的建构下，"名物"被赋予了更多的感情色彩而更具活力，留给观众更深层次的情感共鸣，对故居主人的生活状态有了更为感性的了解以及想象。原状陈列带给观众独特的"体验式"参观模式，是名人故居纪念馆独有而不可替代的。

图 17　郭沫若纪念馆原状陈列

图 18　北京李大钊故居原状陈列

（二）"延伸性"展览增强活力

原状陈列展示人物生平和成就，是名人故居纪念馆的基本陈列。在专题陈列和临时陈列方面，名人故居纪念馆结合北京地方特色、民俗文化、节气、历史事件、重要时间节点等，充分挖掘馆藏资源，在名人成就领域的基础上进行广泛延伸，原创了一些专题展览，增强了名人故居纪念馆的活力。

一是挖掘馆藏优势策划本馆品牌性展览。如北京鲁迅博物馆利用本馆版画特色体系策划开展的"引玉——鲁迅藏外国版画选粹"，展示鲁迅在苏联版画、欧美版画、日本版画上丰富的收藏，展示鲁迅广阔的艺术眼界及"拿来主义"的美术思想和历史功绩；对馆藏进行系统提炼，在建馆 60 周年时，举办"含英咀华——北京鲁迅博物馆建馆 60 周年馆藏精品展"，展示 60 年来在藏品体系上形成的鲁迅及近现代名人手迹、版画及美术品、近现代书刊版本三大特色优势；举办纪念鲁迅诞辰 138 周年特展"沿着鲁迅的道路——蒋兆和艺术作品展"（见图 19）；举办"书写的艺术——鲁迅手稿精品展"，用近百幅作品展示鲁迅书法渊源、书法风貌以及鲁迅自觉地将书法元素运用于装帧设计的成果等。其他如梅兰芳纪念馆举办的"另一个梅兰芳——梅兰芳绘画展"、"梅兰芳纪念馆藏戏曲文献脸谱展"和"艺畹芳华——青年梅兰芳与京剧艺术展"等。

图 19　北京鲁迅博物馆"沿着鲁迅的道路——蒋兆和艺术作品展"

二是围绕重要纪念历史节点开展的专题展览。如梅兰芳纪念馆举办的"梅葆玖逝世周年纪念展"；宋庆龄故居为纪念宋庆龄逝世 35 周年举办的"素风雅韵——宋庆龄生活用品展"，为纪念孙中山诞辰 150 周年举办的"笃志先行　振兴中华——纪念孙中山先生诞辰 150 周年馆藏文物特展"等。

三是与传统节日、民俗文化相结合举办的专题展览。这种展览充分体现了名人故居纪念馆在展示城市多元文化和传承传统文化方面的重要作用。如北京李大钊故居举办的"李大钊与北京精神"展，以李大钊短暂一生所彰显的爱国情怀、创新精神、包容思想和厚德品格，诠释北京一脉传承的城市精神——爱国、创新、包容、厚德；老舍纪念馆在春节、清明节期间举办的"老舍笔下的北京春节""老舍笔下的清明节"等主题展览，将老舍笔下的传统文化、传统民俗与现代生活相互呼应，拉近了文学艺术与大众生活的距离。

四是积极举办交流展览和赴国外办展。把本馆的文化特色推介到全国各地，扩大社会影响；积极开展国际文化交流，宣传中国精神、讲好中国故事、传播中国传统文化，促进国际文化与中国文化的交流互鉴，增进文化理解和认同。

以2018年为例，名人故居纪念馆举办了多次专题展览、交流展览和赴外展览（见表4、表5、表6）。

表4　2018年名人故居纪念馆专题展览统计

展览名称	主办单位	展品数量	展览时间	展览地点	观众人数
陈介祺藏金石特展	北京鲁迅博物馆、潍坊市博物馆	60件/套	2018年3月10日～2018年5月10日	北京鲁迅博物馆	2.6万人
听风听雨　吾爱吾庐——镇江名人故居图文展	北京鲁迅博物馆、镇江市文化广电新闻局	200余幅	2018年7月12日～2018年8月12日	北京鲁迅博物馆	0.9万人
中原音乐文物瑰宝——来自河南博物院的远古和声	北京鲁迅博物馆、河南博物院	172件	2018年8月17日～2018年10月10日	北京鲁迅博物馆	2.2万人
氤氲长虹——黄虹宾书画作品展	北京鲁迅博物馆、安徽博物院	50件/套	2018年9月28日～2018年11月28日	北京鲁迅博物馆	3.3万人
刀·木·情——赵延年版画艺术展	北京鲁迅博物馆、湖州市博物馆	100件/套	2018年10月16日～2018年11月16日	北京鲁迅博物馆	1.4万人
中国抗日战争中印缅战场滇缅抗战纪实展	北京鲁迅博物馆、保山市博物馆	403件/套	2018年11月30日～2019年1月5日	北京鲁迅博物馆	0.9万人

展览名称	主办单位	展品数量	展览时间	展览地点	观众人数
翠色千年——福建民俗博物馆馆藏青瓷展	北京鲁迅博物馆、福建民俗博物馆	50件	2018年12月7日~2019年1月7日	北京鲁迅博物馆	1.2万人
菊石之谊——宋庆龄与何香凝文物图片展	中国宋庆龄基金会研究中心、仲恺农业工程学院、上海市孙中山宋庆龄文物管理委员会	文物图片130件/套/张	2018年1月25日~2018年6月30日	宋庆龄故居	约9万人
中华风采——宋氏三姐妹及家族成员旗袍展	宋庆龄故居管理中心、中国妇女报社、上海老旗袍珍品馆	图片约100张文物38件/套	2018年3月3日~2018年5月3日	宋庆龄故居	6.4万人
宋庆龄与中非友好文物图片特展	宋庆龄故居管理中心	图片5张文物6件/套	2018年6月21日~2018年9月	宋庆龄故居	10.7万人
百花迎春 有"壶"同享——肖映梅崔希亮书画作品展	郭沫若纪念馆	100件/套	2018年3月	郭沫若纪念馆	—
老舍笔下的北京春节	老舍纪念馆	图片展	2018年2月22日~2018年3月3日	—	2957人
难舍老舍	老舍纪念馆	图片展	2018年8月23日~2018年9月2日	老舍纪念馆	1500人
青年梅兰芳	梅兰芳纪念馆	30件/套	2018年5月~2018年10月	梅兰芳纪念馆	社会各界人士
走向世界的梅兰芳	梅兰芳纪念馆	40件/套	2018年10月~2019年2月	梅兰芳纪念馆	社会各界人士

资料来源：据相关资料统计。

表5　2018年名人故居纪念馆交流展览统计

展览名称	主办单位	展品数量	展览时间	展览地点	观众人数
鲁迅的读书生活	北京鲁迅博物馆、安徽阜阳博物馆	70件/套	2018年3月20日~2018年5月20日	安徽阜阳博物馆	1.5万人

展览名称	主办单位	展品数量	展览时间	展览地点	观众人数
鲁迅的艺术世界	北京鲁迅博物馆、潍坊博物馆	90件/套	2018年4月3日～2018年6月23日	潍坊博物馆	5万人
拈花——鲁迅藏中外美术典籍展	北京鲁迅博物馆、江汉关博物馆	50余幅	2018年4月26日～2018年6月27日	武汉江汉关博物馆	8.7万人
俯首横眉——鲁迅生命的瞬间	北京鲁迅博物馆、广东东莞袁崇焕纪念园	60件/套	2018年5月10日～2018年6月14日	广东东莞袁崇焕纪念园	3.65万人
鲁迅的读书生活	北京鲁迅博物馆、云南玉溪博物馆	70件/套	2018年5月15日～2018年6月30日	云南玉溪博物馆	2万人
俯首横眉——鲁迅生命的瞬间	北京鲁迅博物馆、上海鲁迅纪念馆	60件/套	2018年5月16日～2018年6月16日	上海鲁迅纪念馆	2万人
拈花——鲁迅藏中外美术典籍展	北京鲁迅博物馆、常熟博物馆	53件/套	2018年5月18日～2018年7月18日	常熟博物馆	2.8万人
鲁迅的艺术世界	北京鲁迅博物馆、烟台博物馆	90件/套	2018年7月13日～2018年9月9日	烟台博物馆	3万人
鲁迅的读书生活	北京鲁迅博物馆、云南文山州博物馆	70件/套	2018年8月5日～2018年10月19日	云南文山州博物馆	2万人
鲁迅的读书生活	北京鲁迅博物馆、河北廊坊博物馆	70件/套	2018年8月22日～2018年10月22日	河北廊坊博物馆	3.5万人
汉石墨韵——鲁迅与汉画像石拓片展	北京鲁迅博物馆、上海鲁迅纪念馆、南阳市汉画馆、徐州汉画像石艺术馆、滕州市汉画像石馆	155件	2018年9月11日～2018年12月11日	上海鲁迅纪念馆	10万人
鲁迅的艺术世界	北京鲁迅博物馆、广州博物馆	90件/套	2018年9月28日～2018年12月15日	广州博物馆	2万人
俯首横眉——鲁迅生命的瞬间	北京鲁迅博物馆、福建民俗博物馆	60件/套	2018年11月21日～2019年1月21日	福建民俗博物馆	5.2万人

续表

展览名称	主办单位	展品数量	展览时间	展览地点	观众人数
中华名人展——宋庆龄和她的朋友们	宋庆龄故居	—	2018 年 12 月	彭阳县博物馆	—
民族与时代——徐悲鸿主题创作大展	中国美术馆、徐悲鸿纪念馆	135 件	2018 年 1 月 25 日 ~ 2018 年 3 月 4 日	中国美术馆	约 35 万人
白石墨妙 倾胆徐君——徐悲鸿眼中的齐白石	北京画院、徐悲鸿纪念馆	50 件	2018 年 2 月 2 日 ~ 2018 年 3 月 11 日	北京画院	约 6 万人
悲鸿生命——徐悲鸿艺术大展	中央美术学院美术馆、徐悲鸿纪念馆	200 件	2018 年 3 月 16 日 ~ 2018 年 4 月 22 日	中央美术学院美术馆	约 30 万人
回望归鸿——徐悲鸿抗战时期作品绘画展	重庆三峡博物馆、徐悲鸿纪念馆	66 件	2018 年 7 月 31 日 ~ 2018 年 10 月 31 日	重庆三峡博物馆	约 101 万人
工业遗产 百年老站——京张铁路青龙桥车站展览	詹天佑科学技术发展基金会、中国铁道博物馆主办,詹天佑纪念馆承办	—	2018 年 3 月	青龙桥车站	5147 人
匠心筑梦——从京张铁路到京张高铁展览	詹天佑科学技术发展基金会、中国铁道学会、中国铁道科学研究院集团有限公司、中国铁道博物馆主办,詹天佑纪念馆承办	—	2018 年 4 月 3 日 ~ 2018 年 4 月 8 日	中华世纪坛艺术馆中心展厅	26411 人

资料来源:据相关资料统计。

表6   2018 年名人故居纪念馆赴外展览一览

展览名称	主办单位	展品数量	展览时间	展览地点	观众人数
文白之变——民国大师与中国新文学	北京鲁迅博物馆、中国文物交流中心	82 件	2018 年 8 月 31 日 ~ 2018 年 12 月 22 日	日本长崎孔子庙中国历代博物馆	2 万人

续表

展览名称	主办单位	展品数量	展览时间	展览地点	观众人数
永远的老舍	老舍纪念馆	—	2018 年 5 月	埃及埃斯梅里亚苏伊士运河大学	—
梅兰芳艺术展	梅兰芳纪念馆	30 件	2018 年 12 月 12 日～2018 年 12 月 14 日	越南河内	—

资料来源：据相关资料统计。

（三）"联合性"成为未来重要发展趋势

2000 年，宋庆龄故居、北京李大钊故居、北京鲁迅博物馆、郭沫若纪念馆、茅盾故居、老舍纪念馆、徐悲鸿纪念馆、梅兰芳纪念馆等八家北京名人故居纪念馆共同成立了"八家名人故居纪念馆联盟"，在展览和社会教育中形成合力，每年设置主题，借助八位中国近现代历史文化名人的生平事迹和所取得的成就，多方位、多角度地宣传历史文化名人的民族精神，展现中华民族的精神内涵和文化价值。

联盟成立 20 年间，持续开展活动，联合办展，从 2017 年起，"八家"发展成为"8＋"，与京津冀和其他省区市的名人故居纪念馆开展广泛合作，形成了更加灵活、开放共存的地域性博物馆联合体，为北京地区名人故居纪念馆发展注入了新活力（见表 7）。

表 7 2019 年 "8 ＋" 名人故居纪念馆联盟名录

序号	名称	序号	名称
1	宋庆龄故居	11	天津李叔同故居纪念馆
2	北京李大钊故居	12	天津梁启超故居纪念馆
3	北京鲁迅博物馆	13	青岛康有为故居纪念馆
4	郭沫若纪念馆	14	广州红线女艺术中心
5	茅盾故居	15	乐山郭沫若纪念馆
6	老舍纪念馆	16	重庆郭沫若纪念馆
7	徐悲鸿纪念馆	17	泰州梅兰芳纪念馆
8	梅兰芳纪念馆	18	桐乡市茅盾纪念馆
9	李四光纪念馆	19	广州鲁迅纪念馆
10	詹天佑纪念馆		

资料来源：据相关资料统计。

　　"8＋"名人故居纪念馆联盟以将"名人""名物""名作"相结合的展览理念，借助中国近现代历史文化名人的生平事迹和取得的成就，综合展现了中华民族传统文化的风貌和中国的民族精神，促进了红色文化、革命精神、文学艺术知识的普及和教育。经过多年的发展，"8＋"名人故居纪念馆联盟的内容不断丰富、主题不断提升，将名人文化在北京的社区、学校、部队中进行推广，还在杭州、重庆、泰州、武汉、潍坊、秦皇岛、福州、贺州、南宁、霍城、广州等地举办了巡回展览，并先后在亚洲其他国家和非洲、欧洲、美洲、大洋洲等地的多个国家展出，通过讲座、学术研讨、文化交流等活动，与国外高等院校、博物馆及文化研究机构开展合作和活动，促进了文化交流与互鉴。在国家政策大背景下，"8＋"名人故居纪念馆联盟在共建"一带一路"国家进行巡展，为讲好中国故事、传播中华文明、构建人类命运共同体做出了一定的贡献。从展板到展览、从北京到全国、从中国到世界，联盟的影响力得到扩大和提升，通过联合展览形成合力，盘活了北京地区名人故居纪念馆的馆藏、专业人才、科研力量、文创发展资源，成为北京文化的重要品牌，在促进首都文化发展，建设人文北京的过程中，发挥了重要作用（见图20、表8）。

图20　2019年8月9日"穿越时空　对话名家——8＋名人故居
纪念馆联展"在沈阳故宫开幕

表8 2017~2018年"8+"名人故居纪念馆联盟联合展览及巡展一览

序号	时间	展览名称	展览地点
1	2017年	中华名人展	加拿大
2	2017年	秀蕴斯宅——京津冀文化名人故居风貌展	天津
3	2017年	为了中华文明的发展——名人·名作·名物	郭沫若纪念馆
4	2017年	传承与创新——名人与古籍展	郭沫若纪念馆
5	2017年	为了中华文明的发展——名人·名作·名物	北京交通运输职业学院大兴校区、通州校区、海淀校区
6	2017年	为了中华文明的发展——名人·名作·名物	北京交通委员会
7	2017年	为了中华文明的发展——名人·名作·名物	北京第十一中学分校
8	2017年	博物馆人(之友)眼中的文创	郭沫若纪念馆
9	2017年	与新时代同行——8+文化名人展	广州红线女艺术中心
10	2018年	为了民族文化的发展繁荣——文化名人与文化自信	中国传媒大学传媒博物馆
11	2018年	为了民族文化的发展繁荣——文化名人与文化自信	北京市朝阳区来广营乡文化中心
12	2018年	为了民族文化的发展繁荣——文化名人与文化自信	延庆区千家店镇
13	2018年	为了民族文化的发展繁荣——文化名人与文化自信	北京语言大学
14	2018年	为了民族文化的发展繁荣——文化名人与文化自信	北京财贸学院
15	2018年	为了民族文化的发展繁荣——文化名人与文化自信	北京第一五六中学
16	2018年	为了民族文化的发展繁荣——文化名人与文化自信	广西壮族自治区南宁博物馆
17	2018年	为了民族文化的发展繁荣——文化名人与文化自信	贵州六盘水第十九中学
18	2018年	名居·名人·名剧——四地九馆的超级连接	广州鲁迅纪念馆

资料来源:根据相关资料统计。

五 社会教育特色鲜明 成效显著

社会教育是显示博物馆文化影响力和传播力的重要因素。2015~2019

年，名人故居纪念馆的社会关注度呈上升趋势。2019 年，北京地区名人故居纪念馆的参观人数超过 170 万人次，社会教育活动特色鲜明，成效显著，成为北京市红色教育、主题党（团）日活动的重要场所，注重打造爱国主义、中小学生大课堂等教育基地，通过展览、科普讲座、校外课堂、特色节庆活动等方式，开展了内容丰富、形式多样的社会教育活动，形成了较为成熟的体系。在"8＋"名人故居纪念馆联盟的引领和带动下，北京地区名人故居纪念馆在各有特色的基础上形成了合力。2018 年，北京地区名人故居纪念馆共举办讲座超过 80 场次，开展教育活动 300 余场，与学校、社区、企事业单位共建教育基地 200 余个。整体来看，北京地区名人故居纪念馆的社会教育活动具有三个特点：一是服务社区功能不断凸显；二是青少年教育收效丰富；三是依据特色资源打造社会教育活动特色品牌。

（一）服务社区，致力于构建"参与性"博物馆

博物馆与周边社区有着天然的地域与情感联系，博物馆依托自身资源与教育优势，与周边社区、本地居民开展互动，是当前博物馆工作的重要趋势。美国学者妮娜·西蒙在《参与式博物馆：迈入博物馆 2.0 时代》中提出了"参与式博物馆"的概念，将其定义为"一个观众能够围绕其内容进行创作、分享并与他人交流的场所"。名人故居纪念馆在社教工作实践中，通过开展社区巡回展览、文化知识讲堂、节庆民俗专场活动等方式，扩大了社区知识传播平台，构建了社区居民交往的中心场所，进一步加深了社区居民的凝聚力，对社区文化认同起到了重要作用。结合"参与式博物馆"理论，名人故居纪念馆面向社区的服务和互动性特征越发凸显。名人故居纪念馆积极开展与当地社区和社会单位共建工作，联合举办学习教育活动。如北京鲁迅博物馆与北京市东城区委党校合作开展的"现场教学"系列活动；在北京市西城区"书香满西城"主题活动背景下，与金融街街道办事处合作开展的"书香满西城之三味书屋读书会"活动，与展览路少年宫合作开展的"寻找鲁迅足迹，品位书香西城"活动；配合北京市

东城区委开展的理论中心组学习活动等。梅兰芳纪念馆与护国寺社区共建基地，在宣传、展示活动中形成合力，社会教育活动内容丰富，影响更为广泛。詹天佑纪念馆自2013年起每年与延庆书法家协会联合举办迎春送福送春联活动，走入延庆当地社区和周边单位，为本地居民与京张高铁建设者送去新春祝福，配合延庆当地举办的世界园艺博览会、北京冬奥会筹办建设等工作开展文化服务，对发展公共文化服务，提升居民文明素质，提升新时代文明新风，保障世界园艺博览会举办、北京冬奥会筹办工作做出了重要贡献。

（二）面向青少年，教育成效突出

博物馆是青少年的"第二课堂"。名人故居纪念馆展示的主体对象，是对中国近现代历史产生深刻影响的伟人、文学家、革命家、思想家，他们的生平事迹中，反映出中华民族传统美德、中国文化内涵底蕴，是激励中华民族不断前进和发展的"正能量"。青少年走进名人故居纪念馆，感受历史、感受文化，在名人的励志故事中成长，吸取榜样的力量，对帮助青少年形成正确的人生观、价值观，世界观，系好"人生第一颗扣子"具有十分重要的意义。

北京地区名人故居纪念馆在开展青少年特色教育活动中成效显著，依托本馆特色，通过"展览进校园""青少年特色科普活动""特色课程""小讲解员培养""馆校共建""冬夏令营"等主题模式，开展契合青少年特征的特色教育活动；依托爱国主义教育基地资源，积极申报"全国中小学研学实践教学基地""北京市中小学生社会大课堂"等称号挂牌，形成了北京地区博物馆青少年教育的独特品牌。北京鲁迅博物馆将本馆特色展览"走进鲁迅"带进校园，共组织北京师范大学第二附属中学、北京市第一五九中学等8所中小学的11445名师生参观展览。詹天佑纪念馆创新思路，根据中小学校教学改革需要，与延庆区教委联合开展大课堂课程研发，组织小学语文和中学历史现场观摩展示课，主动探索博物馆和学校教育资源合作共建的常态化模式。徐悲鸿纪念馆与北京雷锋小学东街校区开展"弘扬传统文

化 品味国学经典——北京雷锋小学东街校区第一届国学日暨走进艺术大师徐悲鸿"共建活动；与北京启喑实验学校举办共建活动，为残障儿童带去了丰富的美术知识和艺术享受。宋庆龄故居在特色讲座课堂设计上，设计、开发了19个社会大课堂主题课程，如爱国主题课程有"宋庆龄的民族精神""宋庆龄的家庭教育思想""宋庆龄的中国梦"，传统文化课程有"北京的四合院""中国古典园林""走进醇亲王府"，综合能力拓展课程有"故居植物故事汇""戏剧表演课""心理拓展训练课"等；参与西城区"城市学校少年宫计划十大活动"，并在各校组织开展"时代小先生走进社会大课堂"系列活动，共有2.3万名学生参与。老舍纪念馆暑假期间为中小学生推出"把课堂搬进老舍纪念馆"活动——"丹柿小院的语文课"，通过在老舍纪念馆进行现场教学，使中小学生在课堂教学的基础上加深对老舍和老舍作品的了解，培养中小学生阅读和写作的兴趣与能力（见图21）。詹天佑纪念馆2018年共组织"铁博讲堂"系列科普讲座19场次，参与学生人数有587人次（见图22）；在全国铁路科技活动周期间，举办了"强路为民，助力发展——2018年全国铁路科技活动周启动仪式"，邀请铁路专家面向学生开展铁路科普讲座及铁路科普知识答题，向学生赠送铁路文化科普书；在全国科普日暨铁路科普日期间，走进八达岭小学开展"有趣的铁路桥梁"创意科技手工制作等课程。

各馆形成了自己独具特色的青少年品牌社教活动，如宋庆龄故居面向青少年开展立德树人的校外教育活动，以"时代小先生走进社会大课堂"活动为载体，通过做小小讲解员、表演历史剧等形式讲述宋庆龄故事；通过举办有关宋庆龄生平事迹、故居历史沿革的知识竞赛，激发青少年对宋庆龄的了解和对中华传统文化的兴趣；通过中英文双语培训、礼仪培训和领导力培训等，让时代小先生在国际交流、公益活动中展现中国当代少年儿童的风采。2013年至2018年，参加时代小先生活动的青少年学生超过万人，已建立了4个时代小先生示范基地、34所示范校，间接受益的青少年达10余万人（见图23）。

图21　北京市方家胡同小学在老舍纪念馆举办开学典礼

图22　2018年詹天佑纪念馆"铁博讲堂"系列讲座

（三）挖掘故居特色，跨界打造品牌

北京地区名人故居纪念馆文化内容丰富，社会教育活动与宣传活动相结合，不断拓展形式与载体，深挖本馆馆藏与历史文化资源，结合新媒体

图23 2019年宋庆龄故居举办"小手拉大手——时代小先生与北京榜样共宣讲"主题活动

传播资源，创新开展学术成果与跨界融合的文博发展新思路，各馆将名人文化及历史人文精神融入文学、历史、园艺、戏曲、话剧等载体，打造了形式新颖、立意活泼、与现代公众生活相适应的系列文化品牌，进一步扩大了名人文化传播的广度和深度，提升了社会公众的参与度。梅兰芳纪念馆探索梅派戏曲的创造性转化，通过"梅派戏曲＋"的模式激发文化创新创造活力，2018年创作的古琴京剧跨界艺术《琴芳梅兰》在国家大剧院演出，拓展了观众的观演方式。观众通过观摩和体验传统茶道、香道、花道的仪式，品茗、闻香、赏花，充分调动了味觉、嗅觉、视觉等多重感官，得以全身心体验文化艺术氛围。宋庆龄故居创作推出的话剧《宋家姐妹》于2018年6月作为"2018年京津冀精品剧目展演"剧目在长安大戏院上演；以古西府海棠为题，在每年4月初海棠花开之际举办海棠文化节，推出"海棠八会"，即花会、诗会、茶会、乐会、论坛等，每年都有数百位诗词朗诵爱好者及社会各界人士参加活动，形成了独特的文化品牌（见图24）。

图24　2018年宋庆龄故居举办的海棠文化节

六　文创开发集聚合力　特色有别

名人故居纪念馆的文创开发是以追求良好的社会效益为主,旨在更好地宣传中华名人的民族精神,同时辅助纪念馆开展文化宣传工作,通过文创产品的开发与宣传,树立纪念馆的品牌形象。自2017年起,在"8＋"名人故居纪念馆联盟的发起下,各馆达成共识、通力合作,联合开展文创开发工作,在对原有纪念品的梳理研究基础上,通过共同研发文创产品,逐步探索出合作、授权等创新模式,将美学新观点、新体验融入生活,让传统艺术与文化遗产"活"起来。

(一)"8＋"名人故居纪念馆联盟文创产品开发情况

2017年,"8＋"名人故居纪念馆联盟以10家名人故居纪念馆的馆景手绘为设计元素,推出了首批"名居"系列文化产品,包括冰箱贴、文件夹、笔记本等。各馆携其文创产品积极参加了全国博物馆文化产品博览会、北京国际文化创意产业博览会等，并与国内其他博物馆积极开展交流，助推 "8 + "名人故居纪念馆联盟文创开发的向前发展。

"8 + "名人故居纪念馆联盟在文创研发、营销渠道、人才培养等方面开展资源共享，提高了名人故居纪念馆文创研发的整体水平，实现了文创产品文化价值和使用价值的有效统一。2018 年，"8 + "名人故居纪念馆联盟与北京财贸职业学院旅游与艺术学院签订战略合作协议，共同设立 "首都名人故居文创研发教学实践基地"，整合博物馆及高校优势资源，实现 "旅游 + 文创" 的专业融合，通过 "研学结合" 的方式，深化文创课程建设，强化文创设计人才培养。

（二）各馆特色文创产品案例

在国家关于博物馆文创产品开发的号召下，各馆挖掘藏品资源、名人文化内涵资源，积极开发了系列文创产品。宋庆龄故居以馆内墨宝 "接福" 为主题，设计了 "接福" 挂轴；开发出 "岁岁平安" "接福" 等 U 盘；以孙中山的联语 "精诚无间同忧乐，笃爱有缘共死生" 为主题，设计出情侣对杯；以宋庆龄使用过的手绢图案，加上宋庆龄的英文签名，设计出 "青花瓷" 真丝方巾；从纳兰书法中择字 "人生若只如初见"，配以馆藏《清宫御制宫灯图》，设计制作了时尚文创产品纳兰书法折扇，受到广大 "兰" 迷的喜爱。郭沫若纪念馆 2018 年推出 "垂花门系列" 文创产品。北京鲁迅博物馆开发了 3 大系列 162 种文创产品，收获良好的社会效益，如在原有 "鲁迅漫画像"、"艺术鲁迅"、"思想鲁迅"、新文化运动和馆藏经典系列文创产品的基础上，推出 "鲁迅手绘青花提梁壶配茶杯套装" 等新产品；配合原创展览和重大事件，开发 "艺术鲁迅丝巾" 等新产品；联合全国其他五家鲁迅纪念馆开发 "鲁迅的足迹" T 恤衫、"呐喊" T 恤衫等文创产品；与企业合作，开发 "迅乡" 茶叶套装等综合性文创产品。詹天佑纪念馆以京张铁路沿线风景进行创意设计，开发了 "京张铁路四季书签" "京张铁路文化丝巾"；创意绘制詹天佑卡通形象，结合詹天佑名言，设计笔、手机支架等产品；以馆藏一级文物 "詹天佑所获耶鲁大学金质奖章" 为灵感，复制纪

念品、开发创意丝巾，受到了公众的广泛欢迎。

同时，名人故居纪念馆积极参加国内外文创展览展示交流活动。"8＋"名人故居纪念馆联盟联合参展的"文创馆"在2017年第二十四届北京国际图书博览会上获"优秀奖"。北京鲁迅博物馆推出的"鲁迅漫画像"系列文创产品先后参加2018北京（国际）文创产品交易会、第三届丝绸之路（敦煌）国际文化博览会，在第13届中国（义乌）文化产品交易会上获"博物馆文创系列产品推介奖"，在第25届北京国际图书博览会上获"最佳创意奖"，在福州第八届博物馆及相关产品与技术博览会上获得"最佳展示奖"。

参考文献

王冶秋：《在纪念性博物馆工作座谈会上的发言》，《文物》1957年第5期。

邢志远：《有关名人纪念馆管理与发展的探讨》，《文物春秋》2012年第3期。

田林、王肖艳：《北京旧城近现代革命人物故居展示利用研究——以李大钊故居为例》，《遗产与保护研究》2016年第5期。

王越：《纪念地与纪念性博物馆比较研究——以纪念对象主体周恩来为例》，《中国博物馆》2017年第1期。

程旭：《名人故居在城市博物馆策展中的作用与影响》，《首都博物馆论丛》第31辑，北京燕山出版社，2017。

严玮：《新形势下对名人故居类纪念馆藏品管理工作的几点思考》，《中国博物馆协会名人故居专业委员会2018年年会暨学术研讨会论文集》，上海，2018。

李晴：《人物纪念馆的定位与功能刍议——以徐悲鸿纪念馆馆藏资源为基础的认识与研究》，《北京文博文丛》2018年第4期。

陈小飞：《国家一、二级纪念馆社会教育调查述评》，《中国纪念馆研究》2018年第2期。

胡乃文：《北京名人故居保护研究》，《戏剧之家》2019年第16期。

刘玲：《统战视阈下的北京名人故居保护与发展研究》，《北京教育（高教）》2020年第4期。

李晴：《名人纪念馆服务社区方向研究》，《名人　名作　名物——2017年"8＋"名人故居纪念馆活动纪实》，中国社会科学出版社，2018。

雷琳：《故居纪念馆"体验式"参观模式的传播学分析》，《名人　名作　名物——2017年"8＋"名人故居纪念馆活动纪实》，中国社会科学出版社，2018。

《直面当下　启迪未来——对于名人纪念馆展陈思路的考量》，《名人　名作　名物——2017 年"8＋"名人故居纪念馆活动纪实》，中国社会科学出版社，2018。

马妍妃：《北京旧城名人故居纪念馆展陈设计研究》，硕士学位论文，北京建筑大学，2014。

李凯茜：《北京什刹海地区名人故居保护与利用研究》，硕士学位论文，北京建筑大学，2020。

资料篇

Reference Materials

B.14
北京地区博物馆发展回顾

姜舜源*

摘　要： 北京地区拥有比较完整的中华文明发展史遗存，从远古的北
京人遗址到今天的全国政治文化中心，历代政治、经济、军
事、文化各方面代表性文化遗存，使北京成为拥有丰富博物
馆资源的城市。经过百余年发展，北京已经初步形成纵横交
织、经纬缜密的博物馆布局。

关键词： 北京　古都　博物馆布局

北京地区博物馆经历了清末至民初的酝酿，在 20 世纪之初的民国初年

* 姜舜源，中国历史文化学者，北京市档案学会副理事长、北京博物馆学会学术委员会主任、
中国国家博物馆研究员，主要研究方向为中国历史文化、文物博物馆等。

出现第一次发展，1912 年教育部设立国立历史博物馆，1913 年内务部创立古物陈列所，1925 年故宫博物院成立。在 1930 年前后短暂而相对安定的几年间，出现了第一次繁荣。旋即经历日寇侵华，博物馆艰难维持、辗转播迁。

新中国成立之初，在国家财力极其有限的条件下，建成中国革命博物馆、中国历史博物馆新馆、中国人民革命军事博物馆、民族文化宫、全国农业展览馆、中国美术馆、北京自然博物馆、中国地质博物馆、周口店北京猿人展览馆、定陵博物馆等。至"文革"前夕，北京地区拥有了 15 座大型央属、市属博物馆，构筑起博物馆事业发展的主体框架，奠定了后来博物馆发展的物质和人才基础。这些博物馆定位科学、规划设计标准高，经受住了时间的考验，在许多方面为后来者所无以超越。改革开放之后，北京地区博物馆迎来新的大发展。在 20 世纪 80 年代，每年都有新馆落成，博物馆数量从 1979 年的 19 座增加至 1989 年底的 56 座。90 年代平均每年新增注册博物馆三四座，1999 年新中国成立 50 周年之际已有博物馆 110 座。[①] 进入 21 世纪，北京地区博物馆继续保持发展势头，民营、私立博物馆开始涌现，2008 年注册博物馆达到 148 座，2019 年在册备案博物馆为 183 座，其中实际运作为 163 座。

一 清末"新政"博物馆创设构想

北京地区近代科学意义上的博物馆，倡议于 1898 年"戊戌变法"期间，梁启超在《论学会》中提出"开博物院，以助实验"的主张；[②]《京师大学堂章程》指出，"各国都会，率有博物院，搜集各种有用器物，陈设其中，以备学者观摩"，[③] 也有仿照西方设立博物馆的设想。实际实施创建博物馆，则是在

---

① 傅公钺：《争取更大的成绩》，北京博物馆学会：《北京博物馆年鉴（1995—1998）》，燕山出版社，2000，第 6 页。

② 梁启超：《论学会》，《中国近代史资料丛刊·戊戌变法》第 4 册，上海人民出版社，1957，第 375~376 页。

③ 北京大学、中国第一历史档案馆编《京师大学堂档案选编》，北京大学出版社，2001，第 28 页。

1901～1911年的"清末新政"时期。当时，一是延续"戊戌变法"时期大学办博物馆的思路，但未及推行；二是计划开办京师劝工陈列所和农事试验场。1906年，清政府农工商部在北京设立了京师劝工陈列所和农事试验场。

京师劝工陈列所于1907年向公众开放参观，1912年民国成立后改名为商品陈列所，直属于工商部。1928年更名为北平国货陈列馆，迁址正阳门箭楼，举办专题国货商品展览会。1935年"中国博物馆协会"成立，该馆为创会会员，被归入"专门博物馆"类。

农事试验场是1906年戴鸿慈、端方等人从欧洲考察归来，建议开办图书馆、博物馆、万牲园、公园之后加紧筹建的。[①] 在北京西直门拨用可园、乐善园、广善寺、惠安寺及附近官地开建。不仅收集国内各地的农作物种子、秧苗、动物、昆虫等，还从日本、德国、法国、美国、意大利等地征集大象、花草果木、鸟兽昆虫、农品籽种、农业用具等，开辟有动物园、花圃、植物园、温室、博物学标本陈列室等，售票参观，集动物园、植物园、博物馆功能于一身。其中，万牲园就是延续至今的北京动物园。《清稗类钞》记载其"仿博物院式，羽毛鳞角，以至一草一芥，莫不兼收并蓄于其中，物力之大，国中得未曾有……而园门之题额，则书'农事试验场'"。民国成立后，1916年将其更名为"中央农事试验场"。1929年再由南京国民政府改组为"国立北平天然博物院"。1934年划归北平市政府管理，称"北平市农事试验场"。1935年成为中国博物馆协会创会会员，被归入"植物园动物园水族馆"类。[②]

二 新中国成立前公立博物馆的创立

民国成立伊始，教育总长蔡元培、内务总长朱启钤等有识之士，便着手

① 《农工商部奏厘定本部职掌员缺折》，《大清新法令》第2卷，第142页。转引自李飞《清末新政（1901—1911）与中国近代博物馆事业：一个从理念到实践的考察》，《中国博物馆协会博物馆学专业委员会2018年"理念·实践——博物馆变迁"学术研讨会论文集》，天津，2018。

② 以上见李飞《清末新政（1901—1911）与中国近代博物馆事业：一个从理念到实践的考察》，《中国博物馆协会博物馆学专业委员会2018年"理念·实践——博物馆变迁"学术研讨会论文集》，天津，2018。

筹建国家公立博物馆，分别是国立历史博物馆和内务部古物陈列所。1919年前后兴起的五四新文化运动，给博物馆发展带来新的生机，在提倡民主与科学的思潮中，几座自然科学类博物馆应运而生。例如交通部北京铁道学院交通博物馆、农商部地质调查所地质矿产陈列馆。1928年南京国民政府统一全国之后，推出"中华博古院"的宏大蓝图，但随着1931年"九一八事变"后日寇侵华，1933年华北告急，这一蓝图被搁置。博物馆事业在短暂发展之后，就进入艰难维持阶段，故宫博物院等博物馆的文物辗转播迁至大西南。

（一）国立历史博物馆

蔡元培视博物馆为现代社会的必备要素。中华民国定都北京之后，1912年6月，教育总长蔡元培因"京师首都，四方是瞻，文物典司，不容阙废"，[①] "乃议先设博物馆于北京"。[②] 社会教育司负责筹建该馆，该司第二科科长周树人（即鲁迅先生）勘选国子监为馆址（见图1），并报经国务会议通过。7月9日，教育部设国立历史博物馆筹备处，聘京师大学堂文科教授胡玉缙为筹备处主任。此后陆续接收国子监旧有礼器、书版、石刻等文物57127件。但"种种扩张计划，则绌于经费，未能大举兴办"。[③] 1918年7月，该馆筹备处迁至端门，馆舍由端门及两庑朝房逐步扩张至午门，博物馆业务逐步走上正轨。1920年11月，"国立历史博物馆"正式成立，至1924年藏品增加至208173件；1926年10月10日，在午门城楼正式开馆供公众参观；南京国民政府时期改称"国立中央研究院历史博物馆"（见图2、图3、图4）。

（二）古物陈列所

朱启钤将博物馆作为北京城市设施的重要组成部分，努力推动将皇家秘藏公开展出，用于文化艺术研究和公众观摩欣赏，"有移载热河行宫古物

---

① 《国立历史博物馆丛书·发刊辞》第一年第一册，1926。
② 《本馆开馆纪事》，《国立历史博物馆丛书·发刊辞》第一年第二册，1926。
③ 中国第二历史档案馆：《教育部筹设历史博物馆简况（1915年8月）》，《中华民国史档案资料汇编》第3辑，江苏古籍出版社，1991，第275页。

图1　北京国子监中心建筑辟雍

图2　1930年3月国立中央研究院历史博物馆筹备处免费开放之景况

图 3　国立中央研究院历史博物馆筹备处第四陈列室之一部

图 4　国立中央研究院历史博物馆筹备处第五陈列室西部

庋藏文华、武英二殿之举"。① 1913 年，朱启钤呈明大总统袁世凯，将盛京故宫、热河离宫两处所藏各种宝器"辇致京师"，筹办古物陈列所。

1913 年 10 月，内务部派杨乃赓、赵秋山与清室内务府所派文绮、曾广龄等赴热河，自 11 月 18 日至 1914 年 10 月 28 日，前后 7 批运京文物计 1949 箱，117700 多件。1914 年 1 月，内务部又派治格、沈国钧与清室内务府所派福子昆等赴盛京，自 1 月 23 日至 3 月 24 日，分 6 批运京文物计 1201 箱，114600 多件。两处文物运京后，均堆放在武英殿。

1913 年 12 月 29 日，内务部令办古物陈列所。12 月 30 日任命王曾俊为该所副所长，该所筹备处即日在武英殿院内办公。1914 年 2 月 4 日，在 20 多万件文物汇聚、紫禁城前朝宫殿馆址具备的成熟条件下，古物陈列所正式成立，启用内务部颁发的"内务部古物陈列所之章"，成为近代建成的第一座国立博物馆（见图 5）。3 月 27 日，大总统袁世凯任命原清室护军都统治格为古物陈列所所长。10 月 10 日，古物陈列所正式开幕，三大殿历史原状陈列，武英殿、文华殿两个展区展示文物，同时向公众开放。这是数千年来皇宫和内府文物史无前例地向社会公众公开开放，无论在政治上还是文化上，都具有不可低估的意义。1914 年 6 月至 1915 年 6 月，在已毁咸安宫故址上建成先进的文物库房——宝蕴楼，是我国第一座近代化大型文物库房（见图 6）。

朱启钤在北京城市改造中，将古物陈列所作为皇城文化核心区的重点，"民国肇兴，与天下更始。中央政府既于西苑辟新华门，为敷政布令之地，两阙三殿观光阗溢。而皇城宅中，宫墙障塞，乃开通南北长街、南北池子为两长衢。禁御既除，熙攘弥便。乃不得不亟营公园，为都人士女游息之所……名曰'中央公园'……架长桥于西北隅，俯瞰太液，直趋西华门，俾游三殿及古物陈列所者跬步可达"。②

古物陈列所采用欧洲博物馆模式，有效开展博物馆核心业务。所方于

① 瞿宣颖：《蜷园文存·序》，沈云龙主编《近代中国史料丛刊》第 23 辑，文海出版社，1968。

② 朱启钤：《中央公园记》，《蜷园文存》，沈云龙主编《近代中国史料丛刊》第 23 辑。

图 5　故宫西华门"古物陈列所"匾

图 6　1914～1915 年古物陈列所建设的近代化文物库房

1917 年 11 月至 1920 年展开并完成文物整理编目；1927 年 2 月报请内务部批准成立文物鉴定委员会，引入社会上的专家学者开展藏品鉴定编目、专题陈列展览等大规模、系列的博物馆核心业务建设和学术研究，并造就了金石

学家容庚等专家学者。

古物陈列所是旧北京传统中国绘画大本营。其业务规划主要倚重从英国留学归来的"京津画派"领军人物金城。他对欧洲博物馆有深入考察，"议设古物陈列所，为当轴采纳，即令监修工程，皆参考各国博物院成规，备臻完美"。陈列展览以分门别类为基础，藏品编目"聘请华洋考古专家数人，互相考据，编译详细目录，并用西文记载"。他提出以临摹本展出古书画以保护原迹，并要求有别于原本的"缩临"，力避古董商老路。[①] 1937年北平沦陷前后，该所开设的"国画研究馆"历时10余年，共招收5期学员计266人，形成一个以故宫藏画为学习、研究对象，以继承发扬中国画传统技法为主旨的画家群体。所长钱桐、张大千、黄宾虹、于非闇、邱石冥等为导师，培养了田世光、俞致贞、郭味蕖、李树萱等画家与美术教育家，成为传统中国绘画大本营，近现代美术史称之为"京津画派"，展示了文物博物馆的特殊影响。1947年底，该所正式并入故宫博物院。

（三）交通部北京铁道学院交通博物馆

1913年，交通部所属北京铁道学院的交通博物馆建成，馆址在北京府右街。这是一座教学实习型的博物馆，设两展室，展览内容分为工务、机务、车务和图籍仪器四部分，其中包括清光绪七年（1881）改制的中国第一台机车，还有铁路沿线出土的一些文物。

（四）农商部地质调查所地质矿产陈列馆

农商部地质调查所于1916年在北京丰盛胡同3号创设地质矿产陈列馆，是我国最初的国家级地质博物馆，是中国地质博物馆的前身。起初陈列面积不足100平方米，陈列该所师生自己采集和研究鉴定的标本，包括中国地层系统、火成岩、各地的岩石矿产等。1921年陈列面积扩充至近400平方米，陈列标本3000多件；1929年陈列面积扩充到700平方米，陈列标本1万多件，

---

① 陈宝琛：《金拱北先生事略》，《湖社月刊》第1期，1927年。

藏品 10 万多件；1932 年，陈列面积扩充到 1000 多平方米，陈列内容上增加了煤炭、石油、土壤和新生代地质部分。1935 年地质调查所由北京迁往南京，北京原所称"北京分所"，陈列馆留京未动，只对部分标本做了一些抽换。

（五）故宫博物院

五四新文化运动改变了中国博物馆发展方向，新成立的故宫博物院，以反封建的民主革命思想和"新学"为思想理论基础，涌现了一大批人文科学研究的新文化成果。1924 年冬冯玉祥发动"北京政变"成立"摄政内阁"，修改 1912 年 2 月辛亥革命期间革命军与清室达成的《清室优待条件》，推出《修正清室优待条件》，11 月 5 日溥仪出宫，清室善后委员会成立，国务院函聘李煜瀛为委员会委员长，分别清室私产和国家公产，依法将紫禁城宫殿及其中的文物收藏收归国有。11 月 24 日，具有博物馆文物点查登记性质的点查清宫物品开始，一年后宫中大多数地方的物品点查初步完成，出版了 6 编 28 册的《清室善后委员会点查报告》，内载物品 94000 多号，计 1170000 多件。

1925 年 9 月 29 日，清室善后委员会根据 1924 年 11 月 7 日"摄政内阁"命令中"将宫禁一律开放，备充国立图书馆、博物馆等项之用"条文和《清室善后委员会组织条例》的规定，议决成立故宫博物院，并发布《故宫博物院临时组织大纲》《故宫博物院临时董事会章程》《故宫博物院临时理事会章程》。10 月 10 日，故宫博物院正式宣告成立，即日起向社会公众开放（见图 7）。建基于悠久而辉煌灿烂的中华文明上的故宫博物院，一经成立即成为世界著名大博物馆。

清室善后委员会核心人士李煜瀛、易培基等，都是有国际视野的进步知识分子和社会成名人物，自始就以建立国际一流博物馆为目标，高起点、高视角，"新学术"在故宫博物院很快取得成果。1928 年 6 月南京国民政府令易培基接收故宫博物院，10 月 5 日公布《故宫博物院组织法》，正式将其更名为"国立故宫博物院"，规定该院"直隶于国民政府，掌理故宫及所属各处之建筑物、古物、图书、档案之保管开放及传布事宜"。10 月 8 日，南京

图7　1925年10月故宫博物院成立之初神武门临时挂起的木匾
（清室善后委员会委员长李煜瀛书写）

国民政府公布《故宫博物院理事会条例》和由李煜瀛、易培基、蔡元培、庄蕴宽、吴稚晖、蒋介石、谭延闿、宋子文、冯玉祥、张继、胡汉民、张学良等35人组成的理事会。1929年3月5日，南京国民政府任命李煜瀛为理事长，易培基为院长。院级设理事会、院长、副院长及基金保管委员会，院长之下设秘书处、总务处和古物馆、图书馆、文献馆及各种专门委员会。以历史学家李宗侗为秘书长，中国现代化学先驱、工学家俞同奎为总务处处长，易培基兼古物馆馆长，张继兼文献馆馆长，庄蕴宽兼图书馆馆长，著名学者马衡、沈兼士、袁同礼分任三馆副馆长。可见该院采用的是美国博物馆管理模式。故宫博物院募集社会捐助用于事业发展。6月27日，蒋介石偕夫人宋美龄参观故宫博物院，率先捐款6万元用于古建维修。此后，国内外捐款纷至，这些捐款被用于维修宫殿、改建陈列室。这一时期，故宫博物院的藏品清理、档案整理、文物展览、出版传播等都取得了重大成就，是该院第一个繁盛期（见图8、图9、图10）。

　　大规模文物转移为保护祖国文化遗产做出巨大贡献。日寇侵华后，在民族危亡关头，由故宫博物院牵头，古物陈列所、颐和园、历史博物馆、孔庙

图 8　1930 年 5 月故宫博物院招待会时神武门外的情形

图 9　1930 年前后故宫博物院承乾宫瓷器陈列室

国子监、北平图书馆等文博机构，进行了大规模文物转移行动，是第二次世界大战期间东方文物转移的代表。故宫博物院于 1933 年 2 月 7 日至 5 月 23

图10　1930年前后故宫博物院永和宫后殿同顺斋钟表陈列室

日进行了"文物南迁"，文物共计13427箱又64包；上述其他机构文物共计6065箱又8包3件。1937年8月14日至1944年12月18日，又展开了历时八年的"文物西迁"。文物南迁至上海后，1935年12月至1936年3月，赴英国伦敦举办了"中国艺术国际展览会"，展出铜器、瓷器、书画、缂丝、玉器、珐琅器、剔红、折扇、家具、文具等文物735件。这是故宫博物院文物首次大规模出国展览，在西方社会引起强烈震动，使人们对危亡中的中国人民有了新的了解，显示了博物馆的巨大社会作用。

（六）各类博物馆相继成立

从1928年至日寇全面侵华，是南京国民政府统治的短暂安定时期，北京地区又出现了一批博物馆。1930年筹办的北平研究院博物馆，下设理工、艺术、风俗三个陈列所。艺术陈列所在北京中南海怀仁堂，于1931年正式建成并对外开放，展有碑帖、拓片和美术作品。

1931年北平静生生物调查所筹建的通俗博物馆，位于北京石驸马大街。设七个陈列室，展品有国内动植物标本8万多件。1928年至1935年，该馆在全国各地采集各种生物标本 20 多万种，是全国性自然博物馆最早的雏形。

1933 年由中央观象台改组建立的天文陈列馆，陈列北京古观象台中的明、清天文仪器。

1934 年为教学目的而设的北京大学地质系陈列室，陈列面积为 300 多平方米，分为地层古生物、矿物岩石和普通地质三个陈列室，其中的矿物岩石部分大多数是外国标本。

这一时期还有不少具有博物馆性质的陈列馆（所）成立并对外开放。如 1915 年在中央公园内开设的卫生陈列所；在鼓楼开设的通俗教育馆，展出民族服饰、车辆、舟船、北京城市模型等衣食住行资料，以及 1900 年"八国联军"入侵北京及庚子赔款等历史资料。

位于绒线胡同的国剧陈列馆，收藏和展出原清宫内务府档案中有关戏曲的档案资料 2000 多种、各种戏曲服装及剧照 1 万多件。此外，还收藏有历代戏曲图书 2000 多种 6000 多册。它实际上是北京地区最早的一座戏曲博物馆。

位于先农坛太岁殿的礼品陈列所，展出明、清祭祀礼器、乐器。

随着博物馆事业的发展，1935 年 5 月，中国博物馆协会在北平景山公园绮望楼成立，推举故宫博物院院长马衡为会长。新中国成立前的北京地区博物馆，对饱经帝国主义侵略压迫和社会动荡的北京市民和全国人民，无疑是黑暗中的重要精神支柱。这段博物馆创立时期，造就了中国第一代博物馆学家和各专业专家。

三　新中国博物馆第一次大发展

新中国尚未诞生，中国共产党和人民政府已经开始了文物保护和博物馆建设事业。1949 年 1 月 16 日，毛主席在为中央军委起草关于积极准备攻城部署给平津前线总前委聂荣臻等负责人的电报中强调指出："此次攻城，必须做出精密计划，力求避免破坏故宫、大学及其他著名而有重大价值的文化古迹。你们务使各纵队首长明了，并确守这一点。"新中国文博事业的显著特点之一

是国家立法保护。1950年5月24日，中央人民政府政务院颁布了《禁止珍贵文物图书出口暂行办法》等一批文物保护法规。1961年，国务院公布天安门、人民英雄纪念碑、故宫、周口店遗址、十三陵、北大红楼、卢沟桥、云居寺、妙应寺白塔、五塔寺塔、居庸关云台、八达岭、天坛、北海及团城、智化寺、国子监、雍和宫、颐和园等北京18处文物古迹为"全国重点文物保护单位"，成为此后北京地区博物馆发展的重要依托。1956年1月中共中央知识分子问题会议上，周恩来总理提出向科学进军的计划，指出必须为发展科学研究准备一切必要的条件，加强图书馆、档案馆、博物馆工作作为发展科学研究的必要条件而突出出来。新中国北京地区和全国博物馆发展达到第一个高潮。

（一）抢救流失文物

新中国以对民族、历史高度负责的态度，投入文物保护与博物馆建设中，功在当代、利在千秋。北京地区拥有中华民族大量文化遗产，但是由于"英法联军"、"八国联军"、日本帝国主义的侵略，文物古迹惨遭破坏，历史文物大量流失。圆明园等西郊"三山五园"、故宫、西苑北中南三海、古观象台，屡经劫掠乃至被纵火焚毁。在新中国成立之初一穷二白、百废待举的极端困难条件下，毛泽东主席、周恩来总理亲自过问和批示，中央人民政府不惜动用国库里仅有的外汇，从香港抢救回"三希帖"中的王献之《中秋帖》、王珣《伯远帖》，唐韩滉《五牛图》，五代顾闳中《韩熙载夜宴图》、董源《潇湘图》，宋徽宗《祥龙石图》，南宋李唐《采薇图》、马远《踏歌图》，元王蒙《西郊草堂图》、倪瓒《竹枝图》，以及司马光《资治通鉴》手稿等珍善本图书，分藏于故宫博物院、今国家图书馆、中国国家博物馆等国家文博机构。1951年购回《中秋帖》和《伯远帖》时，动用了国库外汇巨款35万港元。周总理亲自组织、部署流失文物秘密抢救行动，具体指示到要有历史价值的"文物"、不要一般的"古玩"等，最终将近代以来特别是日寇侵华至解放战争期间，流散在外的珍贵中国文物如《石渠宝笈》著录的部分书画等在内的最珍贵部分陆续收回。这是清代灭亡后，中国传世文物最大的一次系统回归。毛主席、周总理还率先垂范，将友人所赠清王夫之《双鹤瑞舞赋》、《钱东璧临兰亭十三跋》、清代龙袍面料等拨交故宫博物院等博物馆，开启了收藏家及社会各界将所藏文物捐赠国家的新风。

（二）抢修博物馆濒危古建

新中国文博事业有纲领、有计划，长远打算，持续推进。我国早期博物馆多依托宫殿等古建筑而设，宫殿建筑更是故宫博物院的主要内容之一。面对晚清以来年久失修已摇摇欲坠的古建筑，故宫博物院制定了维修方针："着重保护，重点修缮，全面规划，逐步实施。"通过普查勘测摸清了全部建筑状况后，故宫博物院制定了近期计划与长远规划，初期普遍保养和重点修缮工程主要在开放区域展开，非开放区域主要进行抢险加固。1956年该院成立古建维修工程队，独立担当全部古建修缮任务，保证工程需要和工程质量。西北角楼是工程队成立后进行的第一项重大工程，完好保存了永乐初建原貌。为迎接国庆十周年，国家筹拨专款对故宫进行重点大修，三大殿恢复金碧辉煌原貌。20世纪50年代，高大宫殿安装避雷针，结束了故宫数百年来对雷电火灾无可奈何的历史。

（三）明确办馆方针

日寇侵华对中国文化事业造成毁灭性破坏，截至1949年10月1日中华人民共和国成立，北京城只剩下故宫博物院和午门、端门的历史博物馆。人民政府接收两馆后，首先是恢复两馆业务。1950年4月30日、8月17日和1951年3月4日、3月27日，周恩来总理一年时间内四次视察故宫，逐路参观宫殿建筑、审查出国文物展览，为该院和全国文博事业指出方向。

首先是确定各博物馆性质、方针任务。故宫博物院的宫殿建筑为文物保护单位，以中国古代艺术博物馆为发展方向。为此，除流失在外的清宫文物回归之外，还调集全国各地古代艺术品约20万件充实到故宫，文物运台之后造成的书画藏品等匮乏局面得到根本改观。从1952年到1956年，逐步完成了按时代发展的综合艺术陈列馆"历代艺术馆"，该陈列馆一直延续到90年代。

博物馆业务结构采用苏联模式，藏品保护科学化。改变古物、图书、文献三馆鼎立的局面，将古物馆分为保管、陈列两部，新设群众工作部，增加

为观众服务的项目。对数量庞大的故宫藏品展开专业清理、科学编目、鉴定分级，实现分门别类设专库储藏和保护。改造原有陈列内容，改变以往"古董摊"式陈列布置，按历史、科学、艺术的原理设计陈列。

到 1952 年，北京地区基本上完成了旧有博物馆的改造，进入新的发展阶段。

（四）建设国家馆

新中国成立后，党中央、中央人民政府和北京市委、市政府投入文博事业的力度在中国历史上是空前的，博物馆发展快速追赶当时世界先进水平。首先是建设代表国家的国家馆。为此，历史博物馆在 20 世纪 50 年代地位一路上升，隶属关系由北平军管会到中央人民政府文化部、文化部文物局，名称由国立北平历史博物馆、国立北京历史博物馆到中国历史博物馆，国家中央历史博物馆雏形形成。1951 年 3 月，其性质明确为"中国历史性质的博物馆"，中心工作是筹办"中国通史陈列"，并开始担当起中国的国家博物馆的职责，开始举办"中国原始社会"等古代史陈列和"中国近代史——鸦片战争、太平天国"等近代史陈列。1954 年 4 月，"全国基本建设工程中出土文物展览"在午门城楼开展。5 月 2 日、20 日，毛主席两次莅临参观展览，此展共吸引观众 17 万人次。中国历史博物馆的年观众量，由 1949 年的 3.7 万人次，增加到 1955 年的 26 万人次。

与此同时，1950 年 3 月，国立革命博物馆筹备处在北海团城文化部文物局成立，文物局副局长王冶秋兼任筹备处主任；7 月 29 日，政务院批示更名为中央革命博物馆，继续积极筹备。1957 年经中央总书记邓小平批示，该馆性质为："它是向广大人民通过博物馆的形式进行中国革命教育的机构，它是进行革命史研究和收集、保存有关革命史的实物、文献、资料的机构。"1958 年 10 月正式定名为中国革命博物馆。[①]"中国共产党三十周年"党史展览陆续推出。

---

① 以上见《中国共产党中央宣传部请示报告》(57) 发文第 708 号，中国国家博物馆档案。

（五）十年建成博物馆主体框架

1958 年 8 月，中共中央北戴河会议决定，在首都建立中国历史博物馆和中国革命博物馆，9 月定址，10 月开工，一年后落成。1961 年 7 月 1 日，中国历史博物馆推出"中国通史陈列"，展出 50 万年前中国猿人至 1840 年"鸦片战争"期间的历史文物 9000 件，这在中国博物馆史上是空前的。中国革命博物馆推出"中国革命史陈列"，展出 1840 年以来至 1949 年新中国诞生中华民族百年奋斗的革命历史文物 3600 件。周恩来总理、邓小平总书记等先后审查预展。

与此同时，中共中央军委决定在北京兴建中国人民革命军事博物馆，以迎接国庆 10 周年。国庆 10 周年前夕竣工的"首都十大建筑"中，博物馆、展览馆有中国历史博物馆和中国革命博物馆、中国人民革命军事博物馆、民族文化宫、全国农业展览馆。而且把博物馆在北京城市布局中的地位提到空前高度。天安门广场东侧的中国历史博物馆和中国革命博物馆与西侧的人民大会堂遥相呼应，北京城核心区天安门、故宫、人民英雄纪念碑都是文博设施。此期还建成中国美术馆、北京自然博物馆、中国地质博物馆新馆、定陵博物馆、周口店北京猿人展览馆、鲁迅故居纪念馆、徐悲鸿纪念馆、北京天文馆等。在新中国成立短短十多年时间里，初步构筑起首都的博物馆主体框架，为以后更大规模的发展奠定了坚实基础，博物馆也为国家经济建设提供了重要帮助。北京自然博物馆在这一时期举办了"祖国自然环境与矿产资料展览""农业资源展览"等。截至 1965 年底，北京地区共有各类博物馆、纪念馆 15 座。

四 改革开放博物馆发展迎来第二个高峰

"文革"时期北京地区博物馆的发展中断。"文革"中后期，"图博口"在周恩来总理亲自领导下，北京地区博物馆较早力排"左"倾干扰，努力恢复正常工作，在那个公共文化产品匮乏的年代，给人们送上难得

的文化享受；在中美、中日关系正常化等国家外交战略中，发挥了"文化外交"的特殊作用。

（一）20世纪70年代的"文化外交"

以故宫博物院为例，1966年6月16日，中央批准"闭馆"；1967年5月26日起，实行军事保护。1970年5月14日，周总理明确指示：故宫文物要保存，宫殿建筑要保护。1971年7月5日，在周总理的关心和督促下，故宫博物院恢复了开放。开放前夕，周总理还亲自审阅了《故宫简介》。

为配合国家外交战略，故宫博物院重点业务迅速启动，恢复了中路、西路"主要宫廷史迹"陈列和"历代艺术馆"等专馆陈列，举办了"全国出土文物展览"等许多临时展览。美国总统尼克松、日本首相田中角荣、法国总统蓬皮杜访华期间，分别于1972年2月25日、1972年9月28日、1973年9月13日参观故宫博物院。1974年9月，故宫博物院举办了大型出国文物展览"明清工艺美术展览"，赴日本东京、札幌、仙台、横滨展出，受到热烈欢迎，日本外相会见了中国代表团故宫博物院院长吴仲超一行。在特殊历史时期，博物馆成为我国与世界联系、世界了解中国的重要渠道。1972年，李先念副总理批示拨专款1460万元，在故宫博物院实施引进热力工程，取代几百年来的煤炭取暖，进一步确保了故宫安全。

1972年起，由中国历史博物馆和中国革命博物馆合并组成的中国革命历史博物馆逐步恢复业务，从1975年10月开始，经反复调整后的"中国通史陈列"开始预展，1978年1月正式开放，时间跨度从100万年前的原始社会到1919年的五四运动，展品9000多件，至1979年底共接待国内观众280万人次、境外观众5.4万人次。该馆还举办了长征胜利40周年展、巴黎公社文物展等。北京地区是全国较早恢复博物馆正常开放的地方。

（二）建设现代化博物馆

1978年底，中共十一届三中全会正式结束"左"倾错误路线，党和国家将工作重点转移到社会主义现代化建设上。1982 年党的十二大报告《全面开创社会主义现代化建设的新局面》，提出"大力推进社会主义物质文明和精神文明的建设"，"图书馆、博物馆等文化事业的发展和人民群众知识水平的提高，它既是建设物质文明的重要条件，也是提高人民群众思想觉悟和道德水平的重要条件"。这为博物馆事业发展指出了方向，北京地区博物馆由此进入了新的历史发展时期，出现第二次高峰。例如 1979 年 8 月，中国革命历史博物馆设定奋斗目标：争取在 20 世纪末或者更短一些时间里，建成社会主义现代化的国家博物馆。

故宫博物院从故宫历史渊源、宫殿建筑、馆藏文物的实际出发，重新认识故宫和故宫文物，正确对待古代历史与文化，认清故宫博物院特色，遵循历史和艺术史的客观规律，形成了宫廷历史、宫殿建筑、古代艺术共同发展的局面。1983 年成立研究室，巩固壮大学术研究队伍，以唐兰、单士元、罗福颐、朱家溍、徐邦达、孙瀛洲、杨伯达、冯先铭、王朴子、刘九庵、耿宝昌、郑珉中、于倬云等为代表的建院后第二代专家学者队伍阵容强大；同年成立紫禁城出版社，是全国博物馆创立的第一家出版社。

在此期间，博物馆组织结构也逐渐摆脱苏联模式的束缚，在实际工作需要的基础上，博采东西方博物馆学的发展成果。例如故宫博物院将开放管理由群工部释出，有些馆群工部改为观众服务部及社教部，强化博物馆社会服务和学校第二课堂的功能。

（三）陈列展览的恢复

改革开放后，北京地区博物馆开始改进陈列展览内容、改造提升陈列室和陈列设施，展览形式设计向多样化发展，开始突破僵化的陈列形式，向专题化、多样化发展；举办各种临时展览和巡回展览，适应公众日益提高的观赏需求，扩大博物馆的辐射面。1979 年 10 月 1 日，中国革命历史博物馆反复论证、修改的"中国共产党历史陈列（民主革命时期）"重新开展，获得社会各界广泛肯定。"周恩来同志纪念展"自 1977 年 1 月开始预展，1979

年 3 月 5 日正式开展，一直到 1984 年 3 月才结束，在全国各地引起了广泛反响。

（四）博物馆率先走出国门

改革开放之初，我国经济竞争力还很弱，但辉煌灿烂的文化遗产使我们的博物馆具有率先走出国门的实力。许多博物馆先后到亚洲其他国家和美洲、欧洲、大洋洲的国家或地区举办文物珍品展览。例如故宫博物院先后在美国、日本、澳大利亚等国举办展览，其中 1985 年 "紫禁城珍宝展览"作为第三届 "地平线艺术节"的重要组成部分，观众达 40 万人次，在欧洲引起轰动。中国科学技术馆的 "中国古代科技展览"，在加拿大和美国的几大城市巡展，中国古代的科学技术成就引起了外国人的浓厚兴趣。中国革命博物馆 "周恩来同志生平事迹展览"，在南斯拉夫和罗马尼亚展出。1984 年中国历史博物馆的 "中国古代文明展览"在意大利威尼斯展出时，观众达到 60 多万人次。首都博物馆的 "明清画展" "齐白石画展"在南斯拉夫、日本展出，获得了巨大的成功。

同时，北京地区的一些博物馆也开始引进国外的各类展览，丰富了首都文化生活，增进了公众对世界的了解。

（五）"复兴之路"开始酝酿

1983 年，中国历史博物馆、中国革命博物馆原建置恢复。1986 年底，中国革命博物馆着手将 "中国共产党历史陈列（民主革命时期）"转变为 "中国革命史陈列"，力图全面反映 100 多年来中国人民革命斗争的历史，展出文物 2742 件、图片 1606 张，展品连同革命历史绘画等共计 4555 件，于 1990 年 7 月 1 日开展。与此同时，"近代中国（1840—1949）"也于 1996 年开放参观，展品实物 2300 多件、文献 1400 多件、图片 800 多张，旧址复原 5 处。这两个展览是 "复兴之路"的前身。1984 年举办了 "三中全会以来的伟大成就展览"，习仲勋等中央领导出席开幕式。

（六）首都博物馆建成

1953 年，首都博物馆的前身——首都历史与建设博物馆开始筹建，作为反映北京自然、历史和社会主义建设面貌的综合性地志博物馆。首都博物馆筹办工作 20 多年来多次反复，终于在 1979 年确定以北京孔庙为馆址，1981 年 10 月 1 日建成开馆。北京地区博物馆正式开启央属、市属、区属各层级博物馆全面发展的局面。从 20 世纪 80 年代初开始，北京出现了多方动手、各行各业办馆、地方办馆的趋势。本着博物馆建设应重点发展、讲求实效、稳步前进的精神，在新建和发展全国性现代化博物馆的同时，充分发挥地方优势，发展了一批具有地方特色的中小型博物馆，开放了一批具备条件、带有博物馆性质的文物保管所。这些新建和筹建的不同规模、不同类型的博物馆达 38 座，分处城区、郊区县，进一步丰富了北京地区博物馆的布局。

首都博物馆在 1981 年、1982 年相继推出"北京简史陈列"和"北京近代史陈列"，首次全面展现古都北京 3000 多年的发展历程；"春节民俗展览"展现老北京的风俗人情；"李大钊同志纪念展览"先后在河北、河南、山东等省的几个城市展出。

（七）博物馆展览日趋活跃

中国地质博物馆新辟宝石陈列室，既提供观赏各种宝石工艺品，又普及矿物原料知识，寓教于乐。北京市大葆台西汉墓博物馆是我国第一个汉墓遗址博物馆，展示了"梓宫""便房""黄肠题凑"等汉天子葬制、殉葬车马等出土文物。北京工艺美术博物馆展出北京工艺美术名师巨匠珍品及北京民间工艺品，成为社会一时追逐的热门展览。大钟寺古钟博物馆有明永乐大钟和历代古钟的陈列，题材新颖，特色鲜明。宋庆龄、郭沫若、茅盾、梅兰芳、詹天佑等名人故居先后开放和徐悲鸿纪念馆建成，原状陈列、专题展览富于吸引力。中国人民抗日战争纪念馆的"卢沟桥事变"半景画馆，综合运用绘画、塑型、灯光、音响等画影音、声光电，打造出身临其境的展览效果，在当时全国博物馆中属于首创。

（八）博物馆兼顾"两个效益"

20 世纪 90 年代后，随着经济社会大发展、博物馆深化体制改革，文博事业经费大幅增加，北京地区博物馆进一步发展，展览的数量和种类不断增加，不少展览的内容和形式都比 80 年代有明显改进。1992 年，党的十四大总结改革开放 14 年的实践经验，提出"把社会主义精神文明建设提高到新水平"。1996 年 10 月，十四届六中全会《中共中央关于加强社会主义精神文明建设若干重要问题的决议》提出，"切实增加精神文明建设的投入"，"大中城市应重点建设好图书馆、博物馆，有条件的还应建设科技馆"，北京地区博物馆获得进一步发展壮大。计划经济向社会主义市场经济的转变，也带来博物馆办馆思维的转变，那就是博物馆的业务、陈列展览要直面社会大众的需求，回应观众的期许，如此才能提高博物馆的社会效益和经济效益，而不是高高在上"教育群众"。不少博物馆大胆探索，"摸着石头过河"，改变自我。

首都博物馆改变较早，经过 2 年酝酿，在 1995 年进行大规模改陈，改变了原来平铺直叙式的展示方式，以大量典型文物组成不同历史专题，以若干专题展示北京历史，提高了叙事故事性，引人入胜，吸引了大量观众，即使在淡季，观众数量和门票收入也比过去同期增加近一倍，许多学校把这里当作学习历史知识的生动课堂。

北京自然博物馆重新组合展览，依据仿生学原理，采用现代科技手段布置展品，观众可以动手触摸、动脑思索，可以置身其间切身领略"恐龙世界"，节假日每天观众量可达七八千人。

北京市西周燕都遗址博物馆的展览"灿烂的古燕都文化"，将 102 组件西周燕国文物置于拙朴典雅的赤色环境中，使观众感受到强烈的周风燕韵。北京市大葆台西汉墓博物馆结合展览开展"模拟考古"活动，吸引了大量旅游团队和"三口之家"。北京石刻艺术博物馆 1994 年布置的"人与石"展览，在豪放、粗犷之中又散透着精细与典雅，别具匠心。

北京古代建筑博物馆于 1999 年举办的"中国古代建筑文化"展，展品虽然比较单一，但形式设计新颖，辅助手段巧妙，使专业的内容体现出诱人的活力，在"第20届世界建筑师大会"期间受到国内外来宾的赞许。

中国革命博物馆修改后重新开放的"近代中国"陈列，在"鸦片战争""军阀张作霖杀害李大钊的绞刑架""红军二万五千里长征""南京大屠杀""国民党军杀害刘胡兰的铡刀"等有代表性的展点，专门为中小学生编写了一套生动易懂的解说词。

（九）馆舍改扩建拉开序幕

20世纪90年代后期，北京地区博物馆馆舍建设、改建拉开序幕。筹办2008年北京奥运会期间，北京地区的博物馆建设速度进一步加快，新建大型博物馆和博物馆改扩建工程陆续上马。其中包括中国美术馆改造工程、北京自然博物馆改扩建工程、中国地质博物馆改造工程、中国人民革命军事博物馆建筑维修及基本陈列调整工程、中国科学技术馆二期工程、中国电影博物馆建设工程、首都博物馆新馆建设工程等。而作为"十五"国家重大文化建设项目的中国国家博物馆改扩建工程，将这一轮博物馆硬件建设推向高峰。这些大型博物馆的新建和改扩建工程，成为新中国成立以来，北京地区博物馆事业发展第二次高潮的重要标志。以十八届三中全会决定建立健全现代公共文化服务体系为标志，博物馆发展进入提质增效、打通公共文化服务"最后一公里"阶段。

（十）北京博物馆学会建立

改革开放以来，北京文化事业蓬勃发展，一些博物馆陆续恢复开放，同时一些新馆陆续建成。1978年底北京市文物事业管理局（2005年更名为北京市文物局）正式成立，1981年局下专设博物馆处。为发挥北京首善之区文化中心作用、发挥北京地区博物馆的整体效应、培养博物馆人才、规范博物馆业务及管理，由北京地区13家博物馆馆长共同倡议，北京市文物局牵头积极筹备，经北京市政府批准，北京博物馆学会于1985年7月24日正式成立，首届理事长为时任北京市副市长的陆禹，市文物局副局长

梁丹任秘书长。

北京博物馆学会成员涵盖北京行政地域范围内的各级各类博物馆，上到中央大馆如故宫博物院，下到民办博物馆，不论行政归属，都成为学会大家庭的一员。学会汇集了大批博物馆专业的各类专家学者和技术人才，为北京地区博物馆的发展打下了有力的基础。

北京博物馆学会在党的文物工作方针指引下，致力于服务政府的中心工作、服务北京地区博物馆，在多年的实践中，逐步形成了明确的"一三六"工作方针，即一个宗旨：服务广大会员、服务北京地区博物馆；三项功能：博物馆交流的平台、联系的枢纽、沟通的桥梁；六字方针：办实事、讲实效。为推动北京地区博物馆事业的发展、构建和谐繁荣社会，做出了积极的贡献。

三十多年来学会一直秉承"办实事、讲实效"的方针，组织开展"5·18"国际博物馆日活动、博物馆知识竞赛等科普活动，组织文博专业培训班，受文物局委托进行博物馆工作调研，受会员馆邀请组织专家支援工作，承担市委、市政府有关方面交办的项目等，已经成为北京博物馆界不可或缺的一支力量。全市博物馆界参加的大型学术研讨会已举办了六届，形成品牌，吸引了其他省区市博物馆组织前来参加。自1988年开始，学会定期编写出版《北京博物馆年鉴》，迄今已出版了8卷，成为全国博物馆界唯一持续编写的年鉴。学会还两次被评为北京市5A社团。

（十一）持续编撰《北京博物馆年鉴》

北京博物馆学会成立后，设立编辑委员会，主要有两个方面的工作：一是组织、编辑、出版内部通讯《北京博物馆信息报》；二是筹备编写出版《北京博物馆年鉴》。这是因为改革开放以来，北京地区博物馆发展日新月异，但各馆的现实工作进展、事业发展情况，相互之间却不甚了解；北京是我国近现代博物馆建立最早、数量最多、规模最大、在国内外影响最广泛的城市，但长期以来对北京地区博物馆的起源、发展缺少深入全面地论述，而这些史料都在各馆内部档案中，当时并不向社会公开。定期组织编写年鉴，既是博物馆事业发展的现实需要，也有利于博物馆学术研究的开展。

1. 政府和业界的重要参考

北京博物馆学会成立的 20 世纪 80 年代中期，正是社会上重视信息而信息渠道相对不够畅通的时期。《北京博物馆信息报》《北京博物馆年鉴》成为当时市委、市政府决策层和各馆的重要信息渠道。《北京博物馆年鉴》（以下简称《年鉴》）第一卷为 1912～1987 年，于 1988 年开始布置各会员馆编写，1989 年 9 月由北京燕山出版社出版发行，产生了良好反响，被北京市新闻出版局评为当年优秀图书。

《年鉴》提供的信息比较全面、丰富、准确，成为促进北京地区博物馆事业发展的重要标杆。已经建立、正在筹建的博物馆，都可以在与列入《年鉴》的博物馆的比较中，找到自己的位置、参照坐标和努力方向，互相学习、取长补短、少走弯路。国内外关注北京地区博物馆的机构、专家学者，也可以很方便地从《年鉴》中找到自己所需要的线索或材料，对全国各地博物馆建设也有引领和借鉴意义。

《年鉴》的结构吸收史书通鉴体、史料长编、大事记等各方面优点，编纂体例比较科学。各卷归类简明准确，内容均系第一手资料。每馆包括概述、分述、大事记和各种附表，卷后附北京地区博物馆名录、北京博物馆学会机构设置及人员组成名单、博物馆分布图和有关规章制度等，资料性强。从第一卷到第八卷，体例基本相沿；自第五卷起加大了卷首"总论"的分量，使读者对该时期北京地区博物馆的整体发展概况有更多了解。

2. 揭示北京地区博物馆早期发展真相

《年鉴》第一卷编写的 20 世纪 80 年代，当时比较通行的中国博物馆史论著，对我国早期博物馆发生、发展的认识，基本上延续南京国民政府时期的论述，以蔡元培为公立博物馆首倡者，以教育部筹办的历史博物馆为我国第一座公立博物馆，而无视与此同时内务部创办古物陈列所的事实。实际上，历史博物馆虽从 1912 年 6 月开始筹办，但正如其自己所称"种种扩张计划，则绌于经费，未能大举兴办"，直到 14 年后的 1926 年 10 月才正式开馆。而古物陈列所虽稍晚一年于 1913 年开办，但雷厉风行，20 多万件文物

数月内到位，1914 年 2 月 4 日正式成立，10 月 10 日向公众开放。归根结底，南京国民政府时期论述民国初年国家文化建设之功，以突出国民党人、国民党当局为主，这显然不符合历史事实。从《年鉴》第一卷开始，就坚持实事求是，发掘故宫博物院档案等一手资料，罗列古物陈列所成立、发展、合并的历史事实，供学术界参考。基本上搞清了"戊戌变法""清末新政"时期博物馆的创设、发展轨迹，在新文化运动"民主""科学"的思潮下一批科学技术类博物馆应运而生和古物陈列所成为中国传统绘画艺术大本营等一系列问题。

3. 全国唯一不间断的博物馆年鉴

《年鉴》已持续编撰出版了 8 卷。第一卷为 1912～1987 年，第二卷为 1988～1991 年，第三卷为 1992～1994 年，第四卷为 1995～1998 年，第五卷为 1999～2003 年，第六卷为 2004～2008 年，第七卷为 2009～2012 年，第八卷为 2013～2018 年。各卷均为大 16 开本，每卷字数由 80 万上升到 120 万，载体由纯纸质发展到纸质加 CD 光碟。年鉴的重要性之一是连续编写出版。改革开放以来，很多地方、很多行业都编辑出版过各类年鉴，但持之以恒坚持下来的并不多，在全国博物馆界独此一本。《年鉴》像历史长编，客观记录、重点突出、巨细靡遗，向读者展示北京地区博物馆从 1912 年到 2018 年百余年的发展历程，成为博物馆从业者和行业管理者的"资治通鉴"，是研究北京地区博物馆发展的可靠资料，帮助博物馆从业者不断总结工作上的成败得失，推动北京地区博物馆事业朝着更高的台阶迈进。

B.15
北京地区备案博物馆名录[*]

序号	登记号	博物馆名称	隶属关系	质量等级	免费开放	藏品数量（件套）	珍贵文物（件套）	规模（平方米）			省（市、区）	市（区）	详细地址	是否正常开放
								占地面积	建筑面积	展厅面积				
1	001	故宫博物院	央属	一级	否	1863404	1683336	720000	170782.8	21572.95	北京市	东城区	景山前街4号	是
2	002	中国国家博物馆	央属	一级	是	1400000	302056	70000	200000	70000	北京市	东城区	东长安街16号天安门广场东侧	是

* 截至2020年底。

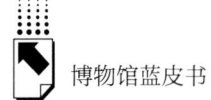

续表

序号	登记号	博物馆名称	隶属关系	质量等级	免费开放	藏品数量（件套）	珍贵文物（件套）	占地面积	建筑面积	展厅面积	省（市、区）	省（市、区）	详细地址	是否正常开放
3	004	北京鲁迅博物馆	央属	一级	是	37772	35778	14800	18700	5495	北京市	西城区	阜成门内大街宫门口 2 条 19 号	是
4	005	中国美术馆	央属	未定级	是	—	—	40000	40000	8300	北京市	东城区	五四大街 1 号	是
5	006	毛主席纪念堂	央属	未定级	否	—	—	—	—	—	北京市	东城区	前门东大街 11 号	是
6	007	中国体育博物馆	央属	未定级	是	10960	—	3464.6	7399.8	—	北京市	朝阳区	安定路甲 3 号	是
7	008	民族文化宫博物馆	央属	未定级	是	42649	—	28766.8	45058.8	3780	北京市	西城区	复兴门内大街 49 号	是
8	009	中国地质博物馆	央属	一级	否	220000	—	3000.76	11570.3	7500	北京市	西城区	羊肉胡同 15 号	是
9	010	中国农业博物馆	央属	一级	是	139037	4384	430000	185500	12810	北京市	朝阳区	东三环北路 16 号	是
10	011	中国古动物馆	央属	未定级	否	1000	—	—	3400	2600	北京市	海淀区	西直门外大街 142 号	是
11	012	中华航天博物馆	央属	未定级	否	163	154	3393	11010	5160	北京市	丰台区	南大红门路 1 号	是
12	013	中国人民抗日战争纪念馆	市属	一级	是	30000	—	35600	21000	6700	北京市	丰台区	卢沟桥宛平城内街 101 号	是
13	014	中国科学技术馆	央属	一级	否	732	—	48000	102000	31659	北京市	朝阳区	北辰东路 5 号 1 幢	是
14	015	宋庆龄故居	央属	未定级	否	20360	96	22000	8000	1920	北京市	西城区	后海北沿 46 号	是
15	016	中国人民革命军事博物馆	央属	一级	是	184000	1793	93700	60577	40745	北京市	海淀区	复兴路 9 号	是

续表

序号	登记号	博物馆名称	隶属关系	质量等级	免费开放	藏品数量（件套）	珍贵文物（件套）	规模（平方米）			省（市、区）	市（区）	详细地址	是否正常开放
								占地面积	建筑面积	展厅面积				
16	017	中国航空博物馆	央属	一级	是	15800	860	3393	11010	5160	北京市	昌平区	小汤山镇大汤山村700号	是
17	018	北京自然博物馆	市属	一级	是	321829	0	15304	21446	9981	北京市	东城区	天桥南大街126号	是
18	019	北京天文馆	市属	一级	否	1116	28	35000	30000	9000	北京市	西城区	西直门外大街138号	是
19	020	首都博物馆	市属	一级	是	124808	63170	24133.7	24849	64896	北京市	西城区	复兴门外大街16号	是
20	021	大钟寺古钟博物馆	市属	二级	否	528	239	30000	6059	3388	北京市	海淀区	北三环西路甲31号	是
21	022	北京艺术博物馆	市属	未定级	否	38135	2811	33810	11368	2475	北京市	海淀区	西三环北路苏州街万寿寺内	是
22	023	北京古代建筑博物馆	市属	二级	否	806	41	73740	12398	5000	北京市	西城区	东经路21号	是
23	024	北京石刻艺术博物馆	市属	三级	否	2625	537	17500	7100	5326	北京市	海淀区	五塔寺路24号	是
24	025	徐悲鸿纪念馆	市属	未定级	是	2416	1889	—	—	—	北京市	西城区	新街口北大街5号	是
25	026	炎黄艺术馆	市属	未定级	是	4515	0	4351.7	10471.2	1300	北京市	朝阳区	亚运村慧忠路9号	是

续表

序号	登记号	博物馆名称	隶属关系	质量等级	免费开放	藏品数量（件套）	珍贵文物（件套）	占地面积	建筑面积	展厅面积	省（市、区）	市（区）	详细地址	是否正常开放
26	027	明十三陵博物馆	区属	二级	否	5122	1628	370000	20000	5000	北京市	昌平区	十三陵镇	是
27	028	北京古观象台	市属	未定级	否	1116	28	12000	2700	400	北京市	东城区	东裱褙胡同2号	是
28	029	郭沫若纪念馆	央属	未定级	否	9569	62	7000	2279	998	北京市	西城区	前海西街18号	是
29	030	梅兰芳纪念馆	央属	未定级	否	35000	—	1000	716	220	北京市	西城区	护国寺街9号	是
30	031	中国佛教图书文物馆	央属	未定级	是	—	—	12000	3500	3000	北京市	西城区	法源寺前街7号	是
31	032	中国长城博物馆	区属	三级	是	2502	261	10000	4000	3200	北京市	延庆区	八达岭长城景区内	是
32	033	雍和宫藏传佛教艺术博物馆	市属	未定级	否	16562	3915	66000	11188.23	658.85	北京市	东城区	雍和宫大街12号	是
33	034	北京市古代钱币展览馆	市属	未定级	否	7960	70	5326.4	2648	938.7	北京市	西城区	德胜门东大街9号德胜门箭楼下	是
34	035	北京市西周燕都遗址博物馆	市属	三级	是	254	49	19533	5601	2624	北京市	房山区	琉璃河镇董家林村七区1号	是
35	036	北京辽金城垣博物馆	市属	三级	是	220	—	2100	2500	1400	北京市	丰台区	右安门外玉林小区甲40号	是
36	037	北京市大葆台西汉墓博物馆	市属	三级	是	1396	—	23605	4255	866	北京市	丰台区	郭公庄707号	是
37	038	北京大学赛克勒考古与艺术博物馆	央属	未定级	是	13000	—	4000	4000	2000	北京市	海淀区	颐和园路5号	是

续表

序号	登记号	博物馆名称	隶属关系	质量等级	免费开放	藏品数量（件套）	珍贵文物（件套）	规模（平方米）			省（市、区）	市（区）	详细地址	是否正常开放
								占地面积	建筑面积	展厅面积				
38	039	北京市白塔寺管理处	市属	未定级	否	136	45	10000	4700	1479	北京市	西城区	阜成门内大街171号	是
39	040	李大钊烈士陵园	市属	未定级	是	1	1	2200	550	300	北京市	海淀区	香山东万安里1号	是
40	041	詹天佑纪念馆	央属	三级	否	1784	60	9340	2800	1850	北京市	延庆区	G6京藏高速58号出口	是
41	042	焦庄户地道战遗址纪念馆	区属	未定级	是	260	0	48598.88	3574	3574	北京市	顺义区	龙湾屯镇焦庄户村纪念馆路38号	是
42	043	中央民族大学民族博物馆	央属	未定级	否	50000	—	2050	4800	1600	北京市	海淀区	中关村南大街27号	是
43	044	北京航空航天博物馆	央属	未定级	是	—	—	5000	15000	8300	北京市	海淀区	学院路37号	是
44	045	中央美术学院美术馆	央属	未定级	否	18700	71	14777	1680	6000	北京市	朝阳区	花家地南街8号中央美术学院校园内	是
45	046	北京房山云居寺石经博物馆	区属	未定级	否	32502	59	77000	12000	5630	北京市	房山区	大石窝镇水头村南房山云居寺文物管理处	是
46	047	密云区博物馆	区属	未定级	是	2000	0	883	1150	800	北京市	密云区	西门外大街2号	是
47	048	昌平区博物馆	区属	未定级	是	1464	0	8845	111580	900	北京市	昌平区	府学路10号	是

序号	登记号	博物馆名称	隶属关系	质量等级	免费开放	藏品数量（件套）	珍贵文物（件套）	规模（平方米）			省（市、区）	市（区）	详细地址	是否正常开放
								占地面积	建筑面积	展厅面积				
48	049	通州区博物馆	区属	未定级	是	2367	—	—	—	—	北京市	通州区	西大街9号	是
49	050	山戎文化陈列馆	区属	未定级	是	0	0	9272	2100	600	北京市	延庆区	张山营镇玉皇庙村	是
50	051	北京长辛店二·七纪念馆	央属	未定级	是	900	31	—	—	—	北京市	丰台区	长辛店花园南里甲15号	是
51	052	上宅文化陈列馆	区属	未定级	是	—	—	5653	1993	1284	北京市	平谷区	金海湖镇上宅村南100米	是
52	053	郭守敬纪念馆	区属	未定级	是	0	0	800	400	288	北京市	西城区	德胜门西大街甲60号	是
53	054	中国第四纪冰川遗迹陈列馆	区属	未定级	是	1172	—	6300	4300	3300	北京市	房山区	樱武口大街28号	是
54	055	周口店北京人遗址博物馆	区属	一级	否	7449	182	38071	8093	3818	北京市	房山区	周口店镇周口店大街1号	是
55	056	中国印刷博物馆	央属	未定级	是	53671	8508	5500	8000	4600	北京市	大兴区	兴华北路25号	是
56	057	中国工艺美术馆	央属	未定级	否	—	—	—	—	—	北京市	西城区	复兴门立交桥东北角	是
57	058	海军航空兵博物馆	央属	未定级	是	—	—	—	—	—	北京市	—	—	否
58	059	北京红楼文化艺术博物馆	区属	未定级	否	5713	—	100000	25979	17700	北京市	西城区	南菜园街12号	是

续表

序号	登记号	博物馆名称	隶属关系	质量等级	免费开放	藏品数量（件套）	珍贵文物（件套）	规模（平方米）			省（市、区）	市（区）	详细地址	是否正常开放
								占地面积	建筑面积	展厅面积				
59	060	北京文博交流馆	市属	三级	否	1445	1010	5098.77	2200.06	856.76	北京市	东城区	禄米仓胡同5号	是
60	061	北京市正阳门管理处	市属	未定级	否	0	0	5221	10056	2800	北京市	东城区	天安门广场南端正阳门城楼	是
61	062	北京市东南城角角楼文物保管所	市属	未定级	否	0	0	701	1200	1200	北京市	东城区	崇文门东大街9号	是
62	063	北京市团城演武厅管理处	市属	未定级	是	59	1	28668.77	6141.93	543.96	北京市	海淀区	香山南路红旗村甲1号	是
63	064	文天祥祠	区属	未定级	否	9	9	—	—	—	北京市	东城区	府学胡同63号	是
64	065	永定河文化博物馆	区属	未定级	是	4389	0	5553	10120	4000	北京市	门头沟区	门头沟路8号	是
65	066	北京市钟鼓楼文物保管所	区属	未定级	否	6	6	12596	4483	1718	北京市	东城区	钟楼湾胡同临字9号	是
66	067	法海寺	区属	未定级	否	40	5	14000	3500	400	北京市	石景山区	模式口大街48号	是
67	068	中国国家画院美术馆	央属	未定级	是	—	—	2000	1900	—	北京市	海淀区	西三环北路54号	是
68	069	圆明园展览馆	区属	未定级	是	241	13	—	—	—	北京市	海淀区	清华西路28号	是
69	070	北京西山大觉寺管理处	市属	未定级	否	746	0	40000	9600	800	北京市	海淀区	大觉寺路9号	是
70	071	当代美术馆	非国有	未定级	否	—	—	—	—	—	北京市	东城区	隆福寺街123号	否

续表

序号	登记号	博物馆名称	隶属关系	质量等级	免费开放	藏品数量（件/套）	珍贵文物（件/套）	规模（平方米）			省（市、区）	市（市、区）	详细地址	是否正常开放
								占地面积	建筑面积	展厅面积				
71	072	茅盾故居	央属	未定级	是	5900	—	870	572	80	北京市	东城区	后圆恩寺胡同13号	是
72	073	北京中华民族博物院	非国有	未定级	否	—	—	28200	38000	36000	北京市	朝阳区	亚运村街道	是
73	074	观复博物馆	非国有	未定级	否	1602	—	5000	—	3500	北京市	朝阳区	大山子张万坟金南路18号	是
74	075	古陶文明博物馆	非国有	未定级	否	425	—	1000	800	400	北京市	西城区	右安门内西街12号大观园北门	是
75	076	何扬·吴茜现代绘画馆	非国有	未定级	否	300	1	1200	1000	500	北京市	朝阳区	金盏乡长店村123号	是
76	077	中国钱币博物馆	央属	未定级	是	300000	—	5735	15060.15	3000	北京市	西城区	西交民巷17号	是
77	078	中国医史博物馆	央属	未定级	否	—	—	—	—	—	北京市	东城区	南小街中国中医科学院内	是
78	079	文化和旅游部恭王府博物馆	央属	一级	否	53541	—	61120	17000	2000	北京市	西城区	前海西街17号	是
79	080	中国现代文学馆	央属	未定级	是	700000	397	—	—	—	北京市	朝阳区	芍药居文学馆路45号	是
80	081	中国蜜蜂博物馆	央属	未定级	是	800	1	500	350	300	北京市	海淀区	卧佛寺西侧香山北沟一号蜜蜂所院内	是

续表

序号	登记号	博物馆名称	隶属关系	质量等级	免费开放	藏品数量（件套）	珍贵文物（件套）	规模（平方米）			省（市、区）	市（区）	详细地址	是否正常开放
								占地面积	建筑面积	展厅面积				
81	084	慈悲庵	市属	未定级	是	2	0	3000	885	651	北京市	西城区	太平街19号	是
82	085	卢沟桥历史博物馆	区属	未定级	是	13	—	23000	671	402	北京市	丰台区	卢沟桥广场北侧	否
83	086	北京国际药膳博物馆	非国有	未定级	否	—	—	—	—	—	北京市	昌平区	小汤山温泉疗养院内	否
84	088	平西日战争纪念馆	区属	未定级	是	350	—	13000	4350	2500	北京市	房山区	十渡镇十渡村南8号	是
85	089	平北抗日战争纪念馆	区属	未定级	是	627	0	24000	3500	3000	北京市	延庆区	龙庆峡路口处	是
86	090	冀热察挺进军司令部旧址陈列馆	区属	未定级	是	278	—	920	240	240	北京市	门头沟区	斋堂镇马栏村	是
87	091	十三陵水库展览馆	区属	未定级	否	—	—	—	—	—	北京市	昌平区	水库路	否
88	092	北京中医药大学中医药博物馆	央属	未定级	是	6636	0	1008	3160	1500	北京市	朝阳区	北三环东路11号北京中医药大学内	是
89	093	曹雪芹纪念馆	市属	未定级	是	7163	0	20000	1500	600	北京市	海淀区	正白旗39号	是
90	094	香山双清别墅	市属	未定级	是	401	0	7861.9	457.88	457.88	北京市	海淀区	香山买卖街40号	是
91	095	中国古植物馆	央属	未定级	否	—	—	—	—	—	北京市	海淀区	香山南辛村20号中国科学院植物研究所北京植物园内	否

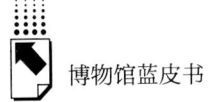

续表

序号	登记号	博物馆名称	隶属关系	质量等级	免费开放	藏品数量（件套）	珍贵文物（件套）	规模（平方米）			省（市、区）	省（市、区）	详细地址	是否正常开放
								占地面积	建筑面积	展厅面积				
92	096	中国电信博物馆	央属	二级	否	6428	—	5300	12000	7000	北京市	海淀区	学院路42号	是
93	097	北京上庄纳兰性德史迹陈列馆	非国有	未定级	否	—	—	—	—	—	北京市	海淀区	皂甲屯西南三里外上庄水库岸边	否
94	098	北京航空航天模型博物馆	非国有	未定级	否	—	—	—	—	—	北京市	朝阳区	庄园东路	否
95	099	老甲艺术馆	非国有	未定级	是	100	0	3000	920	460	北京市	昌平区	霍营华龙苑中里西门入口处	是
96	100	北京戏曲博物馆	区属	未定级	是	173	—	3600	668	150	北京市	西城区	虎坊路3号	是
97	101	老舍纪念馆	市属	未定级	是	1557	191	479	315	100	北京市	东城区	灯市口西街丰富胡同19号	是
98	102	北京民俗博物馆	区属	三级	否	7802	20	19940	8093	1700	北京市	朝阳区	朝外大街141号	是
99	104	保利艺术博物馆	央属	未定级	否	161	—	—	3000	2000	北京市	东城区	朝阳门北大街1号新保利大厦云楼9层,10层	是
100	105	中国紫檀博物馆	非国有	未定级	否	300	0	25000	27348.85	9569	北京市	朝阳区	建国路23号	是
101	106	北京南海子麋鹿苑博物馆	市属	未定级	是	5096	1	586667	11379	2400	北京市	大兴区	南海子麋鹿苑	是
102	107	坦克博物馆	央属	未定级	否	—	—	53000	12300	7500	北京市	昌平区	阳坊镇	否
103	109	北京工艺美术博物馆	市属	未定级	是	3044	702	550	550	550	北京市	朝阳区	天辰东路10号	是

续表

序号	登记号	博物馆名称	隶属关系	质量等级	免费开放	藏品数量（件套）	珍贵文物（件套）	规模（平方米）			省（市、区）	市（区）	详细地址	是否正常开放
								占地面积	建筑面积	展厅面积				
104	110	中华世纪坛艺术馆	市属	未定级	是	—	—	45000	42000	8000	北京市	海淀区	复兴路甲 9 号	是
105	111	北京服装学院民族服饰博物馆	市属	未定级	是	9949	0	—	2500	2000	北京市	朝阳区	樱花东街 2 号	是
106	113	北京警察博物馆	市属	未定级	是	6677	49	1500	2500	2000	北京市	东城区	东交民巷 36 号	是
107	114	北京自来水博物馆	市属	未定级	否	1986	0	21000	4013	4000	北京市	东城区	东直门外香河园街 3 号	是
108	115	北京王府井古人类文化遗址博物馆	区属	未定级	否	419	—	450	450	400	北京市	东城区	东长安街 1 号东方广场	是
109	116	北京金台艺术馆	非国有	未定级	是	277	—	1888	3163	2000	北京市	朝阳区	朝阳公园西一号门内	是
110	118	北京松堂斋民间雕刻博物馆	非国有	未定级	否	318	210	—	—	—	北京市	东城区	国子监街 3 号院	否
111	119	中国印钞造币博物馆	央属	未定级	是	20000	—	—	—	1500	北京市	西城区	西外大街甲 143 号	是
112	120	中国铁道博物馆	央属	二级	否	8791	114	161871	32835	27436	北京市	朝阳区	酒仙桥北路 1 号院北侧	是
113	121	中国马文化博物馆	非国有	未定级	否	1323	—	—	—	—	—	—	—	否

续表

序号	登记号	博物馆名称	隶属关系	质量等级	免费开放	藏品数量（件套）	珍贵文物（件套）	规模（平方米）			省（市、区）	市（区）	详细地址	是否正常开放
								占地面积	建筑面积	展厅面积				
114	122	北京皇城艺术馆	区属	未定级	是	477	0	1150	3200	2500	北京市	东城区	菖蒲河沿 9 号	是
115	123	北京御生堂中医药博物馆	非国有	未定级	是	9900	0	3000	6800	3000	北京市	昌平区	北七家镇王府公寓小区 2 - 35 号	是
116	124	北京崔永平皮影艺术博物馆	非国有	未定级	否	—	—	250	250	250	北京市	通州区	马驹桥镇金桥花园 16 楼 4 单元 413	否
117	125	北京人民艺术剧院戏剧博物馆	市属	未定级	是	76000	0	1600	1400	1300	北京市	东城区	王府井大街 22 号	是
118	126	海淀区博物馆	区属	未定级	是	2101	507	—	1631	754	北京市	海淀区	中关村大街 28 - 1 号	是
119	127	居庸关长城博物馆	区属	未定级	否	237	0	521763	46703	300	北京市	昌平区	南口镇居庸关村	是
120	128	北京宣南文化博物馆	区属	未定级	是	—	0	4694	2032	1820	北京市	西城区	长椿街 9 号	是
121	129	北京百工博物馆	非国有	未定级	是	0	0	—	—	—	北京市	东城区	光明路乙 12 号	是
122	130	孔庙和国子监博物馆	市属	二级	否	1857	1067	52000	20000	8500	北京市	东城区	国子监街 13 - 15 号	是
123	131	老爷车博物馆	非国有	未定级	否	320	—	6445	3400	200	北京市	怀柔区	杨宋镇凤祥一园 19 号	是

续表

序号	登记号	博物馆名称	隶属关系	质量等级	免费开放	藏品数量（件套）	珍贵文物（件套）	规模（平方米）			省（市、区）	市（区）	详细地址	是否正常开放
								占地面积	建筑面积	展厅面积				
124	132	北京百年世界老电话博物馆	非国有	未定级	否	10000	—	600	600	600	北京市	通州区	宋庄镇疃里村集体产业就业会所物业3号楼1层108室	是
125	133	北京晋商博物馆	非国有	未定级	否	4180	0	30000	16808	8600	北京市	朝阳区	建国路58号	是
126	134	北京李大钊故居	区属	未定级	否	—	—	1000	504	304	北京市	西城区	文华胡同24号	是
127	135	中国电影博物馆	市属	未定级	是	32302	40	—	38000	—	北京市	朝阳区	南影路九号	是
128	136	胡同张老北京民间艺术馆	非国有	未定级	否	—	—	—	—	—	北京市	丰台区	群星路与劳古路交叉口西150米	否
129	137	北京励志堂科举匾额博物馆	非国有	未定级	否	2000	0	2800	2600	1600	北京市	朝阳区	高碑店村东街1366号	是
130	138	中国铁道博物馆正阳门馆	央属	未定级	否	8791	114	—	—	—	北京市	东城区	前门大街甲2号	是
131	139	历代帝王庙	区属	未定级	否	33	0	21500	6676	2977	北京市	东城区	阜内大街131号	是
132	140	中国邮政邮票博物馆	央属	未定级	是	300000	—	—	23708	5500	北京市	东城区	建国门内贡院西街六号D座	是
133	141	北京通信电信博物馆	市属	未定级	是	1901	0	775	1600	3300	北京市	西城区	骡马市大街9号	是
134	143	中国法院博物馆	央属	未定级	是	6537	4860	320	300	600	北京市	东城区	正义路4号	是
135	144	北京韩美林艺术馆	区属	未定级	是	2600	—	—	—	—	北京市	通州区	梨园镇九棵树东路68号	是

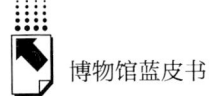

续表

序号	登记号	博物馆名称	隶属关系	质量等级	免费开放	藏品数量（件套）	珍贵文物（件套）	规模（平方米）			省（市、区）	市（区）	详细地址	是否正常开放
								占地面积	建筑面积	展厅面积				
136	145	北京西瓜博物馆	区属	未定级	否	1294	—	—	—	—	北京市	大兴区	幸福路一号	是
137	147	延庆博物馆	区属	未定级	是	6400	373	2000	6100	2400	北京市	延庆区	妫水北街24号	是
138	148	中国科学院动物研究所标本展示馆	央属	未定级	否	—	—	6650	6650	4000	北京市	朝阳区	北辰西路1号院5号	是
139	149	中国人民大学博物馆	央属	未定级	是	94000	—	5000	—	5000	北京市	海淀区	中关村大街59号	是
140	150	北京空竹博物馆	区属	未定级	是	475	23	200	200	150	北京市	西城区	小星胡同9号	是
141	151	北京市怀柔区怀柔博物馆	区属	未定级	是	1320	165	4000	2036	1800	北京市	怀柔区	府前街9号院12号楼	是
142	152	北京汽车博物馆	区属	二级	否	10272	50	34761	49059	10235	北京市	丰台区	南四环西路126号	是
143	153	北京新文化运动纪念馆	央属	未定级	是	2014年与北京鲁迅博物馆合并		6683.78	11000	2200	北京市	东城区	五四大街29号	是
144	154	中国民兵武器装备陈列馆	央属	未定级	是	合并至中国人民革命军事博物馆					北京市	通州区	焦王庄陈列馆路25号	是
145	155	中国化工博物馆	央属	未定级	是	6400	—	—	—	—	北京市	海淀区	北四环西路62号	是
146	156	北京怀柔喇叭沟门满族民俗博物馆	非国有	未定级	是	900	0	2000	1600	1200	北京市	怀柔区	喇叭沟门满族乡喇叭沟门村2号	是

续表

序号	登记号	博物馆名称	隶属关系	质量等级	免费开放	藏品数量（件套）	珍贵文物（件套）	规模（平方米）			省（市、区）	市（区）	详细地址	是否正常开放
								占地面积	建筑面积	展厅面积				
147	157	中国妇女儿童博物馆	央属	未定级	是	18043	—	5944	35841	6020	北京市	东城区	北极阁路 9 号	是
148	158	北京市房山世界地质公园博物馆	区属	未定级	是	2165	0	61100	10000	5800	北京市	房山区	长沟镇六甲房村	是
149	159	中国消防博物馆	央属	未定级	是	4700	—	31418.3	20422	9500	北京市	丰台区	马家堡东路	是
150	160	民航博物馆	央属	未定级	是	5687	—	189331	9000	8000	北京市	朝阳区	首都机场辅路 200 号	是
151	161	北京习三鼻烟壶紫砂壶博物馆	非国有	未定级	否	—	—	—	—	—	北京市	朝阳区	高碑店乡高碑店村民俗文化街 1719 号	否
152	162	盛锡福博物馆	区属	未定级	是	—	6	1135	1100	260	北京市	东城区	东四北大街 368 号	是
153	163	西藏文化博物馆	央属	未定级	是	2500	6	8500	8500	2300	北京市	朝阳区	北四环东路 131 号	是
154	164	中国传媒大学传媒博物馆	央属	三级	是	9800	0	6500	6500	3000	北京市	朝阳区	定福庄东街 1 号中国传媒大学	是
155	165	北京奥运博物馆	市属	未定级	是	2577	0	34521	34500	19700	北京市	朝阳区	国家体育场南路一号	是
156	166	铁道兵纪念馆	央属	未定级	是	8000	—	2335	4700	2590	北京市	海淀区	复兴路 40 号中国铁建大厦 B 座	是

续表

序号	登记号	博物馆名称	隶属关系	质量等级	免费开放	藏品数量（件套）	珍贵文物（件套）	规模（平方米）			省（市、区）	市（区）	详细地址	是否正常开放
								占地面积	建筑面积	展厅面积				
157	167	和苑博物馆	非国有	未定级	是	2000	—	41500	3000	1500	北京市	朝阳区	霄云路18号A10	是
158	168	中国海关博物馆	央属	未定级	是	30917	1487	8000	34000	8275	北京市	东城区	建国门内大街2号	是
159	169	中国园林博物馆	市属	二级	是	4129	471	64826	49061	—	北京市	丰台区	射击场路15号	是
160	170	北京英杰硬石艺术博物馆	非国有	未定级	是	156	—	—	—	—	北京市	东城区	东直门外大街26号	是
161	171	北京御仙都皇家菜博物馆	非国有	未定级	是	295	0	—	—	—	北京市	海淀区	西四环北路117号	是
162	备字01-172	平谷区博物馆	区属	未定级	是	7957	78	25753	—	4800	北京市	平谷区	岳各庄大桥西200米	是
163	备字02-173	延庆区地质博物馆	区属	未定级	是	350	0	3000	—	2000	北京市	延庆区	妫水北街72号	是
164	备字03-174	北京税务博物馆	市属	未定级	是	50000	—	2500	2700	1390	北京市	朝阳区	北四环东路临1号	是
165	备字04-175	清华大学艺术博物馆	央属	未定级	否	12261	—	30000	—	9000	北京市	海淀区	清华园1号清华大学校内	是
166	备字07-176	中国人民大学家书博物馆	央属	未定级	是	50000	—	2500	5000	1000	北京市	海淀区	中关村大街59号	是
167	备字08-177	中国华侨历史博物馆	央属	未定级	是	27521	0	12765	—	—	北京市	东城区	北新桥三条明同东口	是

续表

序号	登记号	博物馆名称	隶属关系	质量等级	免费开放	藏品数量（件/套）	珍贵文物（件套）	规模（平方米）			省（市、区）	市（区）	详细地址	是否正常开放
								占地面积	建筑面积	展厅面积				
168	备字10-178	北京国韵百年邮票钱币博物馆	非国有	未定级	是	1804	0	1600	—	643	北京市	海淀区	阜外亮甲店1号恩济西园9号楼1层	是
169	备字2017第02号-179	北京文旺阁木作博物馆	非国有	未定级	是	50000	10000	500	—	400	北京市	通州区	东下营村南开发区147号	是
170	备字2017第05号-180	北京市姜杰钢琴手风琴博物馆	非国有	未定级	是	306	—	405	—	390	北京市	昌平区	回龙观镇黄土北店村时代广场四层	是
171	备字2017第06号-181	西黄寺博物馆	央属	未定级	否	2436	—	17546	—	4580	北京市	朝阳区	黄寺大街11号	是
172	备字2019第01号-182	中国考古博物馆	央属	未定级	是	1896	1095	5642	29860	—	北京市	海淀区	国家体育场北路1号院1号楼	是
173	备字2019第02号-183	首都粮食博物馆	市属	未定级	是	468	0	—	1171	1000	北京市	东城区	三元街17号大磨坊文创园区内	是
174	京文物备字2020第01号-184	香山革命纪念馆	市属	未定级	是	—	—	—	17000	6000	北京市	海淀区	红枫路1号院	是
175	京文物备字2020第04号-185	北京劲飞京作红木文化博物馆	非国有	未定级	是	404	—	6200	6200	3000	北京市	昌平区	沙河镇七里渠南村319号	是

博物馆蓝皮书

续表

序号	登记号	博物馆名称	隶属关系	质量等级	免费开放	藏品数量（件套）	珍贵文物（件套）	规模（平方米）			省（市、区）	市（区）	详细地址	是否正常开放
								占地面积	建筑面积	展厅面积				
176	京文物备字2020第05号－186	北京荣唐连环画博物馆	非国有	未定级	是	505	—	1116	1116	700	北京市	朝阳区	豆各庄1号15幢4层	是
177	京文物备字2020第06号－187	北京木艺术博物馆	非国有	未定级	否	390	—	700	1000	800	北京市	东城区	隆福寺街95号、钱粮胡同38号15号楼	是
178	京文物备字2020第07号－188	北京二锅头酒博物馆	市属	未定级	否	329	—	2570	—	4900	北京市	怀柔区	红星路1号，北京市前门大街99号	是
179	京文物备字2020第12号－189	北京中药炮制技术博物馆	市属	未定级	是	355	—	1100	—	780	北京市	大兴区	中关村科技园区大兴生物医药产业基地永旺路25号院9号楼科研楼1层	是
180	京文物备字2020第15号	北京市大兴区月季博物馆	区属	未定级	是	363	—	2500	9600	3300	北京市	大兴区	魏善庄镇世界月季主题园内	是
181	京文物备字2020第16号	北京皇城琉璃金砖博物馆	非国有	未定级	否	315	—	1470	—	513	北京市	通州区	宋庄镇小堡村小堡环岛东500米	是
182	京文物备字2020第17号	北京燕京八绝文化博物馆	非国有	未定级	否	436	—	20000	—	1000	北京市	石景山区	模式口大街20号	是

续表

序号	登记号	博物馆名称	隶属关系	质量等级	免费开放	藏品数量（件套）	珍贵文物（件套）	规模（平方米）			省（市、区）	市（区）	详细地址	是否正常开放
								占地面积	建筑面积	展厅面积				
183	京文物备字2020第21号	北京东璧堂中医药博物馆	非国有	未定级	否	400	—	1200	1200	600	北京市	房山区	阎村镇兴阎街11号院	是
184	京文物备字2020第28号	北京市和光书院博物馆	非国有	未定级	否	391	—	7000	1000	3500	北京市	朝阳区	望京南湖北二街20号院	是
185	京文物备字2020第29号	北京市大戚收音机电影博物馆	非国有	未定级	否	320	—	3300	—	4000	北京市	通州区	宋庄镇小堡村小堡环岛东500米	是
186	京文物备字2020第30号	北京市天佑兰亭书法文化博物馆	非国有	未定级	否	309	—	1707	1707	1220	北京市	经济技术开发区	经海四路25号11号楼101单元	是
187	京文物备字2020第31号	北京荣百黄金珠宝博物馆	区属	未定级	是	318	—	2500	—	8800	北京市	西城区	广安门内大街306号	是

Abstract

Authorized by Beijing Municipal Administration of Cultural Heritage and supported by the official data, *Annual Report on the Development of Beijing Museums* (*2019 – 2020*) was finished on the basis of both the research achievements on museology and museum management made by the representative experts organized by Beijing Museum Association and the reality of museum and culture project in Beijing. Taking the Thought on Socialism with Chinese Characteristics for a New Era as guidance, upholding core socialist values and centering on the main idea of "promoting the creative evolution and development of fine traditional Chinese culture, seeing our revolutionary culture remains alive and strong, and developing an advanced socialist culture", *Annual Report on the Development of Beijing Museums* (*2019 – 2020*) makes an analysis of the general trend, new hotspot issues and direction of future development after the 18th National Congress of the Communist Party of China, especially in the last two years.

The achievements and highlights of the continuous increase of museum construction and expenditure of the collecting and protection of cultural relics in Beijing museums and the realization of leap-forward development as well as the new opportunities and challenges brought by the integration of culture and tourism are all summarized in the General Report. Suggestions of making the 14th Five-Year Plan and the Long-Range Objectives through the year 2035 scientifically for museum development and improving the construction ideas of "Museum City" are also put forward in the general report.

The Topic Reports reflect the studying and implementing General Secretary Xi Jinping's instructions for the development of Beijing culture and museum project. It's systematically expounded that since the 18th National Congress of the Communist Party of China, the Central Committee with Xi Jinping as the core has attached great importance to the conservation, inheritance and utilization of

China's outstanding cultural heritage. Culture and museum project has become an important part of the overall layout of the national strategy. In the "Development Report on the Preservation of Cultural Relics and Collection of Beijing Museums", the opportunities for collection preservation presented by data technology development and the innovation system formed by the science and technology have been introduced. In the "Research Report on the Renovation and Maintenance of Museum Buildings in Beijing", it's suggested to establish a cooperative mechanism between large and small storerooms. The "Research Report on Activating Cultural Relics of Beijing Museums" focuses on the achievements of Beijing-Tianjin-Hebei Museum Alliance in the aspects of activating, efficient using, co-building and integrating. The "Analysis Report on Improving Exhibitions in Beijing Museums" pays attention to visitors' experience and the enhancing of exhibition in small and medium-sized museums.

In the chapter of Public Services, "Report on the Innovative Developments on the Social Education System of Beijing Museums" shows the efforts on social education, educational publications and educational exhibitions and the great innovative achievements made by Beijing museums. "Report on the Development of Non-state-owned Museums in Beijing" shows that the rising fever of private collection in Beijing has promoted the further development of local non-state-owned museums. However, there are still some bottlenecks in their development such as insufficient financial resources and running behind its expenses. In the "Report on the Innovation of Spread Mode of Beijing Museums", it's believed that innovating offline exhibition models, content and forms is helpful to vitalize cultural relics and the communication of museums and we should expand the spreading form in overall fields in the future. The "Research Report on Promoting Diplomacy for Beijing Museums in a New Era" indicates that Beijing museums are playing a positive role as the "cultural parlour" in promoting excellent traditional Chinese culture in a new era.

In the chapter of Special Topics, "Report on the Development of Smart Museums in Beijing" discusses the basic concepts and model of the development of the smart museum and proposes to establish the new model and form of museum management through building technical indexes of the smart museums. In the

"Report on the Development of Cultural and Creative Project of Beijing Museums", it's pointed that some large comprehensive museums or characteristic museums have created a group of influential brands of cultural and creative products and we should promote the emerging industry to form a healthy development. "Report on the Development of Memorial Halls of Former Residences of Celebrities in Beijing" reveals that on the exhibition principles of "celebrities and their objects" "exhibiting as the previous condition" "extended exhibition" "cooperation" and brand development of unique features, the memorial halls of former residence of celebrities has shown new vigour in the development.

In the "Review of the Development of Beijing Museums" of the chapter of Reference Material, it is helpful for a comprehensive scientific understanding of the whole development history of modern Chinese museums to sum up the development history of Beijing museums in more than one hundred years. By the end of 2020, there has been 197 museums on record in Beijing.

In pursuit of professionalism, originality, policy and authority, the report strives to contribute to the development of museums in Beijing and even the whole country.

Keywords: Beijing; Museum Development History; "Museum City"

Contents

I General Report

Abstract: There are plenty of representative cultural relics of Chinese civilization in Beijing and Beijing museums which have realized leapfrog development in a new era. By the end of 2020, there are 197 museums on record in Beijing. Since the 18th National Congress of the Communist Party of China, the "museum fever" formed by the integration of culture and tourism as well as the intervention of new media has brought new opportunities and challenges to the museum development. Beijing Municipal Cultural Heritage Administration has proposed the strategic planning of building "a museum city" in 2020. Beijing will innovate the content and means of spreading to introduce better public cultural products such as displays and exhibitions to meet people's increasing cultural needs.

Keywords: Beijing; Ancient Capital; "Museum City"; Integration of Culture and Tourism

II   Topical Reports

B. 2   Report on Studying and Implementing the General Secretary
Xi Jinping's Directive on the Development of Beijing Culture
and Museum Project   *Cui Xue'an* / 017

Abstract: General Secretary Xi Jinping elaborated "Chinese Dream" of national rejuvenation systematically for the first time when he visited the Exhibition "The Road of Rejuvenation" in National Museum of China. Then General Secretary Xi visited Capital Museum, Beijing Planning Exhibition Hall, the South Luogu Lane, the Museum of the War of the Chinese People's Resistance against Japanese Aggression, Xiangshan Revolutionary Monument, Shuangqing Villa and some other revolutionary sites. Xi reasserted that we should remain true to our original aspiration and keep our mission firmly in mind. The culture and museum projects have become not only an important part of the overall national strategy but also the cultural pillar and ideological support for realizing the great rejuvenation of Chinese nation.

Keywords: "Chinese Dream"; Cultural Pillar; Ideological Support

B. 3   Development Report on the Preservation of Cultural Relics
and Collections of Beijing Museums   *Zhang Quanli* / 031

Abstract: The preservation of museum collections is the prerequisite for the effective playing the social value of museums, as well as the objective need for the storage keeping of cultural relics and culture succession. In recent years, by actively enriching the collection system, perfecting the preservation system, strengthening the opening and utilization of collection information, improving the basic storage facilities, enhancing the keepers' professional quality, reinforcing the institution building, the transformation of scientific and technological achievements and the promotion of the protection concept, Beijing museums make full use of the opportunities for collection preservation presented by data technology development. Based on the perfection of system, the innovation system formed by the science and technology has played a major role in the museum development.

Keywords: Collection System; Preventative Conservation; Informatization of Cultural Relics

B. 4   Research Report on the Renovation and Maintenance
        of Museum Buildings in Beijing   *Jiao Jinlin* / 055

Abstract: In recent years, focusing on the spirit of the relevant documents of the central and local governments, adhering to the "people-oriented" concept and using modern high-tech means, Beijing museums have made some achievements in the renovation and maintenance of the museum buildings. At the same time, there are some problems such as the single source of funds, the hardly balance between the effective protection and rational utilization of cultural relics. In this regard, two suggestions are put forward in the report. One is to establish a cooperative mechanism between large and small storerooms. The other is to draw up "Architectural Design Standard for Museums of Historic Buildings" on the basis of the characteristics of ancient architectures and the existing standards.
Keywords: Museum Buildings; Codes of Buildings; Beijing

B. 5   Research Report on Activating Cultural Relics of
        Beijing Museums   *Zhang Min* / 076

Abstract: The cultural relics resources of museums are rich in Beijing. In recent years, due to the innovative development ideas, Beijing-Tianjin-Hebei Museum Alliance has established to fulfill the advantages of cultural relics resources

and implement the coordinated development in Beijing-Tianjin-Hebei cultural field. In this chapter, achievements of Beijing-Tianjin-Hebei Museum Alliance in the aspects of activating, efficient using, co-building and integrating, leading, cooperating, etc. are reviewed. By virtue of the opportunity of coordinated development Beijing, Tianjin and Hebei, it is possible for the cultural relics of museum collections in Beijing to realize further changes, characteristic advantages, common development and continuous prosperity.

Keywords: Beijing-Tianjin-Hebei Museum Alliance; Co-building and Integrating; Activating the Resources

B. 6　Analysis Report on Improving Exhibitions in Beijing Museums

Wang Rui / 089

Abstract: In 2019, the displays and exhibitions in Beijing museums showed a vigorous development trend and with distinct regional characteristics. The number of visitors and exhibitions is increasing steadily year by year. The basic displays are rich in types and the curating has become the highlights in provisional exhibitions. Furthermore, the design form is creative and the production is more exquisite in the exhibition. For there are flexible and diversified display means with new technology, the exhibition could attach great importance to the conservation of cultural relics and visitors' experience. The museums are constantly changing and innovating to meet the development needs in a new era. But there are still some problems. In the future, we should continue to improve the curating and level of exhibitions, innovate exhibition forms, pay attention to visitors' experience and enhance the scientific and technological content of exhibitions. What's more, we should attach importance to training, improve the professionals of display and exhibition, integrate resources and support the enhancing of exhibition in small and medium-sized museums.

Keywords: Exhibition of Museums; Basic Display; Level of Exhibition; Exchange and Cooperation

Ⅲ Public Services

Abstract: In recent years, the educational function of museums has become increasingly prominent. Social education has become an important way for museums and the public to communicate with each other. Thanks to the rich cultural resources, Beijing museums carry out not only traditional practices such as guided tours, but also other new practices including educational activities and museum-school partnerships. Beijing museums also actively cooperate with social institutions to extend the scale and scope of social education field, work on educational publications, and host educational exhibitions, etc. All such efforts have enabled the social education system of museums to have innovative achievements and reach a new level.

Keywords: Beijing; Museums; Social Education; Education Innovation

Abstract: The rising fever of private collection in Beijing promoting the further development of local non-state-owned museums. At the same time, the government gives full support to the prosperous development of non-state-owned museums in Beijing in the aspect of system building, which further improves the quantity and quality of local non-state-owned museums. In the process of rapid development of non-state-owned museums in Beijing, there are still some practical difficulties and bottlenecks, requiring our further thinking and

surmounting.

Keywords：Non-state-owned Museums；Development Situation；Policy Support；Cultivation of Talents

B. 9   Report on the Innovation of Spread Mode of Beijing Museums

Gu Ying，*Yang Dandan* / 171

Abstract：New media channels are not only impacting traditional communication methods but also bringing more new opportunities to museums. Using new technologies to expand online communication methods，Beijing museums break through traditional thinking and innovate offline exhibition models，content and forms to vitalize cultural relics. In the future，the communication of museums should focus on exploring the connotation of cultural relics and expanding the form of communication in overall fields. Museum volunteers in Beijing are gradually advancing towards normalization，standardization and systematization. In the future，we will innovate the management，develop characteristic voluntary services，strive to realize hierarchical team，professional form，diversity of audiences，build branded voluntary projects and train excellent volunteers.

Keywords：New Media；Spreading Mode；Volunteers

B. 10   Research Report on Promoting Diplomacy for Beijing Museums in a New Era

Peng Xiaoyun / 194

Abstract：Museum is both the visiting card of a city and the symbol or icon of the regional civilization. As the capital of China and a national cultural center，Beijing is especially unique and outstanding among domestic cities for the traditional culture of long history，excellent revolutionary culture and flourishing advanced socialist advanced culture. Therefore, Beijing museums play an important political role and undertake far-reaching diplomatic tasks. In recent years, following the diplomatic policy, Beijing museums are playing a positive role as the "cultural parlour" in promoting the diplomacy and Chinese culture in a new era.

Keywords: Cultural Communication; "Cultural Parlour"; World Federation of Museums; "the Belt and Road"

Ⅳ   Special Topics

Abstract: Smart museums have innovated the operation, management, data resources, spreading mode, scientific education and some other aspects in traditional museums. In this report, the author discusses the basic model of the development of the smart museum, the combination of system building of Beijing museums and modern information technology, the opportunities to the construction of smart museums brought by the development of new technologies, and the trend of technical indexes in building the smart museums. Therefore, we should establish the new model and form of museum management to promote the innovation and development of culture project and museum fields.

Keywords: ROAD Model; Smart Service; Smart Management; Smart Conservation

Abstract: There are a large number of museums with a complete range in Beijing. In recent years, every museum has developed the cultural and creative

products on the basis of its own collection resources. Especially, some large comprehensive museums or characteristic museums have created a group of influential brands. However, except for the frequent highlights, there are also some noticeable problems. It is necessary for us to sum up experiences timely and avoid deficiencies to promote the emerging industry and form a healthy development.

Keywords: Cultural and Creative Products; Cultural and Creative Industry; Cultural Symbols; Reverence Tradition and Keep Creativity

B. 13　Report on the Development of Memorial Halls of Former Residences of Celebrities in Beijing　　*Qin Chen* / 251

Abstract: On the basis of collecting information of 11 memorial halls of former residence of celebrities, the report makes an analysis of the four aspects of collection, exhibition, social education, cultural and creative product, etc. Specifically, in the aspect of collection study, the "celebrities and their objects" have laid an important foundation for telling stories of celebrities well. "Exhibiting as the previous condition" is the core feature of the exhibition and the museum is vitalized by means of the "extended exhibition". Besides, "cooperation" has become an important development trend. The social education activities are characteristic for community serving, youth education and brand development of unique features. The development of cultural and creative products has made the memorial halls maintain vigour.

Keywords: Former Residence of Celebrities; Memorial Hall; Exhibition; Social Education; Development of Cultural and Creative Products

V   Reference Materials

Abstract: From Peking man in ancient times to national political and cultural center today, Beijing is the testimony of the successive development of Chinese civilization. Therefore, there are plenty of representative cultural relics in the aspects of politics, economy, military affairs and culture through the ages in Beijing and it is rich in museum resources. After the development in more than one hundred years, the structure of museums in Beijing is relatively intensive and reasonable.

Keywords: Beijing; Ancient Capital; Structure of Museums

VI   Appendix

皮 书

智库报告的主要形式
同一主题智库报告的聚合

❖ 皮书定义 ❖

皮书是对中国与世界发展状况和热点问题进行年度监测，以专业的角度、专家的视野和实证研究方法，针对某一领域或区域现状与发展态势展开分析和预测，具备前沿性、原创性、实证性、连续性、时效性等特点的公开出版物，由一系列权威研究报告组成。

❖ 皮书作者 ❖

皮书系列报告作者以国内外一流研究机构、知名高校等重点智库的研究人员为主，多为相关领域一流专家学者，他们的观点代表了当下学界对中国与世界的现实和未来最高水平的解读与分析。截至2021年，皮书研创机构有近千家，报告作者累计超过7万人。

❖ 皮书荣誉 ❖

皮书系列已成为社会科学文献出版社的著名图书品牌和中国社会科学院的知名学术品牌。2016年皮书系列正式列入"十三五"国家重点出版规划项目；2013~2021年，重点皮书列入中国社会科学院承担的国家哲学社会科学创新工程项目。

权威报告·一手数据·特色资源

皮书数据库
ANNUAL REPORT(YEARBOOK)
DATABASE

分析解读当下中国发展变迁的高端智库平台

所获荣誉

- 2019年，入围国家新闻出版署数字出版精品遴选推荐计划项目
- 2016年，入选"'十三五'国家重点电子出版物出版规划骨干工程"
- 2015年，荣获"搜索中国正能量 点赞2015""创新中国科技创新奖"
- 2013年，荣获"中国出版政府奖·网络出版物奖"提名奖
- 连续多年荣获中国数字出版博览会"数字出版·优秀品牌"奖

成为会员

　　通过网址www.pishu.com.cn访问皮书数据库网站或下载皮书数据库APP，进行手机号码验证或邮箱验证即可成为皮书数据库会员。

会员福利

- 已注册用户购书后可免费获赠100元皮书数据库充值卡。刮开充值卡涂层获取充值密码，登录并进入"会员中心"—"在线充值"—"充值卡充值"，充值成功即可购买和查看数据库内容。
- 会员福利最终解释权归社会科学文献出版社所有。

数据库服务热线：400-008-6695
数据库服务QQ：2475522410
数据库服务邮箱：database@ssap.cn
图书销售热线：010-59367070/7028
图书服务QQ：1265056568
图书服务邮箱：duzhe@ssap.cn

基本子库
SUB DATABASE

中国社会发展数据库（下设 12 个子库）

整合国内外中国社会发展研究成果，汇聚独家统计数据、深度分析报告，涉及社会、人口、政治、教育、法律等 12 个领域，为了解中国社会发展动态、跟踪社会核心热点、分析社会发展趋势提供一站式资源搜索和数据服务。

中国经济发展数据库（下设 12 个子库）

围绕国内外中国经济发展主题研究报告、学术资讯、基础数据等资料构建，内容涵盖宏观经济、农业经济、工业经济、产业经济等 12 个重点经济领域，为实时掌控经济运行态势、把握经济发展规律、洞察经济形势、进行经济决策提供参考和依据。

中国行业发展数据库（下设 17 个子库）

以中国国民经济行业分类为依据，覆盖金融业、旅游、医疗卫生、交通运输、能源矿产等 100 多个行业，跟踪分析国民经济相关行业市场运行状况和政策导向，汇集行业发展前沿资讯，为投资、从业及各种经济决策提供理论基础和实践指导。

中国区域发展数据库（下设 6 个子库）

对中国特定区域内的经济、社会、文化等领域现状与发展情况进行深度分析和预测，研究层级至县及县以下行政区，涉及省份、区域经济体、城市、农村等不同维度，为地方经济社会宏观态势研究、发展经验研究、案例分析提供数据服务。

中国文化传媒数据库（下设 18 个子库）

汇聚文化传媒领域专家观点、热点资讯，梳理国内外中国文化发展相关学术研究成果、一手统计数据，涵盖文化产业、新闻传播、电影娱乐、文学艺术、群众文化等 18 个重点研究领域。为文化传媒研究提供相关数据、研究报告和综合分析服务。

世界经济与国际关系数据库（下设 6 个子库）

立足"皮书系列"世界经济、国际关系相关学术资源，整合世界经济、国际政治、世界文化与科技、全球性问题、国际组织与国际法、区域研究 6 大领域研究成果，为世界经济与国际关系研究提供全方位数据分析，为决策和形势研判提供参考。

法律声明

"皮书系列"（含蓝皮书、绿皮书、黄皮书）之品牌由社会科学文献出版社最早使用并持续至今，现已被中国图书市场所熟知。"皮书系列"的相关商标已在中华人民共和国国家工商行政管理总局商标局注册，如LOGO（▉）、皮书、Pishu、经济蓝皮书、社会蓝皮书等。"皮书系列"图书的注册商标专用权及封面设计、版式设计的著作权均为社会科学文献出版社所有。未经社会科学文献出版社书面授权许可，任何使用与"皮书系列"图书注册商标、封面设计、版式设计相同或者近似的文字、图形或其组合的行为均系侵权行为。

经作者授权，本书的专有出版权及信息网络传播权等为社会科学文献出版社享有。未经社会科学文献出版社书面授权许可，任何就本书内容的复制、发行或以数字形式进行网络传播的行为均系侵权行为。

社会科学文献出版社将通过法律途径追究上述侵权行为的法律责任，维护自身合法权益。

欢迎社会各界人士对侵犯社会科学文献出版社上述权利的侵权行为进行举报。电话：010-59367121，电子邮箱：fawubu@ssap.cn。

社会科学文献出版社